또 하나의 문화

「또 하나의 문화」는
인간적 삶의 양식을 담은
대안적 문화를 만들고 이를 실천해 가는
동인들의 모임입니다.
이 모임은 남녀가 진정한 벗으로 협력하고
아이들이 자유롭게 자랄 수 있는 사회를 꿈꾸며
특히 하나의 대안 문화를 사회에 심음으로써
유연한 사회 체계를 향한 변화를
이루어 갈 것입니다.

여성의일찾기
세상바꾸기

여성의일찾기 세상바꾸기

도서출판
또 하나의 문화

책을 펴내며

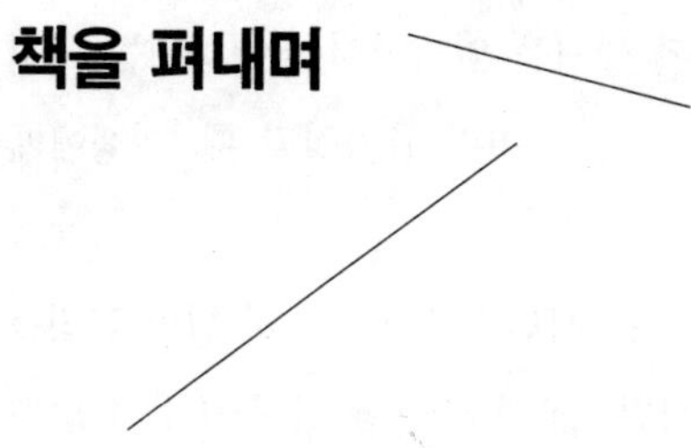

1.

80년대 중반 우리는 또 하나의 문화 제2호 『열린 사회 자율적 여성』에서 가까운 미래에 젊은 여성들이 자율적인 힘을 길러 주체적인 시민으로 성장할 것이라는 희망을 가득 담아냈다. 그때만 해도 우리의 생각은 상당히 계몽적이었고, 낙관적이었다. 10여 년 전에 비해 우리가 바라는 대로 자율적으로 살려는 여성들은 늘어나고 있지만, 자율적 삶의 기반이 되는 취업은 날로 어려워지고 있는 현실은 우리를 당혹스럽게 하고 있다. **IMF** 관리 체제라는 경제 위기를 맞아 "남자도 일자리가 없는데…"라는 명분에 밀려 여성들은 일터에서 밀려나고, 일과 실업의 경계에서 서성거리고 있다.

현대 사회에서 개인은 '일'을 통해 사회적 자아를 형성하고, 자신이 살아 있음을 느끼게 된다. 여성이 일을 한다는 의미는 자신의 사회적 존재를 드러내고 삶을 구성하는 방식이다. 여성이 '일터'에서 배제된다는 것은 여성들을 집단적, 심리적으로 주변화시키는 남성 중심적 권력의 표현이다.

여성들은 늘 일을 해왔다. 가사 노동, 육아, 노인 봉양 등 눈에 보이지 않고, 돈으로 환원되지 않는 일을 도맡아 왔다. 우리는 그 비가시적인 노동이 사회를 돌아가게 하는 중요한 힘이었음을 여전히 당당하게 평가받고 싶어한다. 또한 후기 자본주의 시대에 살고 있는 여성들은 물질적 기반이 없는

'자율성'의 공허함을 알고 있다. 개발된 능력을 일터에서 발휘하려는 우리의 자연스런 욕구가 하향 취업이나 실업으로 번번히 좌절될 때, 여성에게 '국가'는 없다고 외치게 된다.

이제 우리 여성들은 이 사회를 구성하는 시민으로서 당연히 일할 권리를 누려야 함을 밝히고자 한다. 그리고 시민으로서 국가와 남성 중심의 닫힌 사회를 상대로 그러한 권리를 찾아나가려 부단히 애쓰는 젊은 여성들이 존재하고 있음을 널리 알리고자 한다.

열다섯번째 동인지 『여성의 일 찾기, 세상 바꾸기』에서는 '21세기는 여성의 시대'라는 허황된 약속과 우리의 일상의 척박함에서 오는 괴리를 드러내고, 우리의 불편한 심기를 토로하고, 시비를 걸었다. 다른 한편으로는 여성들이 우리 사회의 뿌리 깊은 연고주의와 부패를 끊어낼 수 있는 유일한 문화와 경제 변화의 주체임을 알리고자 했다. 여성에게 일은 더이상 국가에 의해 쉽게 처분되거나, 남성들의 자아를 부추기기 위해 포기되어서는 안될 권리며 일상이다. 여성들은 시대의 변화와 함께 일의 개념이 변해 가고 있음을 감지하여 자신이 하고자 하는 일이나 하는 일에 대해 새롭게 의미를 부여하는 언설을 함께 만들어 가야 한다.

2.

이번 동인지에서는 한국 사회에서 여성이 일을 한다는 의미가 무엇인지를 성찰적으로 점검하고, 새로운 변화를 이끌어 내려는 열정을 담아냈다.

「들어가며」에 실린 김현미의 「2000년 한국, 여성은 노동자가 될 수 없는가?」는 변화하는 전지구적 환경 속에서 한국의 여성들은 어떤 위치에 놓여 있고, 노동권을 확보하기 위해 어떤 자세로 협상해야 하는가, 후기 자본주의 사회에서 살아남기 위해 개인에게 필요한 심리적 준비는 무엇이며, 여성들에게 주어진 전망은 무엇이 있을까를 진지하게 모색한 글이다. 2000년대를 맞이하면서 마음을 가다듬기 좋은 글이다. 홍성희의 「여승무원은 왜 미모여야 할까」는 여성이 직업을 갖는 데 필요 이상으로 미모가 중시되고 있음을 비판하고 외모 중심 고용에 대해 딴지를 걸고 있는 글이다. 엄규숙이 제공한 통계 자료로 구성한 장정예의 만화, 「여성들이 사라지고 있다」는 현재의 여성 고용과 실업 상황을 한눈에 보여 준다.

「살아남기, 바꾸기, 연대하기」는 특집이다. 경제 위기에서 살아남아 일터를 확보하려는 노력들, 종전의 직업의 브랜드 개념을 해체하여 새로운 일자리를 만들려는 시도들, 여성끼리 연대하여 세력화를 해내려는 움직임들을 담았는데, 어려운 상황에서도 좌절하지 않는 여성들의 씩씩한 모습을 보여 주고 있다. 윤정숙의 「일을 찾는 여성들과 더불어」는 민우회 활동을 하면서 몰아닥친 실업 사태를 극복하려 한 여성들의 운동을 잔잔하게 풀어나가고 있다. 손안지연의 「1999년, 대학 4년생, 여자」는 제목에서 보이듯 암담한 취업난 속에서도 불안에 빠지지 않고 연대하여 미래를 준비하는 젊은이들의 움직임을 그려냈다. 권김현영과 김선화가 함께 쓴 「백조의 호수」는 여성 경제 공동체 '프리워'의 이야기이다. 취업이 안된 여성들끼리 모여 새로운 일자리를 창출해 내려는 프리워의 시도는 직업에 대한 고정 관념을 바꾸어 놓고 있다.

「여성 노동 운동의 새로운 모색」은 서울 여성 노동 조합이 남성 노조와 분리 선언을 할 수밖에 없던 이야기, 조직을 처음 만들고 운영한 과정, 여성만의 독자 노조로서 새롭게 하려는 일이 무엇인지를 상세하게 쓰고 있다. 혼자 무기력하다고 느껴질 때 힘이 되어질 수 있을 것이다. 김현아의 글은 두 여자가 모여 시작한 「나와 우리」라는 단체의 역사이다. 이 글을 읽으면 시민 단체를 만드는 일이 어렵고 거창한 작업이 아니라 일상 속에서 소박하게 할 수 있는 훨씬 친근한 것으로 느껴질 것이다. 김미경의 글은 한 일간지의 기자로 일하면서 여성 편집국장이 나오기를 기대하는 마음을 박진감 있게 쓴 것이다. 변화하는 환경이 반드시 여성에게 불리하지만은 않다는 희망을 준다. 특집의 마지막으로 고등학교 여학생들의 장래 희망을 실었다. 얼마나 다양하고 생동감 있는 일을 구상하고 있는지 그 희망이 전염될 것이다.

이번 호「적응과 성장」은 약간 다른 각도로 씌어졌다. 직업에서의 성취에 초점을 맞추기보다 그 뒤에 숨은 애환을 드러냄으로써 일을 갖는다는 것은 많은 준비와 노력을 필요로 함을 드러냈다. 이주연의「구로동에서 여자 치과 의사로 살기」는 남들이 부러워하는 전문직의 실상을 담담하게 풀어쓴 글이다. 자기 과시나 자기 비하에 빠지지 않고 전문인으로서 단단한 자긍심을 발견해 내고 있다. 주혜영은 많은 사람들의 선망의 대상이 되고 있는 방송 매체에서 구성 작가로 일하면서 일세대 여성들과는 달리 공급 과잉 시대의 여성 작가들이 얼마나 고단하게 일을 하고 있는지를 보여 준다. 그러면서도 주혜영은 자신의 일의 의미를 발견하기를 포기하지 않고, 방송 매체에 들어오려는 후배들에게 자세한 안내를 하고 있다. 오선희의 글은 고시 공부를 하다가 고시 아이템으로 아이피 사업을 하게 된 여성 창업인의 이야기다. 새로운 일에 도전하는 여성의 용기와 지혜를 보여 준다.

고진숙은 여고 졸업 후 보수적인 사회의 통념에 도전하여 자기만의 일을 찾고 출판 영업 분야에서 선구적인 여성 영업자로 살아온 과정을 진솔하게 그렸다. 그 열정과 성실함 때문에 고개가 숙연해지는 글이다. 홍미희의「슈퍼 우먼의 변명」은 남들이 흔히 슈퍼 우먼이라고 빈정거리는 성취를 해내기까지 얼마나 많은 노력을 해왔는가를 보여 준다. 신딸기와 최승민의 글은 어려운 취업 경쟁을 뚫고 이제 막 사회로 진출한 여성 신입 사원들이 어떤 경험을 하고 있나를 드러낸다. 상사들의 부당 행위, 참을 수 없는 성희롱들을 겪으면서도 희망을 포기하지 않으려는 이들의 안간힘을 보면서 다시 한번 변화의 가능성을 꿈꿔 본다. 여기까지 읽고서 "난 일 안해, 결혼할 거야" 하고 말할 사람들이 있을지도 모르겠다. 그런 사람들을 위해 김은주가

「적금을 들지 못하는 여자의 결혼 이야기」를 썼다. 결혼이 여성의 경제 대책일 수 없음을 통렬하게 얘기한 이 글을 보면서 여성의 일에 관해 다시 한번 생각해 보기 바란다. 마지막으로 백수로 살기를 선언하는 양이현정의 글을 실었는데, 강박적인 현대인의 삶을 성찰할 기회가 될 수 있을 것이다.

「평」에서 권은선은 90년대 영화를 통시적으로 고찰하면서 여성의 일하는 모습이 보이지 않는 한국 영화의 현실을 답답해 하고 있다. 김희숙이 소개한 책들은 여자 청소년들에게 장래의 직업에 대해 구상할 현실적 기회를 주는 외국의 사례들을 소개하고 있다. 미즈 재단에서 하는 「딸들을 일터로 데려가는 날」에 대해서는 유이승희가 소개했다. 우리 나라에서도 이같이 살아 있는 교육을 하게 되기를 기대해 본다.

3.

이번 동인지의 제목을 놓고 의견이 분분했다. 이 동인지의 첫 기획은 95년까지 거슬러 올라간다. 동인지 11,12호『새로 쓰는 결혼 이야기』를 구상할 때 같이 기획되었는데, 그 이래로 우리는 이 책을 가리켜 '딸들에게 일할 권리를'이라고 불러왔다.

이러저러한 사정 때문에 미루어 오다가 IMF를 맞게 되고 '딸' 대신 '여성'이란 말을 써서 '여성들에게 일할 권리를'이라 부름으로써 여성들의 현실의 절박함을 강조하고자 했다. 그러나 기획이 원고로 구체화되고 책꼴을 갖추어 감에 따라 '여성들에게 일할 권리를'이라는 것이 대답 없는 메아리처럼 들리기 시작했다. 여자는 늘 일을 해왔지 않은가? 고민 끝에 때마침 열린 한국 여성학회 추계 학술 대회에서 참가자들에게 몇 가지의 책 이름 후보를 놓고 의견을 묻는 여론 조사를 했다. 그리하여 탄생된 것이『여성의 일 찾기, 세상 바꾸기』이다. 여성들이 일을 새롭게 만들어 낼 때, 세상의 구조는 흔들리지 않을 수 없을 것이다.

제목의 변천사만큼이나 우리들의 기획안도 수정을 거듭한 것은 말할 필요
도 없다. 동인지 2호 『열린 사회 자율적 여성』에서 '여성의 일'을 다룬 만큼
그 동안의 사회 변화와 더불어 '일'에 대한 생각을 끊임없이 가다듬는 성찰
의 시간이 필요했다.

이 년만에 동인지를 내면서 우리는 이 암울한 시대에 희망을 포기하지
않는 모습을 보여 주려 했다. 그렇다고 상황을 외면하고 거짓 희망을 자아
내려는 것은 아니다. 더욱 닫혀 가는 사회 속에서도 자신의 일과 주체성을
포기하지 않는 여성들의 진솔한 이야기에 귀기울여 보기 바란다. 더불어 살
아갈 힘을 얻을 수 있을 것이다.

[또 하나의 문화] 제15호

여성의 일 찾기, 세상 바꾸기

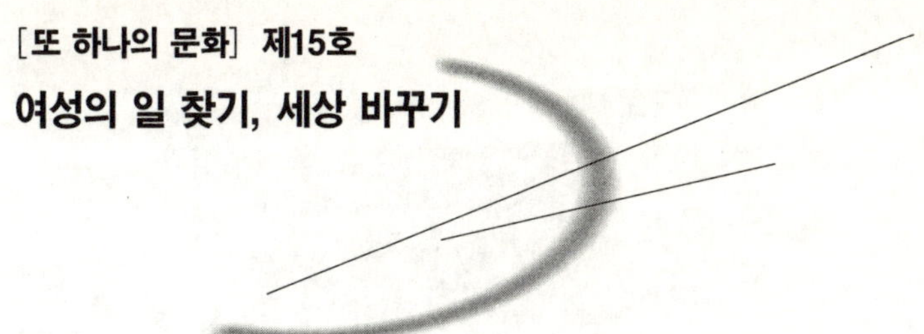

평

표지 디자인 / 정병규디자인 · 예병억

본문 그림 / 전수경

글 편집 / 권김현영, 김여운, 김영옥, 김은실, 김현미, 박김기화, 박혜란, 안이희옥,

유이승희, 이소희, 조은, 조형

들어가며

2000년 한국, 여성은 노동자가 될 수 없는가? — 김현미

여성들이 사라지고 있다 — 장정예

여승무원은 왜 미모여야 할까? — 홍성희

2000년 한국, 여성은 노동자가 될 수 없는가?

김현미

1930년대 미국 사회를 뒤덮은 극심한 경제 공황 당시, 취업한 여성들 중 일부는 '남성의 일자리를 빼앗고 있다'는 심한 죄책감으로 괴로워했다고 한다.[1] 일을 하고, 일을 통해 사회적인 인정을 받는 것은 남성들에게 우선적으로 주어진 권리이며 의무이기 때문에, 여성이 일자리를 남성에게 '양보'하는 것이 도덕적으로 옳은 일처럼 여겨졌다. 남성을 모든 일의 중심에 두는 것이 자연스럽고 당연한 것으로 여겨지는 가부장적 문화에서 여성이 일을 선택하고 얻어내고 유지해 나가는 과정은 끊임없는 갈등과 협상의 과정이 될 수밖에 없다. 그렇다면 한국의 여성들은 최대의 경제 위기라는 IMF를 어떻게 경험하고 있을까? 남성의 생계 부양자로서의 전통적인 역할이 '흔들리는' 고실업 사회에서, 여성의 경제적 기여는 증대되고 있지

1) Laura Hapke, 1995, *Daughters of the Great Depression*, Athens and London: The University of Georgia Press.

만, 여전히 여성은 사회적 노동자의 지위를 얻지 못하고 있다. 여성은 쉽게 공식적인 노동 영역에서 배제되어 '비경제 활동 인구'로 전락되거나, 국가의 예측할 수 없는 '선심'에 의존하는 공공 근로자의 다수를 차지하고 있다. 여성이 공식 영역에서 퇴출되는 비율은 남성에 비해 7배 정도 높았으며, 대거로 임시직, 시간제, 계약직이라는, '일'과 '실업'의 경계 지역으로 내몰리고 있다.

현대 산업 사회에서 개인은 사회적 '일'을 통해 자기 정체성의 주요한 부분을 형성하며 사회 속에 '살아 있음'을 느끼게 된다. 실업의 상태는 자신이 속한 지역 사회에서 마치 낯선 곳에 와 있는 '여행객'이 된 기분을 느끼게 하는 것에 비유되기도 한다.[2] 아무도 그가 무엇을 해줄 수 있으리라 기대하지 않으며, 그는 '선택'할 수 있는 존재가 아니라, 그 지역의 누군가에 의해 받아들여지기만을 기다리는 완벽한 무기력 상태에 놓여 있게 된다.

점점 더 많은 여성들이 자신들의 열망과 능력에도 불구하고 적절한 '일'을 할 수 없는 지금, "21세기는 여성의 시대"라는 허황된 구호들은 여성들의 집단적 무기력감을 은폐시켜 버린다. 대중 매체에 자주 등장하는 그 많은 당당하고 멋진 전문직 여성은 어디 있는가? 여성들은 왜 바쁘지만 가난한가? 거대한 전지구적 자본주의 체제 안에 통합된 한국의 시민으로서 여성의 빈곤화의 문제를 어떻게 이해할 수 있을까? 다른 여성들의 위치를 이해하기 앞서 나 자신은 왜 바쁘지만 가난한가? 지극히 평범해 보이던 '월급쟁이' 노동자가 되는 일이 자신의 일생에 한번쯤 일어나기나 할까? 새 천년을 앞두고 지역간, 국가간 이동이 많아지고, 기존의 모든 이분법적 경계들이 허물어지고 있다는 보편적인 문화적 흐름들은 우리 여성들에게 어떤 의미로 다

---

2) Patrick Burman, 1988, *Killing Time, losing ground: experience of unemployment*, Toronto, Ontario: TEP Inc.

가오고 있는가? 여전히 생물학적인 '성' 때문에 '노동자'가 될 수 없다는 확고한 전근대적 언명이 여성의 일상을 지배하는 한국 사회에서 밀레니엄의 해체적 이미지는 어떻게 접목될 수 있을까? 이 시대의 많은 여성들은 이런 문제들을 고통스럽고 의아한 느낌으로 탐색해 보고 있다. 이 글은 현재 여성들이 '일'과 맺고 있는 관계들을 분석해 봄으로써, 진정으로 사회적 노동자가 되기 원하는 여성들이 정치적으로, 심리적으로 힘을 얻을 수 있는 길을 함께 고민해 보고자 한다.

1999년 한국, 세계화, 여성

우리 주변의 여성들을 둘러보자. 때마다 본봉이 오르고, 보너스와 연금, 수당에 휴가라는 모든 조건을 갖춘 직장에 다니는 사람은 몇이나 되는지, 그들이 자기 일에 자율성을 갖고 여유를 즐기며 살고 있는지. 또 이리저리 시간제 일을 하는 사람들이 '시간 여유'가 많은지. 우리는 이제까지 상식적으로 알고 있는 노동, 자율성, 돈의 삼각 관계의 틀과 의미가 많이 달라지고 있음을 발견한다. 정규직 여성은 점점 소수가 되고, 그들은 강화된 경쟁 체제와 업적 위주의 평가 제도하에서 삶의 자율성을 상실하고 있는 경우가 많다. 반면 예전에는 잠시 지나가는 일로 간주되던 시간제나 임시직, 계약직 형태의 일이 정규직 형태의 일을 수적으로 압도하고 있고 그렇다고 해서 일의 양도 줄어들지 않고 있다. 이러한 '노동의 유연화'와 노동 강도의 심화는 우리 사회에서만 더 두드러진 현상이 아니라 전세계적으로 빠르게 확대되고 있다. 자본의 이동이 빨라지면 빨라질수록, 확대되면 확대될수록 투자, 생산, 유통, 분배 체제는 다국가적, 다공간적이 되고 자본과 노동의 관계는 더더욱 유동적이 되며 권력적 위계가 심화되어 간다.

실제 '세계화'는 경제 영역에서 '노동의 여성화'라는 획기적인 변화를 일으켰다. 2차 대전 이후 현재까지 심화돼 온 국제적인 노동 분업은 남성들에게 한정되어 왔던 일자리에 여성들을 대거 흡수함으로써 노동 비용을 크게 떨어뜨렸으며, 수출을 증대하려는 정부와 기업들은 시장의 예측할 수 없는 흐름에 적응하기 위해 임시직으로서 '여성 노동'을 선호했다.3) 자본주의가 확대되고 세계화가 진전될수록 노동력의 유연화는 가속화되며, 여성들은 이러한 유연 생산 체제에 '친화적'인 것으로 규정된다. 즉 세계 경제하에서 여성들은 노동력의 주요한 구성원이 되지만, 임금과 고용 조건상의 노동권을 확보하지 못한 상태로 노동 시장에 편입되어 왔다. 이러한 경향은 최근 IMF 경제 위기와 함께 노동의 유연화가 '여성'을 중심으로 급속히 확산되고 있는 사실을 볼 때, 경제 위기를 여성의 노동력을 조절함으로써 완화시켜 보려는 정부의 전략과도 맥을 같이 하는 것이다.

60년대 근대화 프로젝트 이후 한국 사회는 경제적 위기가 올 때마다 저임금의 여성 노동을 탄력적으로 운영함으로써 위기를 완화하는 정책을 써왔고 이 과정에서 여성들은 곧잘 '희생양'이 되어 왔다. 현재의 경제 위기에서도 고졸 출신의 사무직 여성들이 가장 극심하게 직장에서 퇴출당한 후 '실업'을 경험하고 있다. 여성에게는 한국 사회의 '능력주의'가 적용되지도 않는다. '학력'이라는 상징 자본이 여성에겐 취업의 가능성을 증가시키지도 않고, 오히려 취업 자체를 어렵게 만들기도 하기 때문에, 고학력 여성의 '하향 취업' 경향이 두드러지고 있다.

경제 위기는 한국 사회의 성차별성을 강화시키면서 '극복'되고 있다. 우선, 실업에서의 성차별성을 살펴볼 수 있다. 직종과 학력을 불문하고 여성들은 노동 시장에서 퇴출되어 다시 노동 시장으로 복귀할 의사도 전혀 없는 '비경제 활동자'의 위치로 범주화되면서, 전체적인 실업률을 낮추는 데 이용된다. 실제로 1997년 3/4분기 여성의 실업자 증가폭은 전년도에 51.8%로

---

3) R. 바네트 · J. 캐버나, 1994, 『글로벌 드림스』, 황홍선 옮김, 서울: 고려원.

남성의 증가폭 7.5%의 7배에 이른다.4) 세계적 경쟁력을 확보한다며 진행되는 '노동력의 유연화'도 여성과 남성에게 다른 방식으로 진행되고 있다. 즉 남성 노동자에게는 노동력의 다기능화를 의미하는 기능적 유연성으로, 여성 노동자에게는 시간제, 파견 근로제, 촉탁, 임시직 등 고용 불안정을 수반하는 수량적 유연성의 개념이 적용된다.5) 여성들의 신규 고용의 대부분은 노동법적 조항이 적용되기 어려운 임시직, 시간제 노동, 계약직, 자영업 등이기 때문에 노동 조합과 같은 전통적인 방식의 결성체에서 여성의 참여율은 급격히 하락할 수밖에 없다. 실제로 IMF 이전에 취업자의 81.2%를 차지하던 정규직이 IMF 이후 57.7%로 떨어졌으며 반면 비정규직은 18.8%에서 42.3%으로 급격히 확대되었다. 또한 여성의 80%는 비정규직의 형태로 취업하고 있다.

조순경은 신정부의 민주적 시장 경제 모델은 바로 "경제 위기를 초래한 유교적 가부장제에 문화적 기초를 가진다는 점에서 자기 패배적이라고 할

---

4) 조은, 1998, 「IMF 위기 담론과 여성 정책의 위기: 어떻게 개입할 수 있을까?」, 『IMF 시대의 여성 고용 정책과 리더쉽』, 이대 정책과학 대학원 창립 기념 학술 대회, 1998. 5.26, 20쪽.

5) 조순경, 1994, 「고용과 평등의 딜레마」, 『한국여성학』 제10집, 183쪽. 기능적 유연화는 "수요, 기술 및 판매 정책의 변동에 따라 노동자의 과업을 조정하는 기업 전략으로서" 노동자들이 이러한 변화에 민감하게 반응케 하면서 새로운 장비와 폭넓은 범위의 작업 상황에 적응할 수 있도록 훈련시켜서 노동자의 다기능화를 이루는 것을 의미한다. 반면에 수량적 유연화는 수요의 변동에 따라 노동자의 수와 임금액을 조절하는 자본의 전략을 의미한다. 즉 핵심 노동력의 일부만을 제외하고 광범위한 주변 노동자층을 만들어 내는데, 하청 노동력과 파견 노동력의 활용, 시간제, 임시직 고용, 외국인 노동자의 고용 등을 통해 비용을 절감한다. 김동춘, 1995, 「글로벌화 globalization와 노사 관계의 구조 변화」, 『현대 사회』 42호, 125-51쪽. 황익주, 1998, 「세계화와 노동 부분의 변화 : 경기도 성남 지방 공장 노동자들의 사례 연구」, 『한국 문화인류학』, 31집 1호에서 인용.

수 있다"고 주장한다.6) 한국 사회의 경제의 투명성을 보장하는 일은 경제 주체를 변화시키는 일로부터 시작되어야 한다. IMF 초기부터 한국 남성들 사이의 연고 네트워크 **Old Boys' Network**는 국내의 비평가뿐만 아니라 외국의 언론 등에 의해 '연고 자본주의'의 토대로서 비판받았다. 즉 학연, 지연, 혈연 등으로 연결되는 남성들의 독점적인 연결망은 합리적인 기준 없이 자원을 교환하고 부패와 정경 유착을 가능하게 했던 경제 파탄의 주요 원인이었다. 현 정부의 경제 모델은 한국 경제의 취약성의 '문화적 토대'인 남성들 사이의 불합리한 연고주의를 개선하기는커녕 공식적 영역에서 무자비하게 진행되고 있는 여성의 퇴출을 방관하면서, 오히려 일터의 남성 독점적 문화를 더욱 강화시키고 있다. 그러므로 현재의 개혁은 오히려 경제 파탄의 원인이 된 남성 경제 주체들간의 '서로 봐주기식' 연대망을 해체시키기보다는 확대시키고 있다. '능력' 위주란 미명하에 남성들간의 경쟁을 강화할 경우, 이들은 업적을 남기기 위해 자신의 인적 연결망에 더욱 의존하게 될 것이다.

또한 이러한 위기 해결 방식은 한국 정부가 내세우는 '글로벌라이제이션'이라는 세계화 전략과도 상반되는 것으로서, 직장 문화의 척박성과 인간 관계의 편협성만을 증가시킬 수 있다. 직원 개개인의 다양성과 차이에 기반한 교류와 상호 존중의 경험은 국제적인 교류를 이루어 나가는 데 필수적인 자원이며, 결국 생산성을 확대시키는 일과 연관된다. 여성을 이질적이고 하위적인 범주로 취급하여 '동료'로서 받아들이기를 거부하고, 여성들과 일해본 경험도 없는 한국 남성들이 세계화에 필수적인 '문화적 감수성'과 의사 소통 능력을 갖추기는 불가능하다. 현재의 경제 정책은 개별 경제 주체의

---

6) 조순경, 1998, 「'민주적 시장 경제'와 유교적 가부장제」,『경제와 사회』, 38호 (여름호)

남성 중심성을 변화시키지 않은 채 능력과 효율을 기반으로 하면서 양성 평등적인 '개혁'이 일어날 수 있다고 기대하는 모순 속에 있다.

현재 경제 위기와 그 해결 과정은 성별이라는 범주를 분석틀로 고려하지 않고서는 이해할 수 없다. IMF 경제 위기 이후 더욱 강화된 자유 시장의 원칙과 능력주의가 '성중립적'인 것처럼 보이지만 실제로는 남성의 자원 독점을 오히려 정당화하는 유교적 가부장제의 논리와 결합하여 여성의 사회적, 경제적 왜소화를 강화시켜 왔다. 한국 사회의 경제적 분배를 조정하는 것이 경제의 원칙이 아닌, '문화 정치'의 영역임이 다시 한번 드러나고 있다. 이는 경제와 정치의 논리를 작동시키는 가부장적 상상력을 '성별 정치학'의 장으로 끌어내는 급진성을 요구한다. 조은은 이런 의미에서 "IMF 위기 담론은 한국 페미니스트 이론의 전장 battleground 또는 담론 생산의 시험장"이 될 수 있다고 지적한다.7) 그런데 IMF로 대별되는 경제 위기와 여성의 주변화에 여성들은 격렬하게 저항했는가? 여성 노조의 건설과 여성 운동 단체의 격렬한 저항과 같은 새로운 사회적 흐름에도 불구하고, 거대한 변혁의 물결은 왜 일어나지 못하는 것일까?

여성의 경제적 주변화와 이성애의 신화

여성의 노동권과 경제적 지위를 논할 때 우리는 모든 여성이 경제적으로 자립하고 싶은 강렬한 열망을 지니며, 그것을 성취하기 위해 최대한의 노력을 벌인다는 전제에서 시작할 때가 많다. 그러므로 여성이 제대로 노동권을 확보하지 못하고 일자리를 못 얻는 것은 남성 중심적 사회 구조가 원인이며 기업이 여성을 고용할 때 드는 추가 비용을 부담하지 않기 때문이라고 결론짓게 된다. 그럼에도 불구하고 여성들이 진실로 '일하기'를 열망하고 자신

---

7) 조은, 앞의 글.

을 '노동자'로 위치 짓기를 원하고 있는가의 문제는 우리에게 '여성성'과 '일'의 의미를 성찰적으로 검토할 것을 요구한다.

실제로 실업은 IMF시의 경제 침체 때만 생겨난 일시적인 현상은 아니다. 1990년대 초반부터 IMF를 겪은 최근까지 젊은 세대의 실업률은 꾸준히 증가해 왔고, 현재 10대 후반부터 20대 연령층의 실업률이 가장 높게 나타나고 있다.8) 거시 지표나 평균 수치만 갖고 노동자로서의 여성의 삶의 빈곤화를 논할 수는 없다. 우리는 여성이 공식적인 노동의 영역에서 사라진다는 것이 한국 사회에 '여성'이라는 범주에 대한 또 다른 규정들이 만들어지고 있는 과정임을 인식해야 한다.

실업이 젊은 세대들의 일상적 삶의 유형이 되고 있지만, 그들이 맺고 있는 모든 인간 관계 속에서 자신을 드러내는 일이 '소비'를 통해 이루어지게 될 때 이러한 갈등을 어떻게 협상해 나갈까? 경제적 자원이 점점 없어지고 일을 얻을 수 있는 전망이 희박해질 때, 일부 여성은 자원이 있는 남성과의 관계를 조정함으로써 '지위'를 얻고 소비 욕구를 만족시키게 된다. 경제 불황 시 새롭게 등장하는 '여성다움'과 '여성성'에 대한 이미지들은 많은 경우 여성의 척박한 삶의 현실을 환상과 욕망, 상상력의 영역으로 포장시켜 버린다. 이성애적 연애 관계가 최고의 미덕으로 칭송되고 상품화될 뿐 아니라, 여성은 업무 능력으로서가 아닌, 자신의 성적 매력을 팔 수 있는 서비스 산업 등에 더더욱 몰려들게 된다. 또한 원조 교제와 같은 노골적인 교환, 즉 결혼이라든가 헌신 등의 모든 장기적인 관계에서 벗어나 여성의 몸과 소비 욕구가 남성들의 자원과 성적 판타지와 교환되는 관계들이 심화된다.

남성이 '생산'과 '임금 노동'의 영역을 독점하는 사회에서 여성이 사회적

---

8) 정인수, 1999, 「청년층 실업 현황과 고용 촉진 대책」, 한국 노동 연구원 고용 보험 연구 센터.

노동자가 될 수 있을까? 한국 경제 위기 시 또는 이의 극복 과정에서 여성의 노동자로서의 역할은 '민족'의 위기를 극복하거나 '가정'의 안정을 이룩하는 데 아무런 도움이 안 되거나 별 상관이 없거나 심지어는 상반되는 것처럼 묘사되는 경우가 많다. 여성은 '노동자'로서가 아니라 다른 방식으로 국가와 관계를 맺게 된다. 즉 국가 위기를 극복하기 위해, 여성은 '금 모으기 운동'에 동원되어 자신이 가진 모든 것을 내놓거나, '과소비 추방' 운동에 앞장섬으로써, 소비자로서의 욕망을 억제할 것을 요구받는다. 아니면 고용 불안과 실직에 위축되어 있는 남성들의 기를 살려줄 것을 언명 받는다. 가족을 결속시키고, 위축된 남성 자아를 복원시키기 위해 여성들은 더 많은 '감정 노동'을 수행해야 한다. 여성은 왜 생산의 현장에서 효율적이고 능률적으로 일을 함으로써 가정을 지탱하고 국가 경제의 건실성을 확보할 수는 없는 것일까? 한국의 많은 여성들이 가부장적 논리에 '쉽게 달아오르거나 쉽게 동원되지 않을 수 있는 내공'을 쌓는 일은 '여성'을 집단적이고 동일한 범주로 취급하는 가부장적 상상력에 저항하는 것으로부터 시작되어야 한다.

또한 대중 매체에 드러나는 '과장된' 형태의 전문직 여성들의 이미지도, 노동자로서의 여성 체험과 성취의 개념을 더욱 왜곡시킨다. 일하는 '여성'이라는 범주가 재현되는 다양한 맥락을 살펴보자. 대중 매체에 등장하는 커리어 여성은 아름답다. 그는 근사한 정장에 세련된 스카프로 치장하고 때로는 고고하고 자신감 넘치는 표정으로 때로는 성적 매력과 여성스러운 귀여운 모습으로 어디에나 나타난다. 그가 들고 다니는 노트북 컴퓨터에는 이제까지 그녀를 승진시키는 데 공헌했던 그 많은 아이디어와 기획안이 빼곡이 들어차 있고, 그의 이동 전화기에는 그가 거래하는 회사의 전화 번호, 잘 가는 레스토랑과 헤어숍의 번호, 숫자 하나로만 통화되는 친근한 이들로 채워 있을 것 같은 느낌이다. 한국 사회의 여성들 중 미디어에서 그렇게 오랜 세월 동안 닳아빠지도록 써먹은 커리어 여성의 이미지에 근접한 여성은 몇 명이나 될까? 그것도 20대 중반 나이에 말이다. 그들에겐 현실 속에서 전문직 여성들이 경험하는 시간 부족이나 노동 과다의 흔적도 없다. 늘 너무나 많은 자율성과 자원으로 인해, 그저 쓸데없는 자신감과 거만기만 가득하다. 전문직 여성이 되기까지의 고됨, 노력과 희생의 흔적은 어느 곳에도 남아 있지 않다. 이런 모습은 사실 일하는 여성을 그리고 있다기보다는 남성과 사랑하고 싶은 여성의 전형성을 강화하고 있다.

남성과 여성 간의 불균등한 자원의 분배는 여성들의 '성취'의 개념도 변화시켜 왔다. 여성은 종종 일하는 사람으로서의 정체성을 갖기보다는 '여성다움'으로서의 '문화적 지위'를 획득하는 것을 선택할 때가 많다. 특히 그 일이 결혼이나 가족을 통해 얻게 될 계층적 지위에 못 미치는 직업이라고 느낄 때, 노동자로서의 사회적 지위보다는 누구의 부인이나 딸로서의 문화적 지위에 만족하게 된다. 이런 식으로 여성은 남편/남성을 매개로 권력이나 자원에 근접하는 것이 더 빠른 방식이라고 믿게 된다. 이것은 보편적인 가부장제 문화권 내에서 '빈곤화'의 길을 겪어 온 여성들에게 규정된 삶의 방식이지만, 한국 사회의 성장 이데올로기가 주입한 '빠른 성취'의 내재화와도 깊은 관계가 있다. 지난한 노동의 축적된 결과로 얻어지는 지위를 한순간의 이성애적 결혼으로 조급하게 성취하려는 경향은 한국 사회에서 더욱 두드러져 보인다.

또한 '노동'과 '일'의 이미지가 '남성성'과 깊이 연결될 때, 여성은 상징적인 배제를 경험하게 된다. 더욱이 한국과 같은 권위주의적 국가 체제하에서 생산직 노동은 '폭력' '무지' '억압' '타율'의 영역으로 개념화되고, 사무직 종도 성희롱이 만연하는 '안전하지 못한 곳'으로 이해되고 경험될 때, 여성은 자신의 상처받은 자존심을 회복하기 위해 '결혼'을 통한 한 남성에의 의존을 선호하게 된다. 한국 여성들이 노동 현장과 맺는 관계가 취약하면 할수록, 사적인 의존성이 강화될 수밖에 없게 된다. 즉 여성이 한 남성에게 의존하는 것이 자신이 '여성'됨 때문에 당하는 지위 격하보다는 훨씬 덜 모욕적일 수 있기 때문이다. 그러므로 여성은 노동의 영역과는 거리가 먼 존재처럼 취급되며, 여전히 몇 년 못 갈 '임시적'인 노동력으로 남게 된다. 그러므로 경제적 독립을 원하는 여성들은 이러한 이성애적 결합의 교환적 측면에 대한 끊임없는 성찰을 통해, '개인'적 존재로서의 자아를 찾아나가야 한다.

여성은 '국가'와 어떻게 협상할 수 있을까?

여성들은 바쁘게 일을 하지만 왜 이렇게 가난한가? 하는 의문 속에 빠져본 일이 많을 것이다. 여성의 빈곤화는 여성이 '일'을 하지 않음을 반영하는 것이 아니라, 여성들이 적절한 보상을 얻어낼 수 있는 일에서 배제됨을 의미한다. 많은 여성들은 경제적 자원을 얻기 위해 끊임없이 일을 하지만, 그 일의 대부분이 고용의 안정성을 보장하지 못하기 때문에 일을 찾는 데 또한 많은 시간을 쓰고 있다. 여성들이 주로 담당하는 많은 일들은 자본주의 사회의 폐해인 인간 소외를 극복할 수 있는 '돌봄'에 관여돼 있지만, 경제적 가치를 인정받지 못할 경우가 많다. 여성의 돌봄의 생애 주기는 아이들을 돌보고 노인을 돌보고 병든 남편을 돌보는 연속선상에서 이루어진다.9) 생산 노동과 감정 노동, 임금 노동과 집안일을 엄격하게 분리해 놓은 산업 자본주의 사회에서 '돌봄'이란 도덕적이며 윤리적인 영역으로 '생산'과는 무관하거나 별개의 사적인 영역으로 치부된다. 사회가 돌봄의 가치를 인정하지 않기 때문에 많은 여성들이 행하는 노인 봉양, 육아 등의 돌봄의 노동은 지불되지 않은 비용으로 남게 된다. 국가가 경제 위기 시에 더 많은 여성들을 '자원봉사'에 참여시킴으로써 사회 복지에 들이는 비용을 줄이는 일은 흔한 예이

---

9) J. Finch and D. Groves, eds, 1983, *A Labour of Love: Women, Work and Care*, London: Routledge and Kegan Paul.

다. 또한 여성의 노동은 남성의 노동력을 재생산하는 부차적 형태로 결합되어 남성의 임금 속에 포함되어 버린다.

여성이 노동의 권리와 생계 보장의 권리를 얻어내는 일은 '국가'를 대상으로 한 집단적인 세력화를 통해서 이루어질 수 있다. 즉 여성의 '시민권'을 강조함으로써, 여성들은 국가를 대상으로 끊임없이 자신이 일하고 싶어하는 욕구를 표현하고 그러한 권리를 얻어내야 한다. 시민권은 크게 자유권, 정치권, 사회권을 포함하는 개념이다. 이때 자유권은 법률상 개인의 권리와 관련된 것으로 언론과 종교의 자유, 노동권을 포함한 개념이며 정치권은 선거권을 통해 정치에 참여할 수 있는 권리이고, 사회권은 국가로부터 최소한의 생계를 보장받을 수 있는 권리를 의미한다. 여성의 경제적 세력화는 이러한 시민권의 개념이 여성에게 실제로 주어지고 있는지를, 또한 어떠한 방식으로 집행되고 있는지를 통해 이루어질 수 있다.[10] 그럼에도 불구하고 현재와 같은 신자유주의 경제하에서는 '집단적 세력화'를 통한 '권리'의 주장은 시대 착오적인 것처럼 느껴지며, 더이상 '구조적 불평등'을 문제 삼지 못하게 만든다.

산업 자본주의 사회가 인간을 크게 소수의 자본가와 다수의 노동자로 분리하여 부의 독점을 가능하게 했다면, 현재 진행중인 광범위한 세계화 과정은 인간을 다수의 유연화된 노동자와 소수의 '아이디어'형 고소득자로 분리시켜 내고 있다. 90년대 말의 시대적 표어가 되어 버린 '효율성', '생산성', '경쟁'이란 말은 70년대의 근면, 자조, 협동의 새마을 구호처럼 우리를 훈육시키고 있다. 이러한 신자유주의 경제는 단순한 '경제 논리'가 아니라, 새로

---

10) 이러한 시민권의 개념은 Marshall, 1949, "Class, Citizenship and Social Development"에서 나온 것이며, 여기서는 박소영, 1998, 「사회 복지적 요인이 여성 경제 활동 참가율에 미치는 영향에 관한 국가간 비교 연구」, 서울대 사회복지학 석사 논문의 설명에서 따왔다.

운 세계관과 인간관을 확산시킨다. 소위 '아이디어'를 통해, 벤처 기업을 세워 갑작스럽게 부를 획득한 사람들은 21세기의 바람직한 인간형으로 칭송받는다. 점점 더 개인주의와 능력주의의 모토가 확산되고 있다. 그러므로 신자유주의 경제하에서 사회 불평등은 점점 강화되고 있지만, 이것을 '구조'의 문제라고 이해하기보다는 '개인의 능력'과 '의지'로 언설화하여 집단적인 저항이나 세력화를 할 수 없게 만든다. 노동권을 위한 집단적 투쟁은 '산업 사회'의 낡은 유물로 취급되고 더욱이 여성의 노동권의 문제는 '민족'의 위기를 고려하지 않은 지극히 이기적인 행동으로 이해된다. 많은 여성들은 국가를 대상으로 '정치'를 벌이기보다, 자신의 무기력함과 운 없음을 한탄하게 된다.

세계화 과정에서 국가의 역할이 축소될 수밖에 없다하더라도 국가는 여전히 세계 자본의 집약에서 소외되는 계층을 위해 조정자적이고 인간적인 노력을 할 수 있는 주체이다.[11] 현재의 국가 정책은 덩치 큰, 그래서 언제든지 기어오를 수 있는 '대기업'을 훈육시키고, 국제 사회의 신용자들의 욕구를 실현시킴으로써 세계적인 자원의 분배망에 끼여드는 데 권력을 발휘하고 있다. 그럼에도 불구하고 일반적인 한국인의 삶의 질을 향상시키는 최저 임금의 확보나 중소 기업의 보호, 여성들의 공정한 취업 기회의 확보 등의 문제에서만 '시장 원리'를 내세우며 간섭하지 않겠다는 입장을 견지하는 것은 국가의 이중성을 극명하게 보여 주는 것이다.

여성은 개인으로서 '시민'으로 인정받지 못하고, 남성 시민의 '피부양자'로 고려되기 때문에 국가를 상대로 자신의 '노동권'을 주장하는 일도 쉽지 않다. 또한 여성들은 국가를 통해 복지 혜택을 받는 것을 '가난한' 자신의

---

11) Saskia Sassen, 1998, *Globalization and Its Discontents : Essays on the New Mobility of People and Money*, New York : New Press.

처지를 보여 주는 것이라 느끼기 때문에 어떠한 권리도 주장하기를 꺼린다. 그러나 여성이 복지 혜택을 얻거나 할당제를 통해 자신들의 생존 의지를 표시하는 것은 '시민권'의 표현으로 이해돼야 하는 것이 아닐까? 여성이 갖는 상대적인 불평등 때문에 여성들은 일반적으로 더 가난할 수밖에 없고 그렇기 때문에 여성들이 국가를 대상으로 우대 조치를 얻어내는 것은 당연한 일이다.

특히 경제 불황 시에 여성들에게 요구되는 결혼, 모성들의 전통적인 기대와 당장 가정의 생계를 책임져야 하는 생계 부양자로서의 새로운 역할 사이에 갈등은 더욱 첨예화된다. 이러한 갈등을 개인의 문제로만 이해하고 무기력, 죄책감, 자책 등에 시달리는 여성들도 당연히 많아질 수밖에 없다. 여성들이 '시민적 권리'를 주장하여 국가를 통해 출산, 육아, 노인 부양 등의 명목으로 일정 부분의 복지 혜택을 얻어내는 일도 중요하다. 동시에 우리는 이런 혜택이 여성이라는 '생물학적인 존재'들에 대해 국가가 부여하는 보조금이 아닌지 살펴볼 필요가 있다. 즉 여성들은 경제적인 의미에서 사회적 노동자로서의 시민권을 추구할 수 있는 자리에서 배제되고, 그들의 역할은 기부금을 받는 수동적인 수혜자이며 더이상 역사의 무대에서 행위자로 간주되지 않게 될 수도 있다.12) 다양성과 차이에 대한 인정에 기반한 시민의 개념이 설정되지 않는 한, 여성들은 여성들의 '전통적인 역할'을 통해서만 국가와 협상할 수 있게 된다. 그러므로 노동자로서 규정되는 남성은 실업과 이직 시 이런 상황에서 오는 위기와 갈등을 완화시켜 주는 다양한 국가 장치가 마련되지만, 노동자로서의 여성에겐 자신의 생물학적인 여성성을 통해서만 생존을 보장받게 된다. 미국의 일부 하층 계층 여성들처럼 실직 시 아이

---

12) Ruth Lister, 1990, "Women, Economic Dependency and Citizenship," *Journal of Social Policy*, 10 : pp.445-467.

를 하나 더 낳아 출산과 육아를 지원하는 보조금으로 생활을 연명하는 상황이 벌어질 수도 있다. 그러므로 무엇을 위해 국가와 협상하는가의 문제는 우리에게 의존적인 존재로서의 여성인지 아니면 세력화의 주체로서의 여성인지에 대한 명확한 입장을 요구한다.

　현재 가사나 봉사 같은 '여성적' 일을 별 의심 없이 일생의 기쁨으로 받아들일 여성은 많지 않다. 평생 사회적 '일'이 없이 살기에는 여성들의 수명은 너무 길어졌다. 여성들은 현재의 구조적 불평등과 여성의 빈곤화에 대해서 집단적, 사회적 방식으로 도전해야 하지만 동시에 자기 자신과 다른 여성들을 평가하는 방식을 전환함으로써, 심리적 위축감에서 벗어나고 살아남아야 한다.

후기 자본주의 사회를 살아가는 데 필요한 심리적 준비

신자유 시장 경제의 모토가 된 노동 시장의 유연화가 실업률을 완화하고 경제 성장을 촉진할 것이라는 생각은 실증적으로 검증된 바가 없다.[13] 세계화의 미래적 이미지는 곧 미국 자본주의 시스템의 문화적 헤게모니가 확산된 결과로 이해될 수 있다. 그럼에도 불구하고 이러한 노동의 유연화를 일상적으로 경험하는 여성들이 심리적인 위축감에서 벗어나 해방적 사유의 공간을 획득할 가능성은 없을까?

　새로운 방식의 세계관은 '커리어', '시간', '여성들간의 차이'를 새롭게 인식함으로써 삶의 활동성을 되찾는 일을 통해서 이루어질 수 있다. 이러한 작업은 국가와 기업을 상대로, 또한 자기 주변의 남성들과 끊임없는 협상을 해나가는 여성의 정치 세력화와 동시에 여성의 심리적 세력화를 이루어 나가야 함을 의미한다. 좀더 장기적인 안목으로 '시대'의 변화를 읽어 가면서

---

13) 조순경, 1998, 위의 글, 74쪽.

새로운 방식으로 '일'의 의미를 재구성하는 일도 필수적이다.

'일과 시간'

개인에게 '노동'의 의미는 시대에 따라 변화해 왔고, 노동의 주체가 누구이며, 노동의 성격이 무엇이냐에 따라 사회적으로 차별적인 평가를 받아 왔다. 홀거 하이데는 노동 사회의 지배적 패러다임은 '물적 강제'를 기반으로 하며, 이는 비인격적인 사물이나 관계가 인간을 지배하게 되는 상황을 의미한다고 말한다.14) 그는 모든 사람을 '노동하는 인간'으로 만드는 과정에서 삶의 방식이나 살아 움직이는 사회적 관계들은 폭력적으로 파괴되어 왔다고 주장한다. 그로 인한 사람들의 상처가 커지면 커질수록, 사람들은 더욱 지속적으로 여러 세대에 걸쳐 '공격자와의 동일시'를 집단적으로 진행하게 된다. 그리하여 자본의 합리성을 개인적으로든 집단적으로든 굳게 내면화하게 되는 것이다. 이러한 내면화 과정은 결국 집단적으로 과거에 대한 기억이 소멸되어 가는 과정, 나아가 자신의 역사에 대한 의식을 상실하는 과정이라고 할 수 있다. 결국 '생산성의 향상'이라고 불리는 것은, 그에 의하면, 인간의 자율성을 성공적으로 파괴시켜 낸 결과이다. 이런 의미에서 노동 사회에서 주변화되었던 시간과 자율성의 의미를 긍정적으로 복원시켜 내는 것은 노동 유연화 시대를 살아가는 여성의 심리적 안정을 위한 대안이 될 수 있다.

톰슨의 말처럼 "성숙한 자본주의 사회에서, 모든 시간은 소비되거나, 거래되거나 유용되어야 한다. 노동 집단이 단순히 '시간을 보내는 것'은 불경스러운 일이다." 그러므로 실업자나 부분 취업자들은 자신들에게 주어진 시간이 많음으로 인해 죄의식에 시달리거나 자신이 무용지물이라는 생각에 괴로

---

14) 홀거 하이데, 1998, 「노동 사회로부터의 탈출구 : 노동의 새로운 패러다임을 위한 조건」, 고려대학교 노동문제연구소 편, 『미래의 일과 노동』, 서울: 미래인력연구센터.

위하게 된다. 이런 상황에서 "자신의 존재 가치가 자신의 소모성에 있기보다는 훈육되지 않은 '기억'과 '창의성'"에 있음을 인식하는 것은 새롭게 자신과 주변을 바라볼 수 있는 용기로부터 나온다.

전통적인 산업 사회에서는 '8시간 정규 노동의 일터'라는 확고한 틀에서 벗어난 임시직 종사자들이나 프리랜서들은 자신의 일에서 얻는 주관적인 즐거움과 자율성과는 상관없이 '일탈'과 '비정상'의 범주로 취급되어 왔다. 그러나 최근 일 자체보다는 일을 하는 환경과 시간에 대한 자율성을 가질 수 있느냐가 직업을 선택하는 주요한 관건이 되어 가면서, 직장을 통한 사회적 인정보다는 주관적인 일에 대한 만족도가 중요해지는 사회로 변화되고 있다. 따라서 산업 사회의 '일'과 '여가'라는 이분법적 시간 개념의 지배적인 패러다임이 변화되고 있다.

남성들이 일과 여가라는 이분화된 시간과 공간 개념 속에 있으면서, 일터에서의 노동 중독의 상태를 집단적 유흥과 일그러진 성문화를 통해 해소한다면 여성들은 이와는 다른 시공간의 개념 속에 자신을 위치시켜 왔다. 즉 여성은 일과 여가와 가사 노동이라는 삼중적 시공간적 개념 속에 놓여 있다. 이러한 여성의 삶의 주기가 이제까지 여성의 이중 노동이나 노동 시장에서의 차별을 정당화해 왔지만, 또한 여성이 더 많은 영역에서 새로운 방식으로 삶을 이해하고 창의성을 발휘할 가능성이 많다는 것도 인정되어야 한다. 자신이 몸담고 있는 지역 사회에 참여하고, 다양한 집단들과 개방적 대화를 할 수 있는 유연함이 후기 자본주의 사회가 요구하는 새로운 라이프 스타일에 들어맞을 수 있다. 산업 사회의 집단적 남성 노동자군이 '인정을 받기 위한 투쟁'에만 자신을 헌신하면서, 완고성과 편협성만 남게 되는 데 비해 여성들은 다른 사람의 경험을 이해하고, 일터와 집과 지역 사회의 경계를 넘나드는 지혜를 갖고 있다. 여성들은 자신들이 바라보는 세상에 대한 시선이 사회를 변화시킬 수 있는 원천이 됨을 '언어화'해 나가야 한다.

다중적 커리어의 개념

"진득하게 한곳에 붙어 있지 못하고…"

"나이가 몇인데 지금 와서 그런 시도를…"

고등 교육을 받은 여성의 수가 대폭적으로 늘어나고 여성의 평균 수명이 75세까지 연장된 지금, 적어도 여성들은 40-50년간 커리어를 추구한다. 그렇다면, 우리는 왜 한 커리어에 머물면서 삶의 방식을 변화시킬 수 있는 자유를 갖지 못하는 걸까? 시간제, 계약제, 임시직으로 부유하는 노동자군이 '정규직'을 압도하는 지금, 계속적인 직업 이동을 '하나도 제대로 완성하거나 성공하지 못한 상태'라는 부정적 인식을 깨고, 자율성과 창조성의 새 원천으로 인식해야 되지 않을까? 멜라니 베리는 연속적 삶의 개념 **linear view of life**을 제시한다.15) 이 의미는 어떤 한 직업에 자신을 모두 바치고, 자아 정체성을 형성하기보다는 더욱 장기적인 시각에서 삶을 전망하고 자신이 할 수 있는 일에 대한 현실적인 감각을 갖는 것이다. 그러므로 너무나 완벽하게 모든 것을 추구하려 하거나, 한군데만 파고들면서 자신의 욕망을 무시하기보다는 자신의 일생 동안 꼭 해보고 싶은 몇 개를 정해서 실행하는 것이다. 또한 기본적으로 몇 개의 상호 독립적이며, 관련이 없어 보이는 커리어를 동시에 추구할 수 있다.

은퇴하기 전에 도전하고 싶은 커리어를 두세 개 적어 본다. 이것들이 당신이 바라던 라이프 스타일과 잘 맞아떨어지는지, 스케줄상의 균형을 맞출 수 있게 해주는 일들인지, 또는 당신의 잠재적인 에너지, 흥분, 창의력을 발휘할 수 있게 하는 직업인지를 따져본다. 다 잘 맞아떨어지면, 노력, 헌신, 열정과

---

15) Melanie Berry, "A Linear Look At Life," http://www.womenconnect.com/LinkTo/aug3198_carfJOB.htm.

충동을 통해 계속적인 변화를 이루어 낸다. 변호사였다가 피아니스트가 되기도 하고, 교사였다가 수영 코치가 될 수 있는 자유와 선택!

노력, 헌신, 열정과 충동 등의 기술들을 인생의 다른 지점들에서 하나의 일터, 또는 가족에만, 또는 그 둘을 결합하는 데 사용하든지 간에, 각각의 단계들을 긴 여정의 한 통과 지점으로 보고 편안한 마음을 갖도록 한다.
산업 사회에서 '커리어' 쌓기는 안정된 미래라는 막연한 지점을 향하여 현재의 일터의 비인간적인 측면을 인내하도록 요구해 왔다. 하지만 현재를 의미있게 만들고 싶어하는 욕구는 다양한 방식으로 이루어지고 있다. 기존의 직장 문화의 남성 중심성과 권위주의를 해체하려는 '현장'에서의 노력에서부터, 놀이와 돈벌이의 경계를 해체하거나, 전문성의 개념을 확대하는 방향으로 이루어지고 있다.
전문성의 개념도 직장에서 승진과 업적 평가를 통해 획득되기보다는, 외부로부터 오는 평가나 규율 체제 없이 자신이 하고 싶은 일을 집중적으로 장기간 재미있어서 할 때 얻게 되는 결과물이 되고 있다. 자신의 잠재력과 욕망에 귀를 기울이며, 끊임없이 현재를 의미있게 만들려는 노력도 노동의 유연화 시대를 살아가는 여성들의 지혜가 될 것이다.

여성간의 차이를 잠재적 자원으로 활용하기

"우리를 이용해 먹으려고만 해..."
"말이 안 통해, 도대체 무슨 생각을 하는지 모르겠어"
여성들간의 차이는 존재한다. 그리고 이런 차이는 종종 반목과 갈등, 불신의 원천으로 작동한다. 이제까지 높은 지위에 있는 여성들은 여왕벌 현상 **Queen Bee Syndrome**이라 불리는 폐쇄적 태도 때문에 비난을 받은 것도 사실이다. 즉 여성에게 주어진 자원이나 자리가 너무 희소하기 때문에, 높은 지위에 오른 여성들은 다른 여성들이 그 자리에 올라오지 못하도록 후배나 동료 여성들에게 도움을 주기보다는 배제하는 경향을 가졌다. 또한 지위나 능력 면에서 조금 뒤떨어진 여성들은 다른 여성들이 이룬 성취를 격려하고 인정하기보다는 "그래봤자 우리는 똑같은 여자다"는 식으로 모든 여성을 하향 평준화하려는 경향이 있다. 이는 여성에게 주어진 자리를 확대시키기 보다는 "여자들의 적은 여자"라는 무서운 가부장적 독설을 통해, 여성들을 심리적으로나 정치적으로 열등한 존재인 것처럼 만들어 버렸다. 또한 여성 간의 세대 차이는 의사 소통 자체가 불가능한 영원한 이방인들인 것처럼 여성들간의 관계를 소원하게 만들었다. 우리가 '여성'으로서 생존하기 위해 서는 다른 여성들간의 협력 체제를 구축하는 것을 통해 새로운 경제 주체로 서의 여성의 입지를 강화해 나가야 한다.

실제 여성들이 지닌 자원, 경험, 아이디어, 취향, 인맥 등에서 오는 차이는 사업을 할 수 있는 완벽한 팀이 구성되는 것을 가능하게 한다. '후기 자본주 의 사회'의 모토가 된 '유연화'의 개념은 대규모 생산 체제와 거대 기업보다 는 벤처 기업을 포함한 소규모 사업체의 확산을 가져오고 있다. 이러한 환경 의 변화는 기존의 남성 중심적인 인맥 체제의 복잡하고 비합리적인 방식의 사업 체제로부터 배제된 여성들에게 새로운 가능성을 제공한다. 일상적인 경험과 관찰로부터 사업 아이템을 구성하고, 작은 규모의 투자와 인력을 바 탕으로 이루어지는 여성 기업의 수는 미국에서는 총 9백10만 개로서 기업의 38%를 점유한다고 한다. 또한 대만의 경우에도 중소 기업 위주의 경제 정책 은 많은 여성들이 다양한 전문직에 진출할 수 있는 발판을 마련해 주었다. 국가에 의존하기보다는 여성들간의 협력 체제를 구축하는 데 여성들간의 차이와 여성 기업의 존재는 중요하다.

우리는 일에서 돈을 얻고, 그를 통해 사회적 지위를 얻고 때로는 자율성과 여가를 찾기를 기대한다. 지금 일하고 있는 현장이 만족스럽지 않고, 이곳은 잠시 머무는 곳이라는 생각이 들게 되면, 같은 직장에서 일하는 사람들은 꿈도 없고 욕망도 없는 사람처럼 보게 될 때가 많다. 같은 현장에서 일하는 동료들이 무엇을 원하고, 어떻게 살고 싶어하는지를 알지 못한 채 집단적인 무력감에서 헤어 나오지 못하게 된다. 우리는 주위의 여성들이 이루어 나가기를 원하는 인생에 대해 진지하게 듣고 격려해 줌으로써 자신도 자극받을 수 있음을 기억해야 한다.

'생산'하고픈 욕구는 일을 통해 사업을 키우는 것, 다시 말해 가정을 꾸리고 아이를 낳는 일뿐만 아니라 자신의 경험에서 얻은 긍정적인 배움을 주변의 여성들에게 나눠 주는 연대의 과정을 통해서만 의미가 생겨날 수 있다. '여성 키우기'가 여성들을 통해 실현될 때 여성은 더이상 가난한 존재로 남지 않을 것이다.

■ 김현미 — 미국 워싱턴 대학에서 문화 인류학을 공부하고, 현재 이화여대 아시아 여성학 센터에서 연구원으로 일하고 있다. 여성 노동권을 확립하는 문제와 페미니즘 문화 분석에 관심이 많다. 「페미니즘과 문화 연구는 행복하게 만나는가」, 「여성의 노동권에 대한 여성주의적 성찰」 등의 논문이 있고, 『이미지와 현실 사이의 여성들』을 공역했다.

여성들이 사라지고 있다

장정예 그림 · **엄규숙** 자료 제공

• 여성 경제 활동 참가율

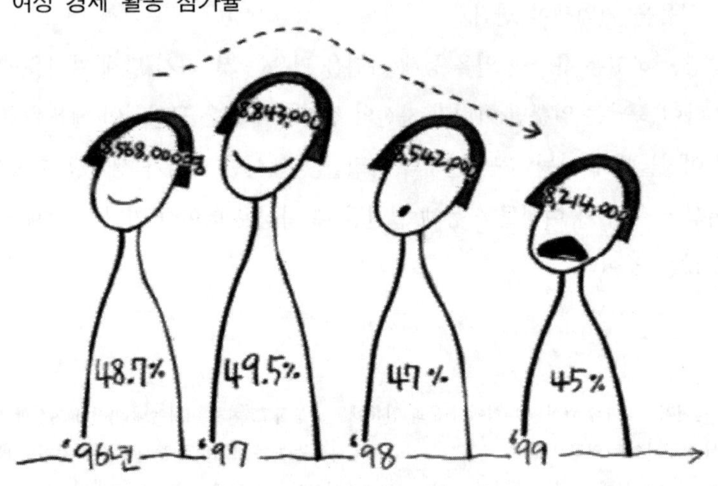

• 여성 실업자와 실업률

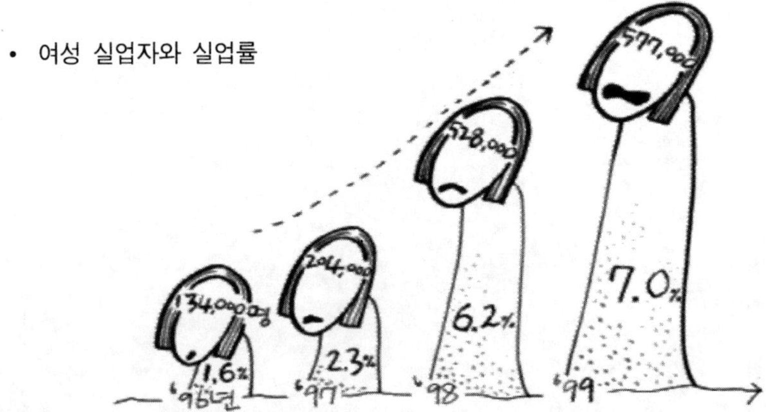

- 비경제 활동 인구

- 여성 취업 감소율

• 고용 구조의 유연화 현상

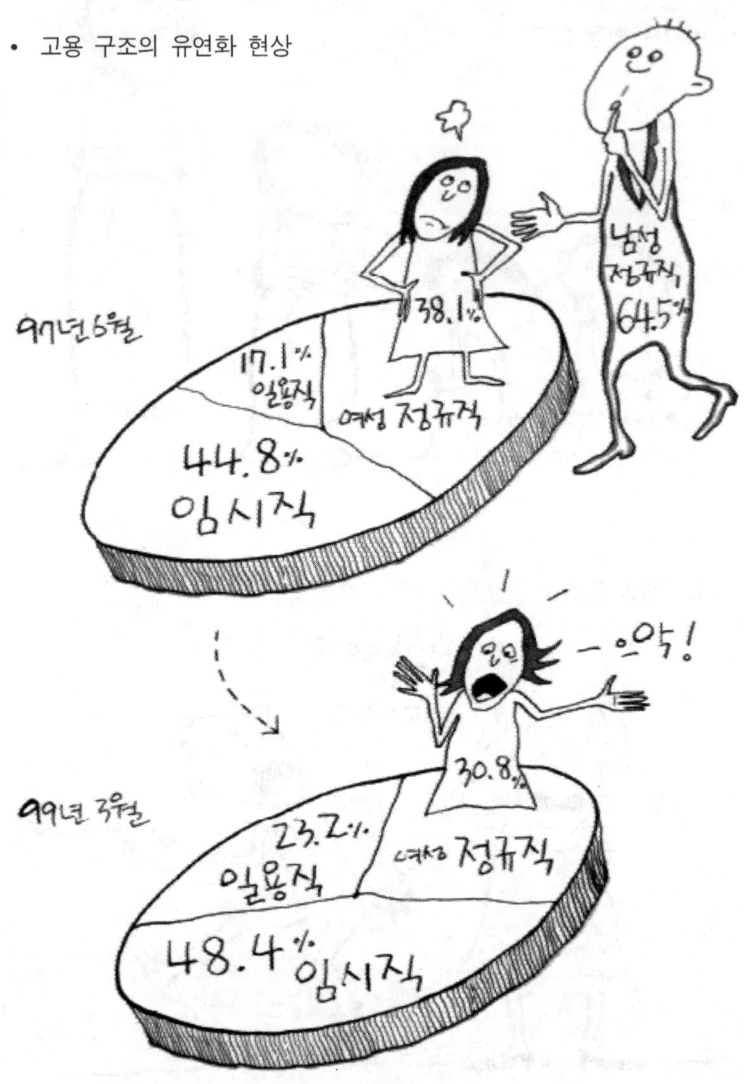

남성
정규직
64.5%
38.1%
97년 6월
17.1%
일용직
여성 정규직
44.8%
임시직
으악!
30.8%
99년 3월
23.2%
일용직
여성 정규직
48.4%
임시직

• 여성 취업 구조의 지각 변동

- 실업 대책

여러종류의 우산이
준비되어
있습니다만 ~
고용보험
고용안정사업
직업훈련
의료보험
여성용은
이것밖에
없는데요 ―
실직여성 가장용

여승무원은 왜 미모여야 할까?

홍성희

여성의 노동 시장 참여가 증가하면서 예전까지 남성의 전유 영역으로 여겨졌던 부문에 여성의 진출이 늘어나고 있다. 직장 내부의 수직적 성별 분절 또한 여성 노동권 운동의 영향으로 형식적이고 표면적인 수준에서는 약화된 상태이다. 그런데 이러한 추세에 맞대응이라도 하듯이 한편에서는 성별 분절이 오히려 강화되고 있다. 그것은 남성이 아닌 여성의 전유 영역으로 여겨지는 부문이 새롭게 생성되는 양상으로 나타나는데, '여성 유망직'임을 선포하고 나선 각종 행사 도우미와 나레이터 모델들의 출현이 그러하다.

이러한 직업들이 생겨나기 오래 전에 이미 미모를 필수 조건으로 하는 여성 직업으로 확실한 자리를 구축한 예가 있다. 그것은 바로 항공사 여승무원이다. 1969년 첫 민간 항공 출범과 함께 6명의 여승무원으로 출발해, 70-80년대에 커리어 우먼의 상징이 되었고, 90년대에 들어 연간 600-800명 (경쟁률 : 30대 1 이상)이라는 대규모의 여성 채용량을 보이고 있는 항공사 여승무원은 30년이라는 긴 세월 동안 변함 없는 '미녀 스튜어디스' 이미지를 보여 주고 있다.

사실, 항공사 여승무원을 '직업'으로 볼 수는 없다. 항공사 여승무원은 정확히 말해 항공사의 객실 승무직에 종사하는 여성이다. 하지만 여승무원은 마치 남승무원과 독립된 또 다른 직업 영역처럼 받아들여지고 있다. 남승무원에 대한 인지도는 매우 낮은 편이고, 보통 남승무원은 우리에게 친숙한 '스튜어디스'와 같은 직업에 종사하는 사람으로 인식되지 않는다. 그리하여 객실 승무원은 한쪽 성별, 즉 여성과 동일시되는 상황이 지속되고 있다.

처음 '스튜어디스'가 등장했던 시절, 객실 승무직에는 여성만 고용되었던 것이 사실이다. 하지만 자그마치 20년 전인 1979년, 대한항공에서 첫 일반 남승무원 채용이 있었고, 지금까지 남성 승무원은 꾸준히 채용되고 있다. 따라서 '스튜어디스'라는 말은 시대 착오적이고, 사실과 맞지 않는 표현이다. 그럼에도 불구하고 그 말은 너무나 익숙하고, 자연스럽다.

스튜어디스. 그것은 '아름다운 여성'을 떠올리게 하는 하나의 코드가 되었다. 마치 직업이나 노동보다는 미인 대회 혹은 연예인의 이미지에 더 가깝다고나 할까? 아름다움과 여성, 그 두 이미지 뒤에 숨겨진 그들의 노동은 무엇인가? 많은 사람들이 쉽게 지나쳐 버리거나, 잘 알고 있다고 생각하는 여승무원의 일은 화려한 스튜어디스 이미지와 강한 부조화를 이루고 있다.

이 글에서는 여승무원의 일에 관심을 가질 것이다. 그리고 외모가 그 일에서 어떤 의미를 가지는가를 드러내는 데 가장 큰 초점을 둘 것이다. 그러므로 여승무원이 갖추어야 할 외모 조건에 대한 사회적 편견을 다시 생각하는 것에서 출발한다. 항공사 여승무원이 노동자라면, 그녀에 대한 고용 조건

역시 노동의 성격에 기초해 있어야 한다는 것은 지극히 당연한 이치이다. 그러므로 여승무원의 노동은 그들에 대한 사회적 인식과 고용 조건의 외모 중심성을 반박하기 위한 가장 확실한 근거가 될 것이다.

또 다른 중요한 근거는 남승무원의 존재이다. 나레이터 모델이나 행사 도우미와 같이 직종이 성별 분절된, 즉 여성만으로 이루어진 직종과는 달리, 항공사 객실 승무직은 양쪽 성별로 이루어져 있다. 하지만 실제로 여승무원은 남승무원과 완전히 다른 존재로 받아들여지고 있다. 남승무원에 비해 여승무원이 눈에 훨씬 더 드러나고, 여승무원의 외모에만 특별한 의미가 부여되는 원인은 승무원들이 하는 일의 성별 차이에서 찾을 수 있다.

이 글에서는 먼저, 여승무원이 하는 일이 구체적으로 무엇이고, 그 일과 여승무원의 외모가 어떤 관계를 맺고 있는지, 그리고 이것이 서비스의 개념과는 어떻게 연관되어 있는지를 다룰 것이다. 둘째로 여승무원과 남승무원의 일이 어떻게 다르며, 그 구분은 무엇을 근거로 이루어지는지, 외모는 거기서 어떤 의미를 가지는지를 살펴볼 것이다. 마지막으로 '여성 노동자의 외모에 특별한 의미가 부여된다는 것이 외모를 여성만의 자원으로 만드는가?'라는 문제를 다룰 것이다.

이 글을 통해 대표적인 여성 집중 서비스직인 항공사 여승무원의 노동 과정에서 외모와 여성성(여성적 특질)을 둘러싼 관념들이 노동과 상호 작용하는 양상을 들여다보고, 한 노동자의 성별이 그 사람이 수행하는 노동의 성격 규정과 평가에 어떠한 영향을 미치는지를 밝혀낼 것이다. 또한 서비스직을 중심으로 일어나고 있는, 여성 노동자의 신체적 매력을 직업적 기술보다 중요한 '능력'으로 내세우는 '커리어 우먼' 담론에 대한 비판을 제시할 것이다.

여승무원의 외모와 노동 그리고 서비스의 개념

승무원은 객실의 인적 서비스를 담당하는 사람이다. 여기서 인적 서비스는 고객 만족을 창출하기 위한 개별 승무원의 노동력을 의미한다. 그것은 크게 고객 응대와 주방 업무로 나뉘는데, 항공사에서 사용하는 용어는 '아일 업무 aisle duty'와 '갤리 업무 galley duty'이다.

먼저, 아일 업무 혹은 고객 응대는 좌석 옆 복도를 따라다니면서 승객의 제반 요구에 응하는 일이다. 좌석 안내, 음료수 및 기내식 서빙 등 사람들이 비행기를 탈 때 흔히 '서비스'라고 생각하는 업무가 여기에 속한다. 고객 응대 업무는 불특정하고 무제한적인 특성이 있다. 한 여승무원은 이렇게 말한다. "서비스라는 것은 한이 없어요. 만족할 때까지 하는 것이 서비스니까요. 하다 못해 담배를 피우면 재떨이까지 비워 줘야 하는 것이 서비스예요."

갤리 업무 혹은 주방 업무는 국제선 장거리 비행시 갤리, 즉 기내 주방에서 하는 작업이다. 주방 업무는 기본적으로 기내식을 쟁반에 담아 오븐에 넣어 데우고, 데워진 식사를 꺼내 다시 쟁반 위에 정리해서 카트에 싣는 일로서, 앉은 자세와 선 자세를 되풀이하며 무거운 물건을 앞으로 넣었다 뒤로 뺐다, 위로 들었다 아래로 내렸다 하는 동작을 되풀이하기에 상당한 육체적 힘을 요한다. 여기에는 또한 준비 과정이 포함되는데, 비행기에 실리는 기내식 항목과 수를 승객 수에 맞춰 확인하고 갤리로 옮겨 정리해 놓는 작업이다.

이상은 여승무원의 일이다. 그러므로 기내에서 승객이 승무원에게 받는 서비스는 사실상 모두 여승무원에게 받는 것이다. 여승무원들은 보통 자신들의 노동을 "매우 힘들다"고 표현한다. 이에 대한 한 여승무원의 설명은 다음과 같다.

그(주방) 안의 일은 정말 고된 노동이에요. 승객들은 그 안에서 준비하는 것은 잘 몰라요. 그냥 카트 갖고 나와서 하는 것, 기내식 주는 것, 자기네 짐 올려주는 것, 그런 것으로만 아는데… 두번째 밀(식사) 같은 경우에는 앙뜨레

(전식)가 있어요. 그것을 (미리) 드라이아이스를 넣어서 꽝꽝 얼린 채로 실어주면 우리가 모두 앞뒤(주방으)로 옮겨 놓아야 돼요. 그런 다음 오븐에 세팅하고(차리고) 또 히팅을 해서(데워서) 다시 또 세팅을 해서 승객들에게 주는 것이거든요. 별로 앉아 있을 시간도 없어요. 갤리(주방) 일뿐만 아니라 (응대) 서비스를 강조하니까 계속 바쁘게 움직여야 되고. 우리는 날아가는 것이 아니라 계속 걸어다니는 거예요. 뉴욕까지 걸어가요. 열두 시간 내내. 그러니까 노동량이 보통이 아니죠. […] 그 일을 하고 나서 집에 오면 온 몸이 다 뻐근해요. 거의 12시간 자도 못 깰 정도로. 허리도 너무 아프고. (기내식을 오븐에 넣고 뺄 때) 아무리 안정된 자세를 취하고, 다리를 구부리고 조심해서 뺀다고 해도 힘이 들어가는 것은 마찬가지니까 몸에 무리가 많이 가죠. 잘못해서 구부리지도 않고 바로 이렇게 허리를 펴는 경우도 많거든요. 그것을 몇 번 하고 그 무거운 것을 들고 왔다갔다 하다 보면 몸이 고장나는 거죠.

일반적으로, 음료수 서빙은 쉽다고 생각할 수 있다. 하지만 음료수를 실은 카트는 무척 무거워 그것을 미는 사람의 허리에 무리를 줄 정도이다. 카트를 움직이면서 승객 한 사람 한 사람에게 음료수를 따라주는 일만 해도 무척 힘든 일이다. 특히, 기내식 서빙은 주방에서 대대적인 준비 작업을 거쳐야 하는, 주방 업무가 주요 부분을 차지하는 일이다. 승객들의 눈에 보이는 여승무원의 외면은 사실은 강도 높은 육체 노동을 숨기고 있는 것이다.

우리는 남자 한몫 하는데 어떻게 우아할 수가 있겠어요? 그런 데서 외모를 더 강조한다는 것도 웃기는 일이죠, 사실. 갤리 커튼 딱 닫고서는 정신없이 땀 흘리고 막~ 머리 날리고 있다가 카트 작업 나갈 때는 (머리 손질하고) 예쁘게 하고 나가서… 그 상황에서 비행이 즐겁고 좋은 서비스가 나올 수가 없지요.

여승무원들은 과다한 비행 시간, 불규칙한 식사와 수면, 그리고 지나치게 높은 노동 강도로 인한 신체적 무리, 통증과 피로를 토로한다. 그리고 그러한 노동 환경 속에서 우아한 여성미를 연출한다는 것의 현실적 어려움을 이야기한다. 하지만 그들의 외모는 극도로 엄격하게 규율되며, 친절한 자세, 안전 수칙 준수, 기내식을 알맞게 데우는 기술 등을 포함한 다른 어떤 직업적 요구 사항보다 더 중요하게 취급된다.

여승무원의 공식적 외모 기준은 립스틱 및 매니큐어 색상, 머리 모양 및 염색 색상, 손톱 길이, 체중, 유니폼 상태 및 장신구 착용 등에 대해 상세히 규정되어 있다. 그리고 이러한 규정의 준수 여부는 근무하는 날마다 브리핑 전 '외모 점검 appearance check' 시간에 검사 받는다. 외모 점검은 상급 여승무원인 외모 점검 담당자가 맡아서 하며, 규정에서 조금이라도 어긋나면 질책과 인격적 모독은 물론, 벌점으로 이어질 수 있다.

여승무원의 외모는 '외모 점검'을 넘어선 일상적인 감시와 처벌의 형식으로 규율된다. 그 대표적인 예로 '과체중' 위협을 통해 행사되는 체중 통제를 들 수 있다. '과체중'이란 회사에서 신장을 기준으로 정해 놓은 정상 체중 한도를 넘긴 체중을 말한다. 대한항공의 경우, 일 년에 한 번씩 실시되는 신체 검사에서 '과체중' 판정을 받은 여승무원의 사물함에는 상부와의 면담 일시가 적힌 경고장이 붙게 된다. 그 여승무원은 면담 장소에서 정해진 기간 내로 몇 kg까지 체중을 감량하겠다는 서약서를 써야 한다. 그때까지 정상 체중으로 되돌려 놓지 못하면 2차 경고를 받으면서 벌점 처리되고, 그 다음에도 살을 빼지 못하면 비행 정지 처분을 받는다. 물론 아시아나 항공의 여승무원 체중 통제도 결코 이에 뒤지지 않는다. 이와 같은 체계 안에 있는 여승무원들은 근무 시간뿐만 아니라 매순간 몸매 관리에 신경을 쓰지 않을 수 없다. 몸매는 간단한 손질로 교정될 수 있는 것이 아니기 때문이다.

'과체중' 판정의 위협에 못지 않은 힘을 발휘하는 것은 다른 여승무원들의 눈이다. 시니어 여승무원들은 주니어 여승무원이 살이 찐 것처럼 보일 때 이를 지적해 준다. '외모 점검'이 상급 여승무원에게 맡겨지듯이, 여승무원들은 서로의 몸매를 감시하고 교정하는 역할을 한다. 여승무원들은 회사에서 정한 체중 기준을 정확히 모르는 경우가 태반이다. 신체 검사에서 나오는 수치보다는 일상적인 직장 생활에서 지적 당하지 않을 정도의 (사회 전반적으로 '날씬하다'고 여겨질 만한) 몸매가 여승무원들의 체중 관리에서 훨씬 유력한 기준이 되기 때문이다.

여승무원들은 매니큐어의 광택을 유지하고, 머리카락 한 올도 빠져 나오지 않도록 하고, 바지 대신 치마 유니폼을 착용해야 하며, 마른 몸매를 유지해야 하는 등의 외모 규정을 준수하는 것이 빠른 속도의, 노동 강도가 높은 업무 내용과 어울리지 않는다는 점을 지적한다. 그렇다면 지금과 같은 식의 외모 규율은 여승무원의 서비스 수행에 지장만 줄 뿐, 쓸데없는 것이다. 여승무원들의 노동을 통해 볼 때, 그들의 외모에 특별한 의미가 부여될 이유는 없다. 그런데 회사에서는 다음과 같이 말하고 있다.

외모가 면접에 끼치는 영향은 한마디로 '지대하다'고 할 수 있습니다. 그러나 저희가 말하는 좋은 외모란 '깨끗하고 호감 가는 인상'을 말하는 것이지 모델이나 탤런트 같은 고혹적이거나 강한 개성을 가진 '미인'을 찾고 있는 것은 아닙니다. 항공사가 여승무원을 보는 관점은 '승객이 편안함을 느낄 수 있는가' 하는 데 있습니다.[1]

만약 여승무원의 서비스를 항공기 이용 승객에 대한 기내 편의 제공으로

---

1) 「대한항공」 통신란, "채용 정보 : [여승무원] 얼굴이 반드시 예뻐야 하는지?", 1997년 12월 20일 입력.

받아들인다면, '승객이 편안함을 느낄 수 있는' 외모는 청결한 복장, 단정한 용모와 친절한 미소 이상이 될 수가 없다. 하지만 현재 국내 항공사에서 대외 홍보와 내부 훈련 및 규정을 통해 생산해 내는 젊고, 마르고, 화장을 똑같이 한 획일적인 여승무원상은 미스 코리아에 더욱 어울림직하다. 비록 위에서와 같이 회사측에서는 애써 고혹적이거나 강한 개성을 가진 '미인'과 '깨끗하고 호감 가는 인상'을 구분짓고 있지만 말이다. 그렇다면 이러한 여승무원의 모습에서 편안함을 느끼는 고객은 도대체 누구인가? 다시 말해, 회사의 여승무원 외모 규율은 누구의 눈에 맞춰지고 있는가? 다음과 같은 예에서 우리는 그 답을 발견할 수 있다.

퍼스트 클래스에 우리 사장님이 탔었나, 아무튼 누가 탔는데, '물 갈자' 그래서 퍼스트에 유부녀들은 다 빼버리고 처녀들로, 미혼들로 다 바꾸는 거예요.

그렇다. 손톱에 때가 꼈다거나 유니폼이 청결하지 않다는 문제가 아니라 여승무원의 개인적인 외모에 대한 특정 요구, 즉 젊고 예뻐야 한다는 요구는 서비스의 질보다는 여성의 성적 대상화에 관계된 것이다. 권력 있는 남성 고객일수록 더욱더 젊고 날씬한 여승무원이 제공되어야 한다는 원칙은 대통령 전용기의 경우에서 극대화되어 발현된다. 특급 서비스를 제공하기 위해 대통령 전용기에 투입되는 것은 어린 신입 여승무원이며, 그 중에서도 미모를 검증 받은 여승무원이다. 대통령 전용기가 아시아나 항공으로 이전되기 전까지, 대한항공에서는 '미스 스마일 대회'에서 입상을 한 여승무원을 그곳에 투입하는 전통을 가지고 있었다.
여승무원들의 유별난 외모 관리는 동남아 항공사들에 공통된 규칙이다. 항공 산업에서 아시아 여성은 바람직한 서비스의 전형으로 여겨져 왔다.

진토닉 속에 담긴 얼음을 녹일 듯한 부드러운 미소. 기체의 곳곳을 살펴 가며 승객들의 불편함을 덜어주는 친절. 그리고 왠지 모르게 풍기는 매력. 아시아 항공사 스튜어디스에게 쏟아지는 찬사의 말이다. 이들의 세심한 보살핌 덕분에 길고 지루한 비행기 여행은 아리비아 동화에 나오는 마법의 양탄자를 타고 하늘을 나는 환상적인 여행으로 바뀌게 된다.2)

아시아 국가인 한국의 신문 기사임에도 불구하고 마치 알려지지 않은 오지에서의 체험을 떠올리는 듯한 이 내용은 아시아 여성의 이국적 매력에 대한 담론을 확인시켜 준다. 잭슨과 스코트3)는 국제 관광 산업에서 제3세계의 여성들이 온순하고 친절하며 언제든지 남성 관광객을 맞이할 준비가 되어 있는 '이국적 타자'로 구성된다는 점을 지적한다. 우리는 이러한 여성상을 한국을 포함한 동남아 국가들의 항공사 광고에서 자주 접할 수 있다.

국내 항공사 여승무원의 이미지는 국제 자본 속에서의 제3세계 여성이라는 맥락에서 파악될 수 있다. 항공사는 국가간 교통 수단의 핵심 공급원으로서, 국제적 매매춘 및 유흥업의 조직망을 이루는 주요 부분이다. 제3세계 여성의 성적 서비스를 취하기 위한 성 관광을 떠나거나 성 관광에서 돌아오는 남성 관광객들에게 항공기는 중간 경유지이자 휴식의 공간이다. 광고와 기내 서비스에서 더이상 여성 이미지를 중요하게 다루지 않는 서양 항공사들과 대조적으로 동양 여성의 신비로움에 일차적으로 의존하는 동남아 항공사들의 홍보 전략 속에서 아시아의 여성은 진정한 여성성의 이미지로 상품화되고 있으며, 여승무원은 그러한 여성성의 이미지를 담보해 내는 존재가

---

2) 『스포츠서울』, 1989년 1월 24일.

3) Stevi Jackson and Sue Scott, 1996, "Sexual Skirmishes and Feminist Factions: Twenty-five Years of Debate on Women and Sexuality" in *Feminism and Sexuality: A Reader*, New York: Columbia University Press, p.25.

되고 있다.

한국 사회에서 항공기 이용에 대한 공포와 신비감이 상당히 감소한 90년대에 들어서도 여전히 여승무원은 '창공의 푸른 꿈', '미지의 세계', '하늘의 천사', '하늘 인생' 등 신비한 아름다움으로 언어화되어 왔다.[4] 하늘이라는 특수 공간은 여승무원에 대한 특별한 성적 시선을 지속시키는 근거로 작용하고 있다. 이것은 한국 사회에 뿌리 박혀 있는 '서비스'와 '여성'을 둘러싼 오래된 관념, 즉 서비스는 여성의 일이며 서비스를 제공하는 여성은 젊고 예뻐야 한다는 것과 아주 자연스럽게 맞물리면서 '미녀 스튜어디스' 이미지를 강화하고 있다.

기내에 탑승한 남성 승객들이 여승무원 면전에서 그녀의 외모에 대한 평가를 내리는 것은 자연스럽게 행해지는 일이며, 성희롱 역시 일상화되어 있다. 남성 승객이 '젊고 예쁜 아가씨들'의 시중을 받고 싶다는 욕구를 표현하는 것은 승객으로서의 권리를 요구하는 것과 분명하게 구별되기 힘들다. 이것은 '매력적인 신체를 전시하는 것'이 여승무원의 서비스 업무의 일부로 통합되어 버렸기 때문이다. 이미 남성 승객의 시각적 탐닉을 위해 상품화된 여승무원은 성희롱에 대한 불쾌감과 항의 의사를 표시하기 힘든 위치에 있다. 이러한 여승무원의 노동 조건은 동료 남승무원과 남성 상사들에 의한 성적 대상화로 이어지면서, 노동자간 성적 권력 관계를 강화하고 있다.

남녀 승무원들은 하나같이 자신의 임무를 '승객이 안전하고 편안하게 목적지까지 도착할 수 있도록 하는 것'이라고 말한다. 하지만 이 본연의 임무는 여승무원에게는 '남성 승객의 보는 즐거움에 봉사한다'는 부차적 임무에 의해 밀려난다. 여승무원의 외모에 부과되는 특별한 직업적 의미는 이러한

---

4) 『스포츠조선』 1991년 7월 24일, 1993년 12월 4일, 1995년 1월 26일, 1996년 1월 24일 ; 『스포츠조선』지방판 1994년 11월 24일 ; 『조선일보』 1997년 5월 13일.

본연의 임무와 부차적 임무의 주객 전도에서 오는 것이다.

여성의 일과 남성의 일

앞서 언급한 모든 일을 여승무원이 한다면, 남승무원이 하는 일은 무엇인가? 한 남승무원이 남녀 승무원의 업무를 설명하는 것을 들어보자.

> (남녀 역할이) 꼭 정해진 것보다는요, 각자가 더 잘하는 것이 있잖아요. 갤리 정돈이라든지 이런 것은 남자보다는 솔직히 여자들이 깔끔하게 잘하거든요. 그렇게 각자가 더 잘하는 것을 하다 보니까 일이 굳어진 거예요. 남자들은 어차피 사무장이 되어야 하고, 사무장이 비행을 주관하니까 비디오를 상영한다든지, 스테이션별로 나라에서 요구하는 서류들을 정리한다든지, 기내 판매를 한다든지. 기내 판매를 왜 남자가 해야 되냐면, 솔직히 숫자 쪽으로는 남자가 조금 강한 것 같아요. 어문학 쪽으로는 여자분들이 강하겠지만. 그리고 기내 판매 물건이 캐리어 박스에 실리는데, 굉장히 무거워요. 남자들이 들기에도 무겁거든요. 그렇게 힘든 것이기 때문에 남자가 하는 거죠.

위에서 주방 정리와 음식에 관한 일, 즉 가사 노동의 성격을 지닌 일은 여성에게 어울리고, 관리, 기계 조작, 서류 준비, 수리 능력에 관한 일과 신체적으로 힘이 드는 일은 남성에게 어울리는 것으로 이야기된다. '남자들은 사무장이 되어야 한다'는 말은 남승무원 집단이 여승무원 집단에 비해 빠른 승진율을 보이는 현실에서 나온 말이다. 근무 연한이 3년이나 4년이 되면 첫번째(부사무장급) 진급 대상이 되는데, 이때 남승무원은 거의 전원 진급되지만, 여승무원은 10% 정도만 진급되는 것이 오랫동안 지속되어온 현상이다. 이런 현상은 고과, 근태, 각종 시험 중 진급 결정에 가장 많은 영향을 미치는 고과에서 남승무원들이 집단적으로 여승무원에 비해 높은 점수를 받기 때문이다.

국내서 남승무원은 자동적으로 '여승무원을 관리하는 상급자'로 통한다. 이것은 매우 노골적인 형태로 나타나는데, 가장 대표적인 예로 입사한 지 얼마 안된 신입 남승무원은 아직 진급하지 못한 선배 여승무원들을 관리하는 자격으로 국내선에 투입된다는 것을 들 수 있다. 즉 여승무원들은 자신보다 훨씬 후배인 남승무원의 명령과 지시를 따르는 하급자의 위치에 처해지는 것이다. 이것은 여성은 거의 찾아볼 수 없는 사무장급 상사들의 비호 하에 이미 오랫동안 행해져온 전통이며, 모든 신입 남승무원이 거치는 과정이다. 여승무원은 이런 특권을 결코 경험해 보지 못한다.

진급률의 심각한 성별 불균형은 여성성과 남성성의 관념에 기반한 업무 분리와 불가분의 관계가 있다. 성별 업무 분리는 곧 성별 위계를 의미한다. 위에서 든 남승무원의 설명을 다시 보면, 기내 판매는 '숫자'와 '무거운 물건'에 관한 일로 이야기되는데, 그것은 여성의 '서비스'에 비해 힘들고 중요한 일로 자리매김되며, 남승무원에게 권위를 부여하는 역할을 한다. 기내 판매는 승무원의 모든 업무 중에서 가장 큰 책임이 인정되며, 고과 항목에서 높은 점수를 차지하는 일이다. 이는 기내 판매가 회사의 매출에서 큰 부분을 차지하기 때문이다. 하지만 여승무원은 신입 사원 교육에서 기내 판매 수업을 받지도 않는다. 남승무원들이 기내 판매를 배우는 동안 여승무원들이 배우는 것은 메이크업, 즉 화장이다.

이것은 항공사 객실 승무직에서 남성의 업무를 대표하는 기내 판매에 대한 대립항은 여성의 외모 관리이며, 여승무원의 외모 관리는 기내 판매와 똑같은 정식 업무로 취급된다는 것을 나타낸다. 여승무원의 외모를 둘러싼 의미 작용은 안전 시범 safety demonstration과 총기 휴대의 관계에서 잘 나타나는데, 승객들 앞에 모습을 드러내고 동작들을 해보이는 안전 시범은 그 전시성으로 인해 여성의 일로 구축되는 반면, 청원 경찰의 자격으로서 실시하는 총기 휴대는 남성의 일로 구축된다. 그리하여 승객들의 안전에 필수적인 안전 시범은 여성의 몸이 취하는 단순 동작들로 이해되면서 '안전 업무' 대신 또 하나의 '서비스'로 의미화된다.

최근 양 항공사의 남승무원 한 명당 여승무원 수는 외국인 여승무원을 제외하고 4-5명에서 7-8명에 이른다. 비행기 한 대당 투입되는 객실 승무원 인원은 국제선 장거리 비행시 보통 18명 정도이다. 이 중 사무장과 부사무장을 제외한 남승무원은 한 명에 지나지 않기 때문에 승무원의 남녀 비율에 상당한 차이가 생기게 된다. 절대 소수에 속하는 남승무원은 결코 주변적인 역할을 하지 않는다. 오히려 그 소수성은 위로 올라갈수록 좁아지는 직무 사다리와 맞물려 관리자로서의 남승무원 역할을 더욱 강화한다.

결과적으로 형성되는 성별 노동 관계는 다음과 같다. 남승무원이 안전을 지켜 내는 동안 여승무원은 쾌적을 도모한다. 다수인 여승무원들은 고객 서비스를 담당하고, 소수인 남승무원들은 그들을 관리한다. 남승무원은 힘들고 중요한 일을 하고, 여승무원은 쉽고 단순한 일을 한다. 남승무원은 행정을 책임지고, 여승무원은 외모 관리를 충실히 한다.

외모, 여성만의 자원?

여성 노동자에게 가장 요구되는 것이 젊음과 날씬함일 때, 그 여성의 노동은 어떻게 평가될까? 여승무원의 '서비스' 개념 자체가 외모 관리를 둘러싸고 구성될 때, 주방 업무와 고객 응대 업무는 어떤 가치를 인정받을 것인가?

앞서 보았듯이, 외모 관리에 일차적 중요성이 부여되는 것은 일단은 직접적으로 여승무원의 업무 수행을 힘들게 한다. 고된 육체 노동과 우아한 외모 연출 양쪽을 다 잘할 수는 없기 때문이다. 이 상황에서 미소를 짓고 친절한 태도를 유지하는 감정 노동이 거의 불가능함은 물론이다. 한국 항공사의 여승무원들이 불친절하다는 많은 승객들의 평가는 그들의 모순되고 부당한 노동 조건의 결과로 볼 수 있다.

하지만 더 중요한 것은 여승무원의 노동에서 숙련의 개념이 무화된다는 것이다. 숙련된 인력보다 미숙련 인력을 바람직하게 여기는 현실에서 경력은 인정을 불러오기는커녕 가치 절하로 이어진다. 이것은 곧 중년 여승무원들의 가치 절하를 의미하는데, 세월에 따른 외모의 불가피한 변형은 이들의 고용 안정성을 심각하게 위협한다. 이는 출산이나 그 밖의 이유로 승무원 일을 그만두었던 여성들의 복귀 제도인 재채용의 경우에서 잘 드러난다. 복직 희망자에 대한 심사에서 몸매는 결정적인 역할을 한다. 갓 대학을 졸업했거나 졸업 예정인 젊은 여승무원 희망자들이 끊이지 않는 상황에서 재채용 여승무원들은 무척 취약한 위치에 있다. 이들은 업무 수행 능력은 뛰어나지만 계약직이므로 불안한 고용 상태에 있으며, 국내선 근무만이 허용되기 때문에 보상이 한정되어 있다. 1998년, 항공사들의 구조 조정에서 가장 먼저 정리의 대상이 된 사람들은 바로 이 재채용 여승무원들이었으며, 그 다음에는 진급이 지체된 여승무원들이었다.

현재와 같은 여승무원의 외모 중심 고용이 초래하는 것은 한마디로 여승무원의 단기・단순 인력화이다. 3-4년이라는 무척 짧은 평균 근속 연수에서 나타나듯이, 여승무원들은 대규모로, 수시로 채용되면서 계속해서 더 젊고 예쁜 여성으로 교체되기 위한 용도로 사용된다. 반면, 남승무원은 처음 채용될 때부터 미래의 관리자로 인정되며, 장기 인력으로 양성된다.

여승무원들이 수행하는 노동은 분명히 경험과 숙련도에 따라 질적인 차이가 존재한다. 하지만 그들은 자신의 업무 능력에 대해 정당한 평가를 받을 수 없는 조건에 놓여 있다. 그들을 평가하는 사무장들은 거의 다 남성이기 때문이다. 여승무원의 업무 경험이 없는 사람이 어떻게 제대로 된 평가를 내릴 수 있겠는가? 그러나 문제는 여승무원의 업무 수행 능력에 대한 체계적이고도 공정한 평가 기준이 없다는 것에 국한되지 않는다. 그 이전에 외모 관리를 제외한 모든 여승무원의 능력은 중요하지 않은 것으로 간주되어 버린다는 점이 여승무원이 처한 외모 중심 고용 체계의 가장 심각한 문제이다. 외모 관리가 전면에 부각되는 동안 주방 업무와 고객 응대 업무는 비가시화된다. 눈에 보이지 않고, 평가의 대상조차 되지 않는다는 것이다.

최근 몇 년간, 여성을 대상으로 미모를 고용 조건으로 요구하는, 주로 서비스 직종인 직업들을 둘러싼 '여성 전문직' 담론이 증가하고 있다. 그 직업들이 직종 분류상 전문직으로 분류되는 것은 물론 아니다. 남성에게는 전문적인 일이 아닌데 여성에게만 전문적인 일이라는 말은 '서비스'와 '외모 관리'를 근거로 그것이 여성에게 어울리며, 여성 고유의 능력을 발휘할 수 있는 일이라는 논리를 반영하고 있다. 하지만 '고객 서비스'라는 이름으로 여성 노동자의 외모에 직업적 의미가 부여되는 항공사 여승무원의 경우에서조차 외모 관리에 대한 고용상의 보상 체계는 전무하다. 외모가 매력적인 순서대로 상점을 매겨 주는 것도 아니고, 외모 관리 능력이 향상했다고 진급을 시켜 주는 것도 아니다. 외모 관리에 대해서는 압력과 제재, 경고와 벌점, 그리고 심한 경우에는 비행 정지가 있을 뿐이다. 뿐만 아니라 상품화된 몸으로 서비스를 제공하는 여승무원들에게 일어나는 빈번한 성희롱은 그들의 노동 환경을 심각하게 저해한다.

당당하고 아름다운, 외모 관리에 한치의 흐트러짐이 없는 '전문 직업인' 이미지는 여승무원들의 열악한 노동 환경, 특히 승객으로부터 받는 하대와 전반적으로 단순 노동, 육체 노동으로 여겨지는 일에서 오는 여승무원들 자신의 자괴감을 일정 정도 완화시키는 역할을 하고 있다. 여승무원들은 회사에서 가장 강조점을 두는 외모 관리를 자기가 스스로 하는 '자기 관리'로 승화시키는 것이다. 하지만 이것은 '전문 직업인'으로서의 자신감을 줄지는 몰라도 그 이상은 나아가지 못한다. 아무리 회사에서 외모를 강조한다고 해도 여승무원의 직업적 전문성은 숙련된 승무원 업무 처리 능력에 있지, 매력적인 외모에 있는 것이 아니기 때문이다.

여성 노동자에게만 중요시되는 외모 관리는 그것이 직업적 맥락에서 규율 되면서도 끝까지 그 여성 한 명의 개인적인 영역으로 남는다는 데 자원으로 서의 한계가 있다. 그렇기 때문에 외모 관리는 보상을 할 필요가 없으면서도 벌점과 해고의 위협을 행사하게 하는, 가장 효율적인 여성 노동 통제 기제인 것이다. 우리는 이러한 문제에 대한 비판적 눈을 가져야 할 것이다. 여성이 평소에 하는 외모 관리는 노동 시장에서 하나의 여성적 특질, 여성 본연의 능력으로 탈바꿈하면서 여성만의 자원, 더 나아가 '여성의 전문성'이라는 궤변을 낳고 있다. 여기에 대한 정확하고 적극적인 문제 제기를 하는 것, 그것은 여성에게 새로운 권력과 발전을 가져다 줄 것이다.

■ 이 글은 홍성희의 성신여대 대학원 석사학위 논문, 「항공사 여승무원의 외모 중심 고용에 관한 연구」(1999)에 토대를 두고 있으며, 인용된 사례들 역시 논문에서 면접한 승무원들의 것이다.
홍성희 — 72년생으로 학부에서는 불문학을 전공했다. 전공에 대해서는 대만족이었지만 대학원에 진학해 공부를 계속한다는 것은 꿈도 꿔본 적이 없었다. 나의 가장 큰 꿈은 취직해서 부하 남직원들을 부리면서 떵떵거리고 사는 것이었다. 물론 대학 졸업할 시기가 되자 그런 환상에서 벗어나게 되었고, 졸업 후 일 년간의 충분한 고민을 거쳐 페미니즘을 알아야만 제대로 살 수 있겠다는 깨달음을 얻었다. 여성학을 공부한 것은 내 인생 최고의 선택이었다. 1999년 초에 성신여대 대학원 여성학과 졸업, 현재 학교에서 계약직에 고용되어 있고, 장애 여성 운동 조직 「장애 여성 공감」에 몸담고 있으며, 괜찮은 영화를 구상중이다.

일을 찾는 여성들과 더불어

윤정숙

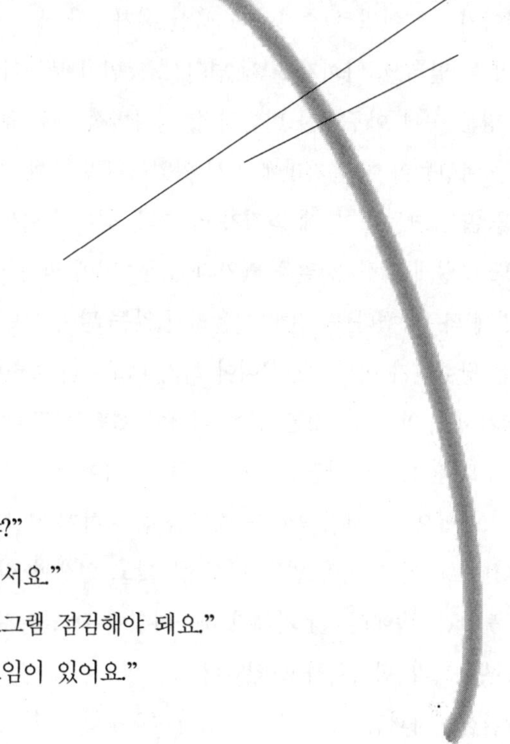

“오늘 또 야근이야?”

“면접 상담이 있어서요.”

“실업자 교육 프로그램 점검해야 돼요.”

“신규 실업자 소모임이 있어요.”

요즘은 매일 밤일이다. 단체에서 일하는 사
람들에게 야근과 주말 근무가 새삼스런 것
은 아니지만, 요사이 부쩍 여성 노동 담당 활동가에게 밤낮이 따로 없다.
하루 일이 끝나면 때때로 함께 했던 술자리도 이젠 한 달에 한 번도 어려운
듯하다. 97년말 이후 구조 조정은 ‘일을 하고 있는 여성’, ‘일을 찾는 여성’
들의 삶의 지형을 송두리째 바꾸어 놓았다. 대량 해고와 실업을 몰고 온
그 괴물은 너무나 힘겨운 싸움 상대이다. 98년 10월 우리는 「남녀 고용 평
등법 10년, IMF 1년 : 흔들리는 여성 노동권, 대안을 모색한다」는 주제로

토론회를 한 적이 있다. 나중에야 우린 '흔들리는'이 아닌 '무너지는' 여성 노동권이어야 맞다는 것을 실감했다. 정말로 그랬다. '일을 잃게 된 여성들'의 이야기는 그야말로 충격이다. 출산 휴가중에 해고 통지를 받기도 하고, 아이가 둘 딸려서, 나이가 30세 넘어서, 맞벌이 부부여서 등등 합리적 구조 조정 명분 속에 이루어진 비합리적, 성차별적 고용 조정은 우리 사회에서 일하는 여성들이 어떤 자리에서 서 있었는지 반증해 주는 명백한 물증이다.

일을 잃은 그들을 '명예 퇴직자'라 한다. 쫓아낸 회사는 물론 쫓겨난 그들 자신도 그렇게 말했다. 일을 빼앗긴 것을 "명예 퇴직 당했다"고 한다. 그러나 '명예'와 '당했다'는 전혀 어울리지 않는 말이 아닌가. 명예와 어울리는 어법은 당했다가 아닌 '했다'여야 하기 때문이다. '명예'란 말을 붙이건 말건 놓쳐서는 안 되는 것은 일을 떠나야 했던 사람들이 겪고 있는 변화에 대한 두려움이었다. 상담을 해온 그들은 '더이상 새로움에 대한 호기심'도 사라지고 있으며, '사람 만나는 것도 점점 피하게 된다'고 고백한다. 심지어는 '이대로라면 자신의 일도 다신 못 찾고 인생이 멈춰지는 것이 아닌가 하는 불안감' 속에서 '삶 자체가 하루아침에 확 달라져 버린 것 같은' 두려움과 싸우느라 힘겨워하고 있었다.

'상실감' '자괴감' '고립감' '비참함' '허무함' '열등감' '배신감' '암담함' 등 그들의 언어는 말 그대로 신경 정신 의학 서적에 나오는 용어의 모음이었다. '집단 우울증' 증후군이다. 하루아침에 일을 잃은 사람들의 상처를 치유하는 것은 우리에게 또 하나의 중요한 과제였다. 일을 잃고 난 그들의 모습은 일 속에서 살던 모습과는 상당히 거리가 있었다. 그들은 일을 할 때의 자신에 대해 '경제력을 가진 자로서의 자신감' '폭넓은 인간 관계와 성취감' '자아 실현과 생동감' '자부심과 당당함' '업무에 숙련됨'을 가진 자라고 말했다. 일을 '한다'는 것과 '하지 않고 있다'는 것은 이처럼 달랐다. 당당함과 두려움의 차이. 일을 빼앗긴 여성들과 깊이 만나가면서 우리는 새삼 일과 함께 사는 것의 의미를 그들 속에서 배우게 되었다.

사실, 그 동안 우리들은 일하는 여성들의 불평등한 고용 조건을 바꾸는 데 중심을 두었다. 그러나 이제 사정은 판이하게 달라졌다. 지난 일 년 반 동안 '일을 빼앗긴', '일을 찾는' 여성들의 문제는 우리가 익숙하게 해온 일과는 아주 다른 영역의 것이어서, 또 다른 방식의 접근이 필요했다. 이전에는 남녀 고용 평등법이나 근로 기준법 등을 들이대며 이것은 부당하다, 저것을 고쳐라 하며 목청을 높였다. 그러나 이제 법도, 지침도 솜방망이다. 한순간의 일이었다. 마구 쏟아지는 여성 실업자들. 이제 거대한 실업 집단으로 남겨진 그들의 문제는 어렵고 힘겹다. 그들의 절박한 이야기를 듣고 함께 해결 방법을 찾아가는 우리들 역시 익숙지 않은 그 많은 상황들 앞에서 '어떻게 해야 하는가'를 놓고 새로운 고민을 시작해야 했다.

입에 단내가 나도록 전화 상담을 하고, 한밤중에도 찾아오는 그들과 만난다. 다음날에는 성명서, 회사에 보낼 시정 요청서, 노동부에 보낼 진정서 등을 써야 한다. 일은 산더미이다. 간혹 자신이 운동가인지 노무사, 법무사인지 회의할 때도 있다. 더구나 자신이 드러나지도 다치지도 않으면서 여성 단체가 나서서 해결해 줄 수는 없느냐고 상담해 올 때는 맥이 탁 풀린다. 법도 노동 조합도 해법이 되지 않는 상황 속에서 일을 지키는 그리고 일을 찾는 여성들과 함께 하는 매일매일이 힘겨운 싸움의 연속이다.

통계 속의 여성, 현실 속의 여성

통계 속의 일하는 여성의 모습은 무력해 보인다. 97년 12월과 98년 9월을 비교한 노동부의 자료를 보면 경제 활동 참가율에서 남성은 75.8%에서 75.5%로 미미한 감소를 보이는 반면, 여성은 49.9%에서 47.6%로 남성의 몇 배나 더 줄었다. 99년 3월 통계에도 여성 경제 활동 참가율은 더 낮아지고, 비경제 활동 인구는 2.2%나 증가하였다.

여성 취업자도 전년에 비해 98년 9월에 7.2%로 대폭 줄었는데, 이는 같은 기간에 남자 감소폭이 5%인 것에 비하면 역시 큰 폭이다. 특히 20 - 29세의 여성 취업자는 6.9%나 감소하였는데 이는 다른 연령층의 여성에 비교해 가장 높은 비율로 줄어든 것이다. 여성은 사무직 그리고 생산직 순으로, 남성은 생산 직종의 사람들의 취업률이 가장 많이 줄었다. 공식 통계에서는 일주일에 1시간 이상 수입이 있는 경제 활동을 하거나 가족이 경영하는 사업체의 일을 도운 가족 종사자를 모두 취업한 자로 간주한다. 예를 들어 슈퍼마켓을 하는 부모님을 잠시 돕는 것도, 레스토랑에서 시간제 아르바이트를 하는 것도 모두 취업으로 본다. 보통 상상하듯이 매일같이 출퇴근을 하는 직장인의 모습만이 취업인 것은 아니다.

전체 실업자의 삼분의 일을 차지하는 여성 실업자의 실업률은 27.3% 증가하여 남자의 22.2%보다 많이 증가하였다. 그러나 사실 구직 활동을 포기한 실망 실업자(대부분이 여성), 결혼, 육아를 하는 여성들을 비경제 활동 인구로 분류하는 통계상의 실업률은 현실보다 상당히 낮게 드러난다. 더구나 많은 다른 나라처럼 일반적인 실업자 외에도 실망 실업자를 실업률에 포함시킨다면 실업률은 훨씬 많아질 것이다.

조금 자세히 들여다보자. 99년 여성들의 상용직 취업 비율은 전체 여성 근로자의 삼분의 일에 불과하다. 98년 같은 기간과 비교하면 99년 3월 현재 상용직 지위에서 남성은 9.4% 줄어든 반면 여성은 10.8%로 더 많이 줄었다. 일용직에서는 남자는 25.7% 증가, 여성은 41.8%나 증가하였다. 여성 노동자 중에 3분의 1(30.8%)만이 상용직인데, 이는 61.4%가 상용직인 남성 노동자의 절반 정도에 불과한 수치이다. 구조 조정 이후 여성은 남성보다 취업률이 더 떨어졌고, 실업률은 더 증가했다. 여성의 일은 주변으로 밀려나고 비정규직으로 '재구조화'되고 있다. 일을 찾는 여성들이 겪을 어려움이 앞으로는 나아질 것이라고 아무도 감히 말할 수 없다. 최근 언론에서는 경기가 나아지고 있고 실업률도 낮아지고 있으며, 일자리가 더 많아지리라고 전망한다. 그러나 이미 주변으로 밀려난 그들이 정규직으로 노동 시장에 다시 진입해 들어갈 수 있다고는 감히 말할 수 없다. 정부의 실업 대책에서 실직 여성 가장을 제외한 여성 실업자에 대한 체계적인 프로그램은 별로 없다. 여성 실업자는 노동 시장뿐 아니라 실업 정책에서도 주변에 머물고 있다. 통계 속의 여성과 일의 실상이 정책에선 따돌림당하고 있는 것이다.

이야기 하나 : 대학 졸업장과 실업

"학교는 내게 졸업장을 주었고, 사회는 내게 실업을 주었다."
"나는 일하고 싶다. 그러나 일자리가 없다."
"나는 일할 능력이 있다. 그러나 나의 능력을 보여줄 기회를 박탈당하고 있다."

대학을 나오면서 받은 졸업장은 실업 선고장이라고 한다. '상실 세대'라 불리는 이들에게 실업은 가히 '공포'이다. 전문대졸 이상의 대졸 여성 실업률은 97년 10월 2.7%에서 1년 후인 98년 10월에 5.8%로 두 배 이상 늘어났다. 대졸 여성 실업자는 99년 실업자와 기존 실업자를 포함해 14만 명으로 추정된다고 한다. 얼마 전까지만 해도 대졸 여성 신규 실업자의 문제는 실상 여성 단체들의 활동에서도 크게 관심의 대상이 아니었다. 그러나 이미 십수만 명에 이른다는 그들의 존재 자체는 곧 여성 운동의 주요 과제로 등장하였다. 통계 속에 숨겨진 그들의 구체적인 이야기가 필요하였다. 현장성 속의 구체적 근거는 운동의 가장 중요한 이론이고, 출발점이기 때문이다. 어디서 그들을 만날 수 있을까를 고민하던 끝에 몇 개 대학의 졸업식장으로 달려갔다. 축하해 주어야 할 졸업식장에 나타나 취업했냐고 묻는 것이 '잔인하다' 는 것을 모르는 바는 아니었지만 어쩔 수 없었다. 꽃다발 아닌 설문지와 펜을 들고, 여기저기 비집고 들어가 아는 사람, 모르는 사람들을 붙들고 물었다.

실태는 이러했다. 답변에 응한 졸업자들 가운데 70% 정도가 구직 활동의 경험이 있었다. 이들 중 40% 정도만이 취업한 상태였다. 그러나 취업한 사람들 중 18.2%만이 정규직 사원으로, 나머지는 인턴 사원, 임시직, 공공 근로 등 '시한부' 일을 하고 있었다. 그리고 응답한 여성들의 52.8%는 채용 과정에서 연령 제한, 직종 제한 등의 성차별과 외모상의 차별을 경험하였다. 결국 열 명 중에 두 명만이 일의 안전 지대로 들어간 셈이다. 나머지는 인턴과 공공 근로를 하거나 대학원 진학 아니면 불안정한 임시직 일을 하고 있는 것이다.

이야기 둘 : 실업고졸 여성의 취업 괴담

"2교시 3학년 4반 수업이다. 3학년 교실이 있는 4층으로 오르는 계단에서는 늘 다리가 무겁다. 교실 문을 여니 햇빛이 비치는 자욱한 먼지 속에 책상 위에 걸터앉아 삼삼오오 떠드는 아이들, 만화책을 보는 아이들, 추위 속에서 웅크리고 엎드려 자는 아이들… 애써 아이들의 시선을 피한다."
— 어느 실업계 여고 3학년 담임 선생님의 말

성적과 자격증 때문에 추천을 한 번도 못 받은 아이들, 수 차례 추천 받았으나 용모 때문에 취업이 안된 아이, 취업 몇 달간 월급 한 번 못 받고 돌아온 아이, 다니던 회사가 문 닫아 돌아온 아이, 상사에게 성희롱 당하고 돌아온 아이 등. 그는 한 번도 '나가지 못한' 아이들과 다시 '돌아온' 아이들이 대입 원서 쓰느라 고민하는 친구들을 보면서 더욱 추위를 느낄까봐 마음이 아프다고 고백한다.

99년 실업계 여고 졸업생은 14만여 명, 실업고 전체의 51.5%를 차지한다. 그러나 전체 고등학생의 35%가 넘는 실업계 졸업자들은 실업 대책의 '사각지대'에 놓여 있다. 사실 대입 제도와 수능 시험 등 인문계 학생들에 대한 사회적 관심은 언제나 넘치고 있다. 그러나 99년 실업계 졸업자들의 취업률은 50%, 최소 십만 명의 고졸 신규 실업자가 생길 것이라는 예측에도 불구하고, 그들을 돌아다보는 사람은 드물다. 그들에게 취업 이야기는 가히 괴담이다. 떠도는 그 괴담은 사실이었다.

민우회는 98년 말 전국 21개 실업고 졸업 예정 여학생들을 조사하였다. "경력 없고, 학벌 낮은 우리는 도대체 어디로 가야 돼요?" 웬만하면 어디라도 일을 할 수 있던 이들이 고졸 여성들이었다. 이젠 그들이 가장 원하는 ― 그것이 반복적인 단순 업무일지언정 ― 사무실 업무는 이미 전문대졸 이상의 여성들에게 돌아갔다. '전문대졸 이상도 넘쳐나기' 때문이다. 하향 지원 취업 사태는 이미 상식이 되었다. 98년 말 기업들의 고졸 실습생 요청도 예년 평균 70-80%에서 50% 미만으로 뚝 떨어졌다. 실습생으로 몇 개월 있어 봤자 취업이 보장되는 것도 아니라 했다. 운 좋게 취업했지만 임금도 전보다 4분의 1가량 줄었다. 성적이나 외모에서 뒤지면 그나마의 취업도 이젠 꿈도 못 꾼다. 운이 좋아 빽 있는 부모나 친척을 통해 '알음알음'으로 일자리를 얻기도 한다. 그러나 집안을 통한 소개도 어려운 이들에게는 생활 정보지와 인력 파견업체가 취업 정보를 얻는 중요한 수단이다. 그도 안되면 취업됐다고 거짓말을 하고는 아예 학교를 안 나가 버린다.

구조 조정 전까지 그들 대부분은 마음 먹으면 일을 찾을 수 있었다. 그러나 이제 그들은 '갈 곳이 없다'고 한다. 사무 자동화과, 정보 처리과, 정보 통신과 등등. 그들의 전공은 전망 있어 보인다. 그러나 과 설치가 자율화되면서 그들의 표현대로 학교는 때론 '눈속임'처럼 '거창하게' 이름만 바꾸었다. 학교에서 배우는 것은 '걸음마' 수준의 '완전 기초'다. 이들의 반 수 이상은 자신들의 취업 가능성이 크지 않다고 생각한다. 그러면서 막연히 대학을 동경하거나 새로운 기술(?)을 배우러 여기저기 학원을 기웃거린다.

일부 기업이나 파견업체들 중 학교에 그저 "예쁜 애 하나만 보내 달라" "성격 좋고 얌전한 애 보내라"고 추천 의뢰를 하기도 한다. 이런 경우 가보면 대개는 소규모 주택 건설 현장 사무실 지키기, 부동산 소개소 등 일도 월급도 광고와는 딴판인 경우가 허다하다. 첫 출근 다음날로 그만두기도 한다. 이들의 '일하는 여성'이 되기 위한 첫 경험은 '황당한' 면접 과정에서 꺾인 경우도 적지 않다. 면접에서는 대뜸 키나 몸무게, 혹은 남자 친구 있냐고 물어온다. 숫자를 1에서 20까지 적어 보라, 애국가 가사 적어라, 심지어 술 잘 먹냐, 춤 좀 추어 봐라 하고, 아버지 월수입과 출신 고향이 어디냐고도 묻는다. 이러한 광경은 상상해 본 적이 없다. 학교나 사회에서 이들에게 이럴 땐 어찌해야 하는지 알려준 적이 없다. 인턴이나 공공 근로 정책에서도 이들은 여전히 조역일 뿐이다. 그렇다고 대졸자들에 비해 스스로 조직하고 자구책을 마련할 경험도 조건도 갖고 있지 못하다. 우린 98년 한 번의 공청회를 통해 이들의 실태와 고민을 제기했을 뿐이다. 그 자리에 온 교사, 연구자 그리고 노동부 관계자들의 토론은 교육 제도와 실업 대책의 문제점의 언저리만 맴돌았다. 그리고는 더이상의 실마리를 찾지 못한 채 이들의 문제에 대해 구체적인 논의가 이뤄지지 않았다. 우린 공청회에 실업계 졸업 여성을 단 한 명이라도 나오게 하는 데 실패하고는, 그 대신 그들의 취업 괴담을 토로하는 정도에서 이 문제 제기를 접을 수밖에 없었다.

이야기 셋 : 인턴 사원은 인스턴트?

얼마 전 정부는 팔백억 원이 넘는 예산을 들여 대졸과 고졸 실업자 3만 명을 채용하는 인턴 제도를 곧 시행한다고 발표하였다. 이 인턴 제도를 "현장 실무 경험을 축적함으로써 장래 취업을 대비하는 실업 대책 사업"으로 정부는 정의하고 있다. 이 제도에는 기업에 40 - 50만 원 정도의 인턴 고용 비용을 대는 정부, 졸업생을 추천하는 학교, 이들을 채용하는 기업 그리고 대졸 실업자들이 서로 연관되어 있다. 그런데 인턴과 이들을 채용한 기업은 서로 다른 평가를 하고 있다. 한 연구원의 조사에 따르면 인턴 채용 기관의 84% 이상이 이 제도에 만족을 하고 있으며, 앞으로도 이 제도를 '활용'할 것이라고 했다. 그러나 최근 일부 대기업과 공사에서 인턴의 정규직 고용 비율이 높다는 희망적인 보도에도 불구하고 전체적으로는 이들을 정규직으로 고용하는 기업이 4분의 1에 머물고 있다.

실상 반 수 이상의 기업들에서 인턴 사원이 본래 기업에서 채용해야 할 수요 인력이라고 말하는 것을 볼 때 인턴을 채용하는 기업은 몇십만 원의 정부 보조금으로 애초 그들에게 필요했던 고급 인력을 쓰고 있는 것이다. 정부는 실업률을 줄이고 기업은 낮은 인건비로 필요 인력을 고용하는 반사 이익을 얻고 있다는 평가는 과장이 아니다.

여기서 인턴은 어떤 위치에 서 있을까. 인턴으로 일을 시작하기 전까지 그들은 월급 이외에는 자신의 업무나, 근무 시간 등 근무 조건에 대해서는 별다른 사전 정보 없이 일을 시작한다. 6개월 이후에는 그 회사의 정식 사원이 될 것이라는 기대감 때문이다. 물론 정규직에 채용되는 인턴도 적지 않다. 그러나 또 다른 많은 경우 그 기대가 '환상'임을 곧 알게 된다.

일단 실업 상태에서는 벗어났다는 안도감도 잠시이고, "6개월을 그냥 까먹는 것이 아닌가?" 하는 불안감이 들어 중도에 그만두기도 한다. '노는 것보다 낫지만 두 번 할 일은 못 되는' 일로 비춰지기도 하는 인턴 제도는 그들의 말을 빌리면 '단기 처방' '언 발에 오줌 누기식' '겉만 번지르르' '돈 안 주고 너무 부려먹음' '이용당하는 기분을 느끼게 하는' 제도이다. 조바심

△ 신규 여성 실업자 조직 『희망선언』.
▽ 사내 부부 해고, 왜 성차별인가?

속에서도 채용에의 기대로 '벙어리, 귀머거리 6개월'의 시한부 생활을 하는 인턴들은 스스로를 '인스턴트' 인생이라고 한다.

여자 인턴들의 경우 성차별적 업무 분담으로 마음 고생을 해야 한다. 많은 남자 인턴들에게는 신입 사원이 밟는 업무를 가르쳐 주고, 특정한 일을 부여 하기도 한다. 그러나 여자들은 업무다운 일의 분장이나 배움 없이 커피, 복사 등의 잔심부름과 컴퓨터 입력 등의 단순 업무를 주로 하기도 한다. 정규직 여직원이 쓰는 생리 휴가도, 보너스도 생각할 수 없다. 취업만 되면 어떤 악조건도 감수하리라던 다짐으로 남자 직원의 성희롱에도 직원들의 따돌림에도 제대로 저항할 엄두를 못 낸다. 때론 학교에 인턴의 어려움을 호소하지만 연수 기간이므로 잘 견디면 채용될 것이라는 말뿐이다. 자기 대학 졸업생들의 인턴 채용에 문제가 생길까봐 감추어 버리기 십상이다.

정부, 기업, 학교도 이들의 가슴앓이를 귀담아듣지 않는다. 인턴 제도 실시 몇 개월이 지난 지금 이들은 조심스레 인턴 약정서의 필요성과 인턴도 근로자의 신분을 가져야 함을 따져 보려고 한다. 인턴 제도가 그저 실업자 상태를 6개월 유보하는 것이 되지 않기 위해서 이제 서서히 작은 움직임이 만들어지고 있다.

아직은 소수의 '희망선언'이지만

99년 3월, 신규 여성 실업자 조직인 「희망선언」이 만들어졌다. 그들은 우선 '오래된 백조의 답답한 일상'을 드러내면서 실업 속의 자신들에 대한 이야기를 시작했다. 친구 만날 때 차비가 없어서 막대기로 장롱 밑의 오백 원짜리 동전을 끄집어낼 때, 매일의 집안일로 주부 습진에 걸린 손을 볼 때, 시집이나 가라는 고모 성화에 "시집은 거져 가는 거냐"고 무심코 엄마가 한마디 할 때, 그들은 실업 한가운데 선 자신을 발견한다고 한다. 실업 속의 일상에 대한 묘사 여기저기서 착잡한 웃음들이 터져 나왔다. 그러나 한편으로는 당혹스러웠다. 군데군데 많은 자리가 비어 있었기 때문이다. '함께 희망을 선언해 주어야 할' 실업자들이 별로 많이 모이지 않았다. 소수만의 '희망선언'이었다.

무대 위 밴드의 신나는 노래에도 모두가 그저 앉아서 박수만 칠 뿐이었다. 일 년 남짓한 기간에 세 배 이상 늘어난 대졸 여성 실업자들은 무엇을 하고 있는가? 여성 실업자 운동을 시도해 보겠다는 「희망선언」이 결성된 지 넉 달이 지났건만 지금도 회원은 많이 늘지 않았다. 실업자들은 실업자 운동에 참여하는 데보다 일을 찾는 데 시간과 에너지를 쓰며 당장의 일자리가 급하다. 당연히 운동은 먼 이야기일 수밖에 없다. 회사나 정부에서 실업자 조직의 회원을 우선으로 취업시켜 주는 것이 아닌 바에야 당연한 일이다.

그러나 작게 조용히 시작한 여성 실업자 조직의 결성 자체가 여성 실업 문제에 대한 하나의 도전이고 새로운 시도임은 분명하다. 처음에 조직적인 실업자 운동이 가능한 것인지, 여성 실업 운동의 정체성은 무엇이어야 하는지, 그것이 여성 실업 대책에 영향을 줄 수 있는지에 대해 누구도 말할 수 없었다. 그러나 「희망선언」 조직의 정체성과 활동 방향을 두고 지난한 토론과 수많은 세미나가 진행된 지금, '여성 실업 담론'의 형성과 실업 대책을 여성주의적으로 접근하자는 데 의견이 모아졌다. 실업과 노동 담론에서도, 또한 대안에서도 공백으로 남겨진 여성 실업자 문제에 대해 담론을 형성하고 새로운 실천을 '실험'하기로 한 것이다. '쉽지는 않겠지만 다양한 것을 시도해 보는 것'이 자신들이 지금 해야 할 일로 정리하였다. 사실 자기 정체성과 활동의 줄거리가 이미 잡혀진 여성 단체로서는 실험하기 쉽지 않은 일이다.

우리에겐 이들의 문제 의식의 출발이 참으로 신선하다. 지금으론 아무도 이들 발상의 구체적 실현 가능성에 의문을 달 수 없다. 여성 실업자 운동의 경험도 모델도 부재하기 때문이다. 오히려 이러한 부재가 여성과 일에 대한 새로운 담론을 만드는 데 더욱 많은 가능성을 지니고 있다고 생각된다. 어쨌든 여성 실업자들 스스로가 마련한 이러한 구상은 기왕의 여성 운동에 중요한 자극임은 분명하다.

다시, 그럼에도 불구하고

일을 찾는 여성들의 문제 앞에 여성 단체들의 고민은 줄어들 줄 모른다. 계속되는 구조 조정으로 여성들은 계속 쫓겨나고, 한편으로는 인턴과 공공 근로에 단기간 취업하는 여성들이 늘고 있다. 실업자 대책의 핵심은 실업자 양산의 조건을 막아야 하는데 실업의 '원천 봉쇄'는 자꾸만 멀어지고 고용 창출 대안 만들기는 쉽지가 않다. 어느새 우리는 정부가 주도하는 정책을 뒷북 치듯이 사후에 모니터하고 있는 자신들을 보고 있다.

우리에게 익숙지 않던 의제인 여성 실업자의 문제를 해석해 내고, 그들의 문제를 드러내는 데는 어느 정도의 성과를 이루었다. 그러나 그들을 조직하고, 실현 가능한 대안을 내놓기에는 모자람을 숨길 수 없어 답답하다. 사실 실업자를 '조직하는 것'은 말할 것도 없이, 실업자를 '위한' 단기적 프로그램조차도 제대로 진행하는 데 어려움을 겪는다. '일하면서도 동상이몽이 아닌가, 이렇게 하는 것이 맞는 방향인가를 늘 고민'한다. 프로그램을 기획하는 순간부터 잘될 것인가를 두고 압박감에 시달린다. 실업자들을 만나는 것 자체가 쉬운 일이 아니기 때문이다. 특히 신규 실업자 모으기는 너무 어렵다. 실업자의 특성에 맞는 여러 개의 다른 프로그램을 준비해 놓고 수백 통의 전화, 편지와 이메일, 전교조 집회에 가서 선생님들을 붙들고 설명하기 등등을 시도한다. 그러나 응답은 고작 몇 건뿐. 어디서 다시 시작할까? 그 프로그램을 위해 들인 공을 생각하면 눈물이 나올 지경이다. 사무실의 동료들과 실업자 운동의 전망에 대해 긴 토론을 하려 해도 그들 역시 자기가 맡은 일에 허덕이고, 여러 가지 긴박한 사안에 밀리고 치이다 보면 차분히 앉아 앞으로의 방향 잡는 것은 자주 우선 순위에서 밀려나기도 한다.

그러나 생각을 바꾸어 본다. 일을 찾는 실업 여성들은 이제야 가시화되었다. 우리 나라에선 여성 실업 대책의 선례도 연구도 거의 없는 것이 우리 운동의 조건임을 받아들여야 한다. 지금 만나는 소수의 그들 속에서 하나씩 일을 만들어 가야 한다. 우리의 운동은 처음엔 늘 소수에서 시작하였고, 그것이 언제나 성공적이고 큰 것만을 이뤄온 것도 아니었다. 수많은 시행 착오 속에서도 늘 '그럼에도 불구하고'의 마음으로, 또 다른 방식으로 도전해 보는 것이 중요한 때인 듯하다. 그 동안 일을 잃고, 또 일을 찾는 여성들에 대해 우리가 알아낸 것만 해도 큰 진전이다. 그 과정에서 우리가 해내야 할 것이 무엇인지를 찾아낸 것도, '다수의 희망'을 만드는 일은 오랜 시간, 긴 전망 그리고 여성들의 연대 속에 가능함을 알게 된 것도 우리들에겐 중요한 자산이다.

일을 찾는 여성들과 함께 하기는 여성 운동에서 큰 화두로 등장했다. 이들에 대한 담론이 더욱 활발해져야 할 것이다. 그리고 새롭고 실천적인 모색들이 지금보다 훨씬 왕성해져야 할 것이다.

■ 윤정숙 — 1958년생. 일찍 결혼해 전업 주부로, 2년여간 출판사에서 일하다 아이 맡길 데가 없어 그만두었다. 애 키우며 일하는 여자에게 사회가 너무도 무심하다 싶어 억울해 하다가 1987년 여성 운동을 시작했다. 일하는 여성 문제에 관심을 갖고 상담, 교육을 했었고, 현재 한국여성민우회 사무처장으로 일한다.

한국여성민우회 webmaster@www.womenlink.or.kr ☎ (02)737-5763

1999년, 대학 4년생, 여자

손안지연

대학교 4학년이 된 지금, 졸업 후
계획을 내게 묻는 사람들이 늘고 있다.
그때마다 웃음으로 대충 넘어가긴 하지만
사실 제일 난감한 질문이다.
졸업 후의 계획이란 것을 세울 수 있을지,
세운다면 취직이 될지, 취직을 해봐야
사무실의 꽃이 되어 좌절만 겪지는 않을지,
도무지 자신이 없다.

대학 입학 무렵에는 취직 걱정 '따위'를 하리라고는 생각조차 못했다. 나의 모델은 대학에서 강조하는 '21세기 최고 지도자', '세계화 시대의 여성', TV에 나오는 한창 멋있는 커리어 우먼들이었다. 그러나 대학을 졸업한 선배들이 취직이 잘 안 되는 모습들을 보면서, 그리고 괜찮다는 직장에 취직을 해서 부러움을 샀던 언니가 직장 내 성희롱으로 분노하는 모습을 보면서 현실과 가상의 괴리에 분노할 수밖에 없었다. 나에게, 그리고 여대생들에게 한쪽으로는 끊임없이 모델로 삼을 만한 수많은 가상들이 제공되고 있지만 다른 한쪽으로는 모델로 삼고 싶지 않으나 모델이 될 수밖에 없는 현실이 존재하고 있었다.

그리고 IMF 관리 체제라는 악재가 덮치면서 현실은 더욱 가혹해졌다. 생계 부양자가 아니라는 이유로 정리 해고 1순위로 잘려나가는 여성 노동자들, 비정규직으로 전환되어 노동 조건이 악화된 여성 노동자들이 내 눈에도 적나라하게 보이기 시작했다. 그리고 때마침 TV에서는 여성들이 커리어 우먼에서 현모양처로 거듭나기를 요구하고 있었다. 힘든 남성 가장을 위해 희생하는 아내상을 강요하면서 TV에서는 끊임없이 "여보, 힘내세요"라는 여성의 목소리가 반복되었다.

여성 노동에 대해서 더이상은 외치지 않을 수 없다고 생각한 때가 그맘때였던 것 같다. IMF가 무슨 구실이라도 되는 것처럼 여성 노동자들이 최전방에서 모든 희생을 감내해야 하고 그나마의 설자리조차 잃고 있는 현실을 보면서 무언가를 해야 한다는 갈망과 답답함이 자리잡았지만 어떻게 풀어야 할지는 알지 못했다.

흔들리는 여성 노동권, 그리고 분노

무엇을 해야 할지 모르는 것은 나만이 아니었다. 여성의 경제력이 여성들에게 얼마나 중요한 문제인지, 여성 노동자들의 현실이 얼마나 참담해져 가는지를 알지만 대학 내 여성 운동 단위의 활동가들은 어쩔 줄 모르고 있었다. 그리고 무엇을 해야 할지 정리되지 않은 사이, 여성들의 목소리는 묻혀 가고 있었다.

그 무렵 여성 노동 문제에 대한 담론을 대학 내에서 풀어나가야 한다는 것에 동의하는 몇몇 대학 단위가 함께 모였다. 우리는 IMF가 여성을 고통의 최전방에 세우고 있음에 동의했다. 가족 임금 이데올로기를 들이밀면서 남성 가장이 아닌 여성은 자신의 목을 내놓아야 하는 현실, 남성 가장 중심의 실업 대책들, 그리고 '어머니의 희생'을 외치며 여성들에게 전담되는 가사 노동까지…

우리는 묻혀 가는 여성 노동권의 현실을 문제 제기하고 적극적인 활동을 벌이기 위한 연대체를 발족하고 함께 움직임을 만들기로 했다. 그것은 거창한 의무이거나 책임 의식이 아니라 '먹고살려는' 우리의 생존권이 달린 문제였다. 그래서 우리의 뜻을 전달하기 위한 연대체의 이름으로 「여대생 먹고살기 대책 위원회」를 발족하였다.

우리는 가족 임금 이데올로기가 기본적으로 남성 가장을 생계 부양자로, 여성의 노동을 남편 수입에 대한 보탬, 혹은 여가 활동 정도로 인식하여 생존권으로서의 여성 노동을 인정해 주지 않는 현실들을 문제 삼기로 하였다. 그 의미를 직접적으로 전달하기 위해 '먹고살기 대책 위원회'로 이름짓고, 그 활동의 주체로서 '여대생'을 이야기한 것이다.

그러나 「여대생 먹고살기 대책 위원회」는 활동을 벌이기도 전에 이름 때문에 희화화되어 버리고 말았다. 여성 운동가의 활동들이 쉽게 가십거리가 되어 버리는 현실 속에서 「여대생 먹고살기 대책 위원회」는 여자들이 만든 '우습고 재밌는 모임' 정도가 되거나 '오죽 먹고살기 힘들었으면'이라는 식의 비아냥거림, 그리고 '여대생 먹어주기'라는 식의 성적 대상화 발언까지 다양한 억압들을 받아내야만 했다.

여노대련을 띄우고

우리의 목소리를 전달하기 위한 이름을 「여성 노동권 확보를 위한 대학 연대」(이하 여노대련)로 바꾸었다. 그리고 여노대련에 속한 단위로서 이화 여성 위원회, 성균관대 총여학생회, 서울여대 날개 달기 학회, 연세대 총여학생회, 수원대 총여학생회, 동덕여대 여성 행동 위원회, 시립대 총여학생회, 고려대 여학생 위원회가 함께 출발하였다.

여노대련은 여성 노동권에 대해 근본적인 부분부터 문제를 제기했다. 즉, 여성의 의무로 강요되는 가사 노동의 영역에서부터 여성의 노동을 이야기하면서 노동이라는 개념을 여성주의적으로, 여성을 포함할 수 있는 개념으로 재구성하고자 했다. 그리고 그러한 고민들을 밑바탕에 깔고 연합체의 성격을 수립하고 활동을 조금씩 펼쳐 나갔다.

또한 여노대련은 여성 노동권 전반의 문제 가운데서 신규 여성 실업 문제를 중심적으로 제기하고자 했다. 그것은 활동가인 우리 자신들의 문제인 동시에 우리의 활동의 기반이 되는 대학에서의 절실한 문제였기 때문이다. 신규 여성 실업 문제가 심각해지면서 여대생들은 사회 구조적인 문제를 보기 이전에 살아남기 위한 개인적인 전략들을 세워나갈 수밖에 없는 현실이었다. 여대생들 각자는 좋은 학점을 받거나 자격증을 따고 외모를 가꾸는 데에 몰두하지만 취업이라는 문제는 해결될 기미가 보이지 않았다. 신규 여성 실업 문제를 대학 내에서, 그리고 대사회적으로 알리고 제기해 나가는 일을 중심으로 하여 여성 노동권 전반의 문제들을 담론화해 나가는 것이 여노대련의 활동 방향이었다.

구체적으로는, 98년 7월 민우회에서 준비했던 여대생 예비 취업 캠프에 참가하고 신규 여성 실업 문제와 관련한 집회를 기획, 참여했다. 그리고 대학 내에서는 대학 단위의 상황에 따라 문화제, 자료집 발간, 취업 간담회 등 다양한 시도를 펼쳤다.

또한 98년 7월부터 다섯 차례에 걸쳐 한 달에 한 번씩 국민회의 당사 앞에서 정기적으로 여성 노동자 고용 안정과 여성 실업 대책 촉구 대회를 주최했다. 이 집회는 한국노총 여성국, 민주노총 여성국, 한국 여성 노동자 협의회 여성 실업 대책 본부와 함께 공동으로 주최했다. 조금씩 활동 기반이 다른 단위들이 여성 노동권이라는 문제를 제기하기 위해 연대를 했고 집권 여당

앞에서 여성 노동자의 권리를 주장하는 목소리를 지속적으로 제기했다는 점에서 의의가 있었다. 사실 내게는 여성 노동권에 대해서 이야기하는 것만으로도 숨통이 트이는 일이었다. 언제나 여성의 일을 폄하하는 분위기 속에서 묻혀 가던 우리가 모이고 목소리를 낼 수 있다는 것만으로도 용기를 얻을 수 있었다.

그러나 여성 노동권에 대한 여노대련의 문제 제기가 지속적인 활동으로 펼쳐졌다고 하기에는 많은 한계점을 가지기도 했고 시간이 지날수록 그런 한계들이 드러났다. 각 대학 내에서 총여학생회, 여성 위원회, 여성학회 등 다양한 형태로 존재하고 있던 대학 내 여성 운동 단위들이 함께 모인 연대체인만큼 함께 지속적인 활동을 전개해 나가기에는 어려움이 있었다. 학내에서 펼쳐지는 다양한 가부장적 억압들에 대한 싸움의 최전방에 서 있는 참가자들에게 지속적인 연대 활동은 역부족이었다. 게다가 여노대련에 참가하고 있는 대학 여성 운동 단위들의 더욱 악화되는 억울한 상황들 — 재정의 불안정, 여성주의 선거 본부들이 총여학생회 선거에서 지는 상황 등 — 역시 여노대련의 활동을 어렵게 하고 있었다. 그런 상황 속에서 우리는 조금씩 힘이 빠졌다. 우리의 생존권이 달린 여성 노동의 문제는 너무나 거대한 벽이었고 구조를 바꾸기 이전에 개별적으로 살아남기 위해 전략을 펼치고 있는 여대생들에게 여성 노동권을 이야기한다는 것은 쉽지 않았다.

여노대련은 현재 활동을 잠시 쉬고 있는 상태다. 여성 운동 단위들의 상황이 좀 나아지고 연대체의 활동들이 좀더 활발해질 수 있을 때까지 여성 노동권에 대한 문제는 학내에서 풀면서 사안별 연대를 고민하기로 했다. 그리고 그 이후 대학 내 여성 운동가들은 군가산제, 노동절 활동 등의 사안별 연대를 시도했고 몇몇 사람들의 의지로 여성 노동에 관련된 지속적인 세미나를 함께 하거나 정세 분석을 위한 모임 정도를 지속하고 있다.

또 다른 연대의 모색

99년 4월 초에 대학 내 여성 운동 단위들이 서서히 모이기 시작했다. 4·30 청년 학생 문화제에서, 그리고 노동절에서 여성 노동권의 목소리를 우리 스스로 내기 위함이었다. 여노대련이 휴지기라는 상황이 대학 내에서의 여성 노동 운동의 흐름을 다소 둔하게 했지만 새로운 연대를 만들어낸 것이다.

학생 운동 단위의 집회 속에서 우리는 언제나 뭔가 찜찜하고 소외된 경험을 한 적이 있었다. 학생 운동의 구호들에, 그 목소리들에 여성은 어디에 있는 걸까라는 의문이 들어 여성들의 구호와 목소리가 목말랐던 것이다.

메이데이를 위해서 약 10개 정도의 대학 내 여성 운동 단위가 함께 모여 '가족 임금 철폐, 여성 노동권 확보, 신규 여성 실업 문제 해결'이라는 중심 기조를 가지고 활동을 하기로 했고, 「메이데이 기획단 여/성」이라는 일시적인 연대체를 형성했다. 그리고 4·30에서, 메이데이에서 여성 노동권 문제를 독자적으로 제기하고 알리기 위해 우리는 소외된 여성들의 목소리를 모아내는 성과를 얻을 수 있었다. 그러기에 가족 임금 철폐와 군가산제 폐지를 외칠 때에 조금씩 힘을 얻어 나가고 있었다.

노동 운동의 담론 속에서 소외되고 있는 여성 노동권의 목소리를 제기한 것, 그리고 또 다른 연대의 모색을 여성 운동 단위들이 찾았다는 것은 대학 내 여성 운동 단위들에게 긍정적으로 평가되었다. 「기획단 여/성」은 메이데이를 위한 일시적 모임이었던 만큼 행사 후 해체되었지만 지속적인 여성 노동 사안에 관한 네트워크를 형성하기 위해 통신 공간을 마련해 둠으로써 연대와 활동의 여지들을 마련했다.

「희망선언」의 발족을 바라보며

대학 내에서 여성 운동 단위들이 신규 여성 실업 문제를 제기하는 것은 나름의 의의가 있지만 학생이라는 위치를 지니며, 기본적인 활동 공간이 대학이라는 것은 한계를 가질 수밖에 없다. 그럴 때, 대학 밖에서 신규 여성 실업 문제를 제기한 단위가 「희망선언」이다. 99년 3월 발족한 한국 여성 민우회 여성 노동 센터 신규 여성 실업자 조직 「희망선언」은 "신규 여성 실업자들이 주체가 되어 자신들의 당면 문제를 사회적으로 제기하고 그 해결 방안을 찾기 위해서 조직된" 단위이다. 실제로 「희망선언」에서 활동하는 사람들은 미비한 신규 실업 대책의 하나로서 존재하는 인턴 사원이거나 신규 여성 실업자들로서 자신들의 문제를 이야기로 풀어나가고 활동을 해나가려고 한다는 점에서 그 의의를 찾을 수 있을 것이다.

발족식에서 「희망선언」은 절망의 시대에 용감하고 당당하게 희망을 선언하고 활동으로 풀어내려는 의지를 보여 주었다. 「희망선언」의 발족식은 신규 여성 실업 문제 제기가 순탄하지 않음을 느끼고 있던 대학 내 활동가들에게 힘을 북돋워 주었다. 또한 대 사회적으로 신규 여성 실업 문제가 좀더 지속적으로, 또 좀더 큰 목소리로 제기될 수 있는 기반을 마련해 주었다.

현재 「희망선언」은 군가산제 반대를 위한 집회 등을 가지면서 신규 여성 실업 문제를 제기하고 있다.

계속되어야 할 싸움 속에서

짧지만 그 동안 여성 노동권이라는 문제를 중심으로 활동해 오면서 느낀 것은 '아무래도 우리에겐 사방이 싸움터'라는 사실이다. "여자들은 결혼하면 되지 않느냐"라는 가부장적인 목소리에서부터, "여성 노동 운동이라니 전체 노동 운동에 균열을 가하는 것은 있을 수 없는 일이며 담론을 흐리는 일이다"라는 소위 진보 세력의 이해할 수 없는 논리들, 그리고 여전히 학점만 잘 따고 실력만 키우면 성차별 정도는 가뿐히 극복할 수 있다는 대학의 위선적인 교육에 이르기까지…

도대체 노동이라는 개념 속에 여성은 포함되어 있지도 않았으며, 여성 노동자들에게 가해지는 불합리한 차별에 대해 문제를 제기하기에 앞서 '여성 노동자'라는 개념 자체가 무시받고 천대받고 있었다. 가사 노동에 대해 문제를 제기하기에 앞서 '집에서 노는 여자' 취급을 받는 주부의 위치가 존재하고 있었다.

그리고 그 속에서 우리의 목소리는 점점 더 파편화되어 가기만 한다. 여대생들은 결혼 시장에 더욱더 과감하게 노출되어 최근 1년 사이 결혼 이벤트 회사 듀오의 여대생 회원율은 몇십 배로 늘어났고, 기업들은 공공연한 성차별적 행태들로 여성들을 배제시킨다. 따라서 여성들의 위치는 점점 더 위축되고 있다.

졸업한 선배들을 둘러봐도 현실의 암담함은 쉽게 보인다. 정부의 대책이라고 하는 인턴제나 공공 근로로 단기적인 생존권만을 억지로 보장받는 선배들의 불만과 생활의 불안정이 보이고 친구들은 군복무 가산점을 극복하기 위해 자격증을 따고 점수를 올리는 데에 혈안이 되어 있다.

그래도 별로 희망은 보이지 않는다. 임용 고시를 준비하는 한 친구는 내가 여성 운동을 한다는 사실 때문에 나에게 군가산제에 대한 화풀이를 해댔다. 그리고 99년에 대학을 졸업한 선배들은 6개월간의 인턴 사원이 끝나고 새로운 일자리를 고민하고 있었다. 서울 소재 6개 여대의 99년 졸업생 취업률은 작년보다 평균 20% 가량 하락했다고 한다.

대학 내에서의 활동, 여노대련, 그리고 여/성에 이르기까지의 활동들을 겪으면서 나는 수많은 벽에 부딪쳐야 했다. 노동 시장에서 여성을 끊임없이 소외시키는 현실에 벽을 느껴야 했고, 여전히 전문직 여성의 꿈만을 키우고 그 속에서 개별적으로 살아남으려는 노력을 하는 파편화된 여대생들 속에서 한계를 느껴야 했다. 그리고 어떻게 여성 노동 문제를 풀어야 할지 모르는 혼란스러움과 혹시 나도 그들 속에서 적당히 꿈을 꾸고 있는 것은 아닌지 하는 불안감을 느꼈다.

그리고 졸업을 한 학기 앞둔 지금, 그런 불안감들을 다시 활동으로 풀어내야 한다는 절실함을 느낀다. 여성 노동권의 확보는 우리 모두에게 너무나 절실한 문제이기에, 그리고 나의 '먹고사는' 문제이기에.

나도 먹고살고 싶다.
어디에도 나를 위한, 여성을 위한 실업 대책은 없다. 여대생은 아예 취직되어 보지도 못한 실정이고, 그나마 취업했던 여성 노동자들도 가족의 생계 부양자가 아니라고 부당 해고당하고 있지만, 언제나 보이는 것은 가엾은 남성 가장이고 그들을 위한 대책뿐이다.
여성들, 나의 어머니, 언니, 친구들, 그리고 나 자신을 위해 여성 노동자의 생존권, 노동권에 대한 대책을 요/구/한/다.
— 여노대련 발족 당시 쓴 글 중에서

■ 손안지연 — 77년생. 이화여대 국문과를 다니고 있고, 이대 여성 위원회와 「여성 노동권 확보를 위한 대학 연대」에서 활동했다.

백조의 호수

권김현영 · 김선화

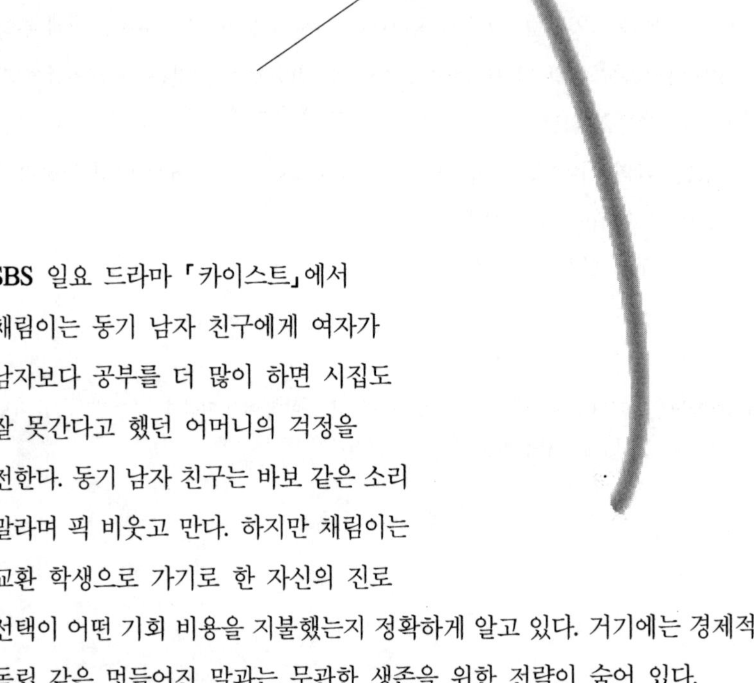

SBS 일요 드라마 「카이스트」에서
채림이는 동기 남자 친구에게 여자가
남자보다 공부를 더 많이 하면 시집도
잘 못간다고 했던 어머니의 걱정을
전한다. 동기 남자 친구는 바보 같은 소리
말라며 픽 비웃고 만다. 하지만 채림이는
교환 학생으로 가기로 한 자신의 진로
선택이 어떤 기회 비용을 지불했는지 정확하게 알고 있다. 거기에는 경제적
독립 같은 멋들어진 말과는 무관한 생존을 위한 전략이 숨어 있다.

밤새 취업하셨습니까?

드라마가 아닌 현실에서도, 졸업 후 유난히 연락이 뜸한 여자 친구들에게서
가끔씩 날아드는 소식은 대개 반갑지 않은 결혼 소식이거나 유학을 포기하
고 귀국한다는 소식이다. 그리고, 나는 그 생존 전략이 어떤 그물에 걸려서

실패했는지에 대한 이야기를 꽤 자주 듣게 된다.

영어는 많이 늘었니? 요즘 물가가 비싸져서 다시 들어온다는 네 편지를 받고 기분이 우울해졌단다. 그 **IMF**란 괴물에서 적어도 너는 피해갈 줄 알았는데, 예외없이 직격탄을 맞았구나 싶어서. 여기는 어떤지 알려 달라는 네 부탁에도 불구하고 나는 자꾸 망설여진다. 내 얘기 들으면 어쩌면 넌 소름이 오싹 끼쳐서 거기 불법 체류라도 하고 싶어질지 몰라. 참. 너네 오빠는 계속 공부한다니? 너네 집도 둘씩이나 유학 보내느라 힘들겠다. 그래도 군대 갔다가 건너간 너네 오빠보다 네가 먼저 시작했는데 많이 아깝겠구나. 쯧. 남녀 평등 어쩌구 해도 그런 결정적인 순간에는 언제나 딸들은 뒷전이지 뭐. 에이.
우리는 어떻게 지내냐고? 후후. 글쎄…

이제 이력서 하나는 끝내주게 쓴다. 1차 서류 전형을 통과하는 것도 가뭄에 콩 나듯 하지만, 어쩌다 면접까지 보게 되었을 때, '여자'라서 남자에 비해 면접관으로부터 질문을 덜 받는 것도 이젠 덤덤하다. 묻는 질문도 "결혼은 언제 할 예정입니까?" "애인은 있습니까?"라는 아주 사적인 질문만을 한다. 원래부터 여대생들 취업하기가 하늘의 별 따기라는 것을 알고는 있었지만, 경제 공황 이후에는 이거 좀 심하다 싶게 가는 곳마다 백조들이 차고 넘치기 시작했다. 백조들은 길바닥의 돌처럼 많아서, 언젠가부터 친구들 사이에서는 어떤 회사에 취직했느냐가 아니라 단순히 취업 여부를 물어보는 게 새로운 안부 인사가 되었다. 이제 희망을 잃어버린 우리는 '장판 디자이너,' '백조,' '도시 특수 빈민' 등의 단어로 스스로를 지칭하며 누가 얼마나 더 가난한지에 대해서 농담 따먹기를 하고 있다.

너 차비 없어서 집 밖에 못 나가본 적 있어? 어. 나도 나도. 나는 그럴 때 온 집안 식구들의 주머니를 뒤지고는, 만나기로 한 친구한테 내 찻값 내줄 수 있어? 하고 확인한 다음에야 나간다니깐. 손에 물집 잡힌 거 보여? 안 하던 설거지하려니까 죽겠다. 그래도 넌 좀 낫지. 나는 당장 집에 돈 벌어다 줘야 한다고. 어디 괜찮은 직장 없나…

그렇다고 직장에 들어간 친구들이 장밋빛으로 살고 있는 것도 아니다. 매스컴에서 떠드는 대로 눈높이를 낮추고 낮춰서 들어간 직장은 의료 보험 혜택도, 담보 대출도 안 되는 계약직이거나 이제 처음 생긴 작은 규모 회사의 커피 카피 아가씨… 그런 곳에 들어간 친구들은 보통 두 달이 안 되어 다시 백조로 돌아온다. 그러면 주변에서는 "여자들은 직업 의식이 없어. 대체 인내심이라고는 없단 말야"라는 말로 가슴에 못을 박는다. 승진은 물론이고 단 1년도 보장이 안 되는 계약직이거나, 전망 없는 회사에서 복사하고 전화를 받는 게 업무의 전부인 상황에서 직업 의식을 가지려면 대체 어떻게 해야 하는 건지 되묻고 싶다.

노는 애들 다 모여라!

그래서 그냥 집에 처박혀 있냐고? 물론 아니다. 이렇게 혼자 끙끙거리며 살면 안 되겠다 싶어서 우리끼리 뭔가 해보기로 했다. 가진 게 없으니 잃을 것도 없겠지 하는 배짱을 밑천으로 시작했다. 우리는 처음부터 불공평한 걸 알고 있었으니까 별로 충격도 받지 않고 지치지도 않는다. 그리고 조직 문화에 적응할 자신이 없던 것도 사실이다. 남성 중심적인 위계 질서, 다른 사람을 밟아야 내가 살아나는 조직 문화, 폭력적인 뒤풀이 문화를 소문으로만 듣고도 기가 질렸다. 어차피 껴주지도 않는 곳에 바늘구멍으로 들어가 보겠다고 피땀 흘리며 다이어트하고, 영어 학원 쫓아다니느니 다른 방식으로 경제력을 찾아보자고 생각했다. 그래서 만든 것이 「프리워 FReE-War」이다. 여성 경제 네트워크, Feminist (or Female) Revolution in Economic War,

경제 전쟁에서의 여성 혁명!

프리워는 여성 경제 네트워크를 목표로 만들어졌다. 우리들이 생각한 건 여자들끼리 서로 도와야 산다는 소박한 문제 의식이었다. 공채는 거의 뽑지 않고, 뽑아도 인턴으로 뽑은 다음 6개월 저임금으로 부려먹고 여자를 골라서 자르는 사회에서, 대부분 '아버지'의 인맥으로 취업하는 남자 친구들을 보면서 모임을 만들어야겠다고 생각했다. 어떤 일자리를 알고 있는데 내가 취업할 조건이나 상황이 안 된다면 그런 정보들을 그냥 묵히지 말고 네트워크를 통해 유통시켜 정보와 자원을 공유하면, 숨통이 트이지 않을까 생각했다. 단지 일자리 품앗이만을 생각한 건 아니었다. 중요한 건 여자들이 여자를 도울 수 있다는 것, 그리고 내가 가진 정보가 쓸모 있다는 기쁨과 자신감이었다. 서로가 기댈 수 있는 등이 되어 준다는 든든함을 가진다면 좀더 행복할 것 같았다. 소박한 아이디어로 창업도 해보고, 배우고 싶은 게 있으면 서로 가진 지식을 나눠 갖고… 꼭 돈을 주고받지 않아도 서로 기대고 살려는 마음이 있으면 그다지 궁핍하지 않게 살 수 있지 않을까…

우리의 이같은 발상에 공감하는 사람들이 꽤 많았다. 그래서 정식으로 이름도 만들고, 여성 실업자로 정체성을 가지고 있는 '백조'들을 회원으로 모으기 시작했다. 나 자신의 생계는 내가 책임진다는 독립심과, 여성들이 모여서 무언가를 만들어 나간다는 기쁨을 지닌, 용감한 여성들을 많이 만났으면 좋겠다는 기대감을 가지고.

일하는 여성들은 다 어디에 갔지?

우리는 공식적 영역에서 취업이 점점 어려워지는 상황에서 새로운 자본을 만들어 내는 움직임이 필요하다고 생각했다. 승진은 말할 것도 없고, 고용에서부터 우선 해고까지 모든 영역에서 '일하는 여성'을 폄하하는 사회에서 실제로 우리들은 자신감을 잃고 있었다. 여성 실업을 해결하기 위한 노동 조합과 사회 단체 차원의 움직임이 시작되고 있었지만, 우리는 그러한 운동 단체와는 성격을 달리 하기로 했다. 실제로 여성들이 얼마나 일하고 싶어하는지를 가시적으로 보여 주는 편이 낫다고 생각했다. 자원을 하나도 가지지 못한 상태에서 우리들이 가질 수 있는 자원들이 무엇인지 위치를 확인해 보고 싶었다. 그리고 그것을 생산적으로 만들어낼 수 있다면 변화도 가능할 것이다. 80년대에 공동체에 대한 논의가 되면서 화폐가 아닌 다른 식의 통화 수단에 대한 고민이 있었다고 한다. 이런 문제 의식에서 프리워는 '내공'을 쌓는 프로그램과 일본어, 컴퓨터 등을 누가 배워 오면 그것을 다같이 나누는 식의 '교육 통화' 모임들을 만들었다.(회원들이 자발적으로 만들었다.)

사회적 생존(자신감 찾기)과 경제 공동체 마인드(공유에 대한 마인드)! 이게 프리워를 이해하는 키워드다. 판을 벌였으니 와서 놀고 만들고 배우고 하자는 것이다. 사회적 생존이라는 다소 어려운 말을 듣고 눈살을 찌푸릴 건 없다. 아주 간단한 생각에서 나온 말이니까. 대부분의 젊은 여성들은 '커리어 우먼'을 꿈꾼다. 밤늦도록 컴퓨터 앞에 앉아 있는 모습, 능력 있고 매력적인 여자들이 서류 가방을 들고 정장을 쫙 빼 입고 사무실 복도를 걸어가는 장면은 TV 드라마에서 흔하게 볼 수 있다. 사실 일이란 게 늘 그렇게 폼나는 게 아닌데 우리는 매체의 허상에 젖어서 커리어 우먼을 꿈꾼다. 하지만 실제 직업 여성들은 멋있어 보이기 위해서가 아니라 대부분 돈을 벌어야 한다는 생각에서 일을 한다. 물론 폼도 나고 창조성도 있고 적성에도 맞으면 금상첨화겠지만, 이러한 상은 젊은 여성들이 사회 진출을 생각할 때 구체적이고 실질적인 일의 개념이 아닌 이미지만을 떠올리게 만든다. 그리하여 이런 이미지를 자신이 갖지 못하게 되었을 때는 굉장히 쪽팔려 한다. 이러한 커리어 우먼의 이미지에는 '일에 대한 개념'이 없다. 과연 여자들이 '내가 벌어서 생활한다'는 생존의 개념을 가지고 일을 하려는 걸까?

취직한 친구들을 보면, 친구들끼리 모인 자리에서 회사 일을 이야기하는 것은 금기다. 이야기해 봤자 갑갑하기만 하고 회사에서 자신의 위치는 보잘 것없기 때문이다. 가장 단순한 일을 하고, 승진도 안 되고, 비전도 없고… 이런 것들을 드러내고 싶지 않아 한다. 다만 어느 회사에 다닌다고만 이야기 할 뿐이다. 그러면서 깔끔한 정장을 입고 커리어 우먼의 말투를 하고 명함 한 장을 준다. 실제로는 사회 한구석에 웅크리고 있으면서 회사의 직원이라는 허울을 두르고 있는 것이다. 이러한 상황을 여성이 자아를 실현하면서 사회로 진출했다고 할 수는 없다. 우리는 일에 대한 환상, 직장 여성에 대한 허상을 뒤집고 싶다. 우리가 무슨 일을 하든지, 길에서 장사를 하든 그보다 더 험한 일을 하든, 그것은 불쌍한 것이 아니라 일을 통해 나를 키워 가는 것이다. 알맹이 없는 사회성이 아니라, 세상에 부딪쳐 보면서 스스로를 진정 으로 성장시키는 일을 통해서 나 자신과 일, 사회, 경제 사정에 대해 새로운 개념을 세울 수 있다.

프리워에서는 이런 일을 인력 뱅크팀과 내공 프로그램팀에서 같이 한다. 인력 뱅크팀은 일자리가 들어왔을 때 그 일과 잘 맞을 것 같은 회원들에게 정보를 알려준다. 우리는 허드렛일도 서슴지 않고 받아서 회원들에게 제공 하는데, 그 이유는 앞에서 말했듯이 힘들고 용기가 필요한 일을 통해서 사회 현실에 대한 감각을 익혀 나가기 위해서다. 내공 프로그램팀은 1차, 2차, 3차… 이렇게 매 차마다 프로그램을 준비하여 회원들이 편한 시간에 올 수 있도록 같은 것을 여러 차례 돌리면서 진행한다. 회원들 사이에 유대감을 형성하고 자신이 원하는 일을 찾고 그것을 경제적인 일로 만들어 내는 작업 이 프로그램의 주요 내용이다. 1차에서는 회원간에 서로를 알아가고 자신이 처해 있는 상황을 자연스럽게 표현할 수 있는 기회를 가졌다. 그리고 점차적 으로 프로그램은 적성을 개발하고 직업을 찾는 방향으로 가고 있다.

우리는 우리의 활동을 통해서 일터에서 배제된 여성들이 뭔가를 해낼 수 있는 여지를 많이 열어 주어야 한다고 생각한다. 제도와 정책을 통해 직업을 요구하는 것도 중요하지만 우리 스스로 일자리를 만들어 가고 싶다. 대안을 우리 스스로 창출한다는 것은 사실상 21세기의 경제 상황을 페미니스트들이 한번 뒤집어 보겠다는 것이다.

정보와 사람은 모일수록 집적된다. 나에게 당장 필요 없는 정보라도 이것이 누군가에게는 필요한 것이 될 수 있다. 회원들의 장래 희망은 다양하고, 능력도 너무나 다양하다. 다양한 인재와 정보를 모으고 모은 것을 나누면서 주위에서 함께 할 수 있는 일을 모여서 하고 서로에게 정당한 대가를 챙겨주는 연습을 한다. 처음에는 적게 몇십만 원으로 출발하지만, 이러한 과정 속에서 우리가 쓸 수 있는 자금을 모으고, 나에겐 필요가 없지만 다른 사람에게는 가치가 있는 것을 나누어 갖는다. 그러면 쓸모 없던 것도 가치 있게 되고 그것은 여성 파워로 나타나게 된다. 이러한 일을 하는 것이 여성의 공동체 마인드이고 경제 네트워크라고 생각한다. 우리는 이러한 공동체와 네트워크가 확산되면 여성들에게 안전망이 될 것이라고 확신한다.

이렇게 시작한 프리워는 뭘 하고 있지?

98년 8월에 백조들이 모여서 우리 이렇게 방바닥만 긁으면 안되겠다 싶어서 모임을 가졌다. 그때 '우리 차비라도 벌자'며 시작했던 것이 「벼룩시장」이었다. 나한테는 쓸모 없지만, 남들한테는 쓸모 있는 물건들을 집에서 가져오고 그 물건들로 이대 정문 앞에 좌판을 벌여 놓고 장사를 시작했다. 일주일에 한 번 돗자리를 깔고 여기저기서 모은 물건을 가지고 장사를 벌였는데, 일주일 동안 모은 물건이 3 - 4시간이면 동이 날 정도로 인기가 있었다. 장사를 하면서 우리는 서로 모르던 재능들을 발견했다. 누구는 장사꾼 기질이 있고, 누구는 좋은 물건을 볼 줄 아는 안목이 있고, 누구는 수위 아저씨나 다른 사람들의 방해에 배를 튕겨 가며 싸우는 재주가 있었다. 벼룩시장으로 번 돈은 돈이 급한 사람들에게 작게나마 일자리가 될 수 있었고 프리워의 초기 자본이 되었다. 이제 벼룩시장은 이대 앞에서 이대 안으로 장소를 옮겨서 하게 됐다. 그리고 연대에도 벼룩시장을 시작했다. 벼룩시장은 틈새 시장을 노린 아주 좋은 아이디어였다. 썩 괜찮은 물건이지만 나에게는 필요 없는 것을 필요로 하는 다른 사람들에게 제공하는 것은 재활용의 측면에서도 아주 좋았다. 그리고 그 생각은 적중했고 사람들은 이것을 통해서 자신감을 갖기 시작했다. 벼룩시장은 프리워에 창업 바람을 불러 왔다. 창업 아이디어를 갖고 있지만 혼자 하기는 어려운 것을 사람들과 같이 해나가면 서로 잘하는 부분에서 보완 역할을 하기 때문에 아주 든든한 동반자가 될 수 있었다.

우리는 여자들이 남자들에 비해서 잘하는 부분을 창업의 아이디어로 삼았다. 여성의 섬세함이 배어 있는 일을 중심으로 자신이 좋아하고 평소에 돈은 벌 수 없지만 취미 생활로 해왔던 일을 창업 아이디어로 잡았다. 프리워에서 의상 디자인을 전공한 사람, 평소에 손뜨개질을 너무 잘해서 친구들에게 선물로 핸드폰 케이스나 CD 플레이어 케이스를 떠주는 사람, 십자수 솜씨가 좋아서 액자로 장식해서 팔라는 이야기를 듣는 사람 등 손재주가 좋은 사람이 여럿 있었다. 이 친구들은 모여서 우리가 잘 만드는 것을 젊은이들 구미에 맞게 제작해서 판매하면 괜찮겠다는 생각을 하고 모임을 시작했다. 그것이 「핸드 메이드」이다. 98년에 한참 유행하는 모자를 동대문에서 천을 끊어다가 만들어서 젊은 친구들이 많이 다니는 이대 앞이나 신촌, 행사장을 돌아다니며 판매했다.

그리고 20년이 넘도록 집안 청소를 했던 프리워 회원들이 집에서 묵은 때를 씻어 내려면 전문가가 있어야 한다는 생각을 했다. 그러면서 전문적인 청소 세제를 이용하여, 집안의 묵은 때를 제거하는 일을 시작해 보자며 만든 것이 「악어 하우스 케어」다. 집안에 있는 세제로는 청소하기 어려운 부분을 전문적인 청소업체가 한다는 개념으로, 청소에 익숙해 있는 여자들이 모이면 더 잘할 수 있다는 생각에서 시작했다. 지금은 영업을 할 수 있도록 가정

집이나 가게 등을 뚫고 있는 중이다.

회원 중에 그림을 잘 그리는 사람들이 몇 있어서 「노는 년(年) 스탠드바」를 같이 기획하고 프리워에서 주최했으며, 「벼룩시장」에서 크리스마스 카드를 판매했다. 직접 손으로 제작한 작품이어서 다른 사람들이 갖고 있지 않은 나만의 카드라는 점과 여성적인 감수성으로 정성스럽게 만든 작품들이어서 폭발적인 인기를 누렸다.

이처럼 우리는 회원들의 장점을 살려서 한시적으로라도 작게나마 창업을 해보고 자기가 직접 제작해서 판매도 해보는 경험을 갖게 한다. 이는 우리가 주장하는 경제 네트워크나 사회적 생존력을 말로만 떠드는 것이 아니라 실제로 경험을 통해서 느껴 본다는 취지이다. 그리고 일을 하는 사람들도 자신이 잘하는 것을 통해 돈을 벌고, 혼자만이 아니라 관심 있는 사람들과 함께 일하는 즐거움을 느낄 수 있었다.

프리워가 어떻게 회원들과 소통하냐구?

프리워에서 회원들과 소통하기 위해 가장 중요하게 여기는 자리는 내공 프로그램이다. 내공 프로그램을 통해서 회원들 서로가 가진 자원이 무엇인지 알게 되고 고민을 나누고 힘을 얻기 때문이다. 다음으로 중요하게 생각하는 소통 방법은 인터넷 홈페이지(http://my.netian.com/~fw21)이다. 홈페이지는 아무나 들어올 수 있지만 회원 중심으로 구성된다. 일자리 찾기 노하우와 내공 프로그램 소개, 회원들이 현재 무엇을 하며 지내는지 소개하기, 소모임 소개 등 다양한 항목이 있다. 주로 게시판으로 만들어져 있어서 방문하는 회원들이 글을 남길 수 있도록 구성하였다.

처음에는 통신으로 먼저 시작하려고 했으나, 통신은 제약이 많이 따라서 쉽지 않았다. 여자들은 기계와 친하지 않아서 홈페이지를 제작해도 별로 호응이 좋지 않을 거란 생각에 미뤄 왔는데, 막상 홈페이지의 대문을 열고 보니 컴퓨터에 익숙하지 않은 사람들에게 인터넷 사용법을 익히도록 도와주는 기회가 되고 회원들의 의견도 직접 들을 수 있게 되었다. 또한 기존에 프리워 일을 소개할 때는 소식지를 발간했는데, 그것도 홈페이지를 통해 집적할 수 있고 행사도 바로바로 알릴 수 있어서 아주 유용하다. 가장 좋은 점은 정보를 한곳에 모아 놓을 수 있고 모든 회원들이 정보를 공유할 수 있다는 점이다. 이 점은 프리워의 목표를 살릴 수 있어서 썩 훌륭하다고 생각한다.

또한 다양한 소모임을 통해서 회원들이 모임을 갖고 있다. 일본어 소모임 초급, 중급, 프로그램 개발 모임, 만화 비평 소모임 등이 생겨났다. 일본어 중급 모임은 작년 겨울쯤에 시작했는데, 평소에 일본어를 좀 할 수 있는 사람들과 일본어 공부에 관심 있는 사람들이 시작했다. 그렇게 시작한 일본어 모임은 쉽게 끝날 줄 알았는데 사람들의 열의가 대단해서 학원을 다니지 않고도 이렇게 일본어 실력이 늘 수 있구나를 새삼 느끼게 해준다. 그러면서 돈 없이도 공부하는 방법을 또 한번 배우는 계기가 되었다.

프리워를 운영할 돈이 부족해!

벼룩시장부터 시작해서 돈을 모았다. 그리고 열심히 회원을 늘려 나갔다. "안녕하세요. 여성 경제 네트워크 프리워랍니다"라며 가는 곳마다 프리워를 선전하고 다녔고 관심이 있고 참가하고 싶다는 사람들에게는 가입비 2천 원과 월회비 1천 원씩을 받기 시작했다. 그렇게 모은 돈으로 발족식을 가졌다. 그때 사회에서 열심히 활동하고 계시는 분들을 후원 회원으로 모시고 후원 회비를 받았다.

하지만 경제 네트워크… 그 말은 우리에게 한편으로는 부담스러운 말이었다. 우리가 그 어떤 여성 운동 단체도 아닌 경제 네트워크를 지향했기 때문에 예전처럼 자원 봉사의 개념으로 프리워를 운영할 수 없었다. 작은 실천으로라도 작년에 치렀던 「노는 년(年) 스탠드바」에서 같이 일한 프리워 회원들에게는 정당한 보수를 지급했으며, 운영진으로 열심히 활동하는 사람들에게도 조금이나 임금이 지불되었다. 사실 이것은 아주 정당한 행위이다. 언제까지 우리가 내 돈 들이고 내 몸 바쳐 운동할 것인가? 우리는 정말 여자들이 가진 자원을 모으고 활용해서 모두 잘살아 보자는 것인데… 하지만 없는 돈으로 시작해서 돈을 모으기란 쉽지가 않았다. 지금 우리의 소원은 사무실을 만드는 것이다. 매일 카페를 떠돌며 회의를 하면 회의야 어떻게든 할 수 있지만 회원들을 자주 만나기가 어렵고 정보를 축적해 놓는 일이 불가능하다. 그리고 소모임이 계속해서 활성화되고 있는데, 카페에서는 조용하고 편안한 분위기에서 모임을 갖기가 어려운 부분도 있다. 그래서 돈은 없지, 사무실은 만들어야겠지 싶어서 지원을 받을 수 있는 곳을 여러 군데 알아보는 중이다.

프리워 잘 나가고 있지!!

프리워는 매주 2회 정도 회의를 하고 그 사이에 중요한 일이 생기면 사람들은 시도 때도 없이 모이곤 했다. 하지만 그 많은 일을 하기에 시간적, 공간적, 경제적 자원이 부족하다. 확실하게 자리잡힌 사무실이 없고, 안정적으로 들어오는 경제적 수입도 없다. 그리고 운영진도 모두 백조나 휴학생이기 때문에 돈을 벌어야 하는 입장이다. 이런 문제들이 쌓이면서 사람들이 즐거워서 시작한 일이 의무감으로 변해 가기 시작했다. 그러면서 하나 둘씩 지쳐갔다. 문제가 커지면서 기존의 운영 방식을 바꾸자는 제의가 내부에서 생겨났다. 문제는 역시 돈이었다. 당장 생계 유지를 할 도리가 없는 상태였기 때문에 다들 어딘가에 매여 있는 몸이었고, 그래서 이중 부담으로 힘겨웠다. 일주일에 1 - 2회의 시간을 내서는 되는 일이 아니었고, 당장 운동의 결과물이 나오지 않는 것도 답답했다.

열띤 토론이 벌어졌다. 이슈를 들고 나와서 운동을 하자는 의견부터, 당장은 경제력을 키워야 한다는 얘기까지 다양한 의견들이 있었다. 한 달여에 걸친 격론을 통해 우리가 내린 결론은 우선 할 수 있는 만큼부터 시작해서 힘을 집적해 나가자는 것이었다. 인력 뱅크와 같이 여성 관련 취업 정보부터 문화 소모임까지 이 안에서 사람들이 실제 생활의 문제를 같이 나누면서 공동체 자체를 열어 두는 것이 먼저 필요하지 않을까 하는 생각이다.

우리가 이렇게 힘든 것은 아마 우리 중 누구도 전문성이 없고, 먼저 앞서가 있는 모델도 없고, 무엇보다 기존의 '사업성'과는 동떨어진 형태의 생산성을 얘기하기 때문일 것이다. 실제로 한동안 소강 상태이던 모임이 각자의 영역에서 쌓은 경험들로 내부가 풍요로워지면서 그것들을 나누려고 모이는 소모임들이 생겨나고 있다. 끈기와 기다림, 자신을 믿는 지혜를 가진다면 여성 경제 네트워크는 조금씩 선을 이어갈 수 있다.

■ 권김현영(호빵) — 90년대 중반 이후 '과격한' 여성주의 소그룹을 만들고, 움직인 일을 가장 즐거웠던 일로 기억한다. 현재 대학원에 다니며 여성주의적 조직에 대한 고민을 하고 있는 중이다.
김선화(푸그니) — 대학에 처음 들어가자마자 여성학회 「날개 달기」에서 활동했고, 96년부터 「들꽃 모임」, 「돌꽃 모임」, 「FReE-War」 등에서 활동해 왔다. 사이버 여성 네트워크의 형성에 관심을 가지고 있다.
프리워 http://my.netian.com/~fw21

여성 노동 운동의 새로운 모색

정양희

「서울 여성 노동 조합」의 조직을 준비하는
동안 주로 발기인들의 집을 순회하며 모임을
가졌다. 하루는 마찌꼬바 공장 근처 길을
가다 버려져 울고 있는 새끼 고양이를
발견했다. 그 고양이는 눈이 다치고 발을
절뚝거렸고 온몸이 검은 먼지 투성이였고
태어난 지 얼마 안돼 햄스터만했다. 고양이를
발견하자마자 우리는 모두 불쌍해 하며 집으로
데려갔고 우유를 먹이려고 했지만 아직 빨 힘도 없어 울기만 했다.

지금 생각하면 그 고양이를 우리들의 자화상쯤으로 여겼던 것 같다. 우리
는 고양이의 눈과 피부병을 치료하고 먹이를 주며 우리의 마스코트로 정성
껏 키웠다. 모든 것이 불투명하고 힘들었던 시절, 고양이가 건강하게 잘 크
면 우리의 조직도 건강하게 자랄 거라는 이상한 믿음까지 생겼다. 고양이는
우리의 사랑을 듬뿍 받아 하늘을 찌를 듯한 자존심 강한 고양이가 되었고

어린 시절부터 쥐 잡는 연습을 충실히 하더니 지금은 시골 농가에서 본분을 다하며 살고 있다. 지금의 우리처럼.

IMF 구제 금융 체제라는 태풍이 쓸고 간 들판은 처참했다. 흙더미에 묻히고 꺾어지고 남은 곡식들도 야윈 모습으로 간신히 서 있었다. 그것이 자연재해가 아닌 인재라는 것과 꺾어지고 묻힌 것이 곡식이 아니라 사람이라는 것, 그 중에서도 정말 어렵게 이중 노동으로 버텨온 장기 근속 여성들이 일차적으로 희생되고 있는 현실이 우리를 더욱 고통스럽게 하였다.

물론 여성 노동자들이 우선 퇴출된 것이 새삼스러운 일은 아니다. 구조적이고 제도적인 차별은 물론이고 결혼 퇴직 종용, 인사 고과 차별, 면접 차별, 명예 퇴직 종용, 노조 내부의 여성 간부에 대한 차별 등 보이지 않는 차별들은 IMF 이전부터 지속돼 온 것이다. 90년대 초반부터 기업들은 경영 합리화를 구실로 노동자들에 대한 정리 해고, 비정규직화를 가속화했는데 그 첫 희생자들은 여성들이었다. IMF는 자본이 아무 거리낌없이 노동 시장 유연화를 진행하도록, 여성들에 대한 성차별을 강화하도록 더할 나위없는 기회를 제공했을 뿐이다.

기쁨이 넘치는 조직 만들기 1년

1998년 2월, 아직 추위가 가시지 않은 초봄에 우리는 뭔가를 시작하지 않으면 안 되었다. 어려운 시기에 새로운 조직 결성은 무모한 것이라는 주위 사람들의 충고, 혹은 있는 조직을 강화시키는 것이 더욱 중요한 것이라는 충고를 이미 우리 스스로도 의식하지 않은 바는 아니었다. 또한 어려움이 많은 만큼 자신감이 충분하지도 않았다. 그러나 우리는 시작하기로 했다. 새 천년의 새로운 여성 운동의 싹을 틔우기 위해서는 적어도 1, 2년의 땅고르기 시간은 필요하다고 느끼면서.

나는 1992년 당시 금융권에서 발화되어 여성 차별 문제로 부상한 신인사

제도와 비정규직 조직화 과제를 가지고 일본을 방문했을 때, 여성 노조라는 새로운 조직 형태를 발견했다. 일본의 「에도가와 지역 노조」, 여성들만으로 구성된 「에이쇼도 파트타임 노조」, 「미즈라 여성 노조」 등을 방문하며 내가 느낀 것은 그들의 힘이 너무 약하다는 것이었고 우리는 기존의 노조 강화를 통해 여성 노동 문제를 해결하는 것이 지름길이라고 생각했다. 그러나 93년도에 남녀간의 동일 노동 동일 임금 투쟁 과정에서 갈등이 표출되고 왜곡된 형태로 차별 임금 요구가 마무리되는 상황을 보면서 생각을 달리하게 되었다. 그 결과 93년도에 몇몇 노조 여성 간부들과 밤을 새우며 여성 독자 노조의 가능성에 대한 이야기를 나누었는데 모두들 취지에는 동의하나 실행에 따른 난제들 때문에 시기 상조라는 결론이었다. 한편 97년도에 우리의 발기인 중 2명은 「동경 지역 노조」에서 분리 독립한 「동경 여성 노조」를 방문하고 한층 고무되어 돌아왔다. 「동경 여성 노조」는 95년도에 분리되어 창립되었는데 그들은 여성 노조의 결성으로 20년에 이룰 일을 2년만에 이루었다고 자평했다.

우리 역시 경영 합리화니 구조 조정이니 하는 과정에서 여성들이 1차적 희생양이 되어가고 그 동안 이룬 모성 보호권이나 동일 노동 동일 임금 확보 등이 물거품이 되어 가고 있었다. 이런 상황에서 기존 노조들이 보여준 성차별적 행태들 때문에 여성 독자 노조 결성이 더욱 필요하다는 데 의견이 일치했다.

1998년 2월 여성 독자 노조 건설을 암중 모색해 온 여성 활동가들과 영세 사업장에서 일하는 여성 노동자들이 함께 모였다. 주먹구구식으로 운영되고 시키는 대로 할 수밖에 없고 반말과 비인격적인 대우가 난무하는 영세 사업장에서 사용자와 대등한 위치에서 교섭을 하는 게 가능할 수 있다는 사실 하나만으로도 우리는 꿈에 부풀었다. 2명 이상이면 노조를 결성할 수 있지만 작은 회사에서 노조를 결성한다는 게 실질적으로는 거의 불가능하기 때문에, 그리고 성차별을 온몸으로 체감해 온 여성들이 우리들만의 노조를 결성할 수 있다는 뿌듯함으로 우리 모임은 나날이 활기를 띠어 갔다.

15명의 발기인 대부분이 영세 사업장에서 일하거나 임시직으로 일하는 여성들이었다. 무엇보다 우리들은 사는 형편이 비슷했다. 필자 역시 학교 졸업 후 안 해본 일이 별로 없었다. 리서치 회사의 면접원으로, 법률 사무소의 아르바이트로, 학습지 회사의 텔레마케터, 책 외판원 등등. 그리고 대학을 졸업할 때까지 방학 때마다 농사일을 도왔다. 그래서인지 나는 언제나 운동이 관념화하는 것을 체질적으로 경계한다. 거기에 여성 독자 노조 건설의 필요성을 석사 논문으로 썼던 최성애 씨와 임시직으로 일하면서 서러움을 많이 겪은 활동가, 시간 강사를 하며 스스로를 일용 노동자라고 자조하던 연구자가 함께 결합했다.

여성 노조 건설의 의미를 공유하는 데 많은 시간을 필요로 하진 않았지만 모두 노동 조합 활동 경험이 없는 상태라 준비할 것이 많았다. 여성 노동자의 실태, 노동 조합 조직 상황, 미조직 노동자의 조직화 문제와 외국의 여성 노동자 조직에 대한 검토, 산별 노조와 지역 노조, 여성 해방 이론 등에 대한 학습으로 시작하여 7월까지 개정 노동법에 대한 공부를 끝냈다. 당시 조합원들 중에는 감원 해고 대상이거나 성차별적 임금 삭감에 대항하여 싸우는 사람들이 있었고 결혼 해고 싸움을 준비하는 사람도 있었으므로 학습하는 내용 하나하나가 모두 바로 실천해 나가야 할 과제들이기도 했다.

7월 중순경 우리는 현대 재벌의 왕국에 최초로 노조 깃발을 꽂은 현대 해상 화재 보험의 노조 발기인 이영희 씨로부터 노조 탄생의 비밀스런 기억들을 들으며 마음이 바빴고 외국에 우리의 준비 소식을 알리고 지원을 요청했으며 대강의 사업 계획과 함께 결성을 위한 구체적인 준비에 들어갔다.

결성 시기를 일단 10월 '남녀 고용 평등의 달'로 잡았다. 8월에 지역 노동 조합들의 활동 실태 조사를 시작하면서 우리의 행보는 더욱 빨라졌다. 「전국 건설 일용 노조」, 「농협 노조」, 「인쇄 노조」, 「서울 의류 노조」, 「일용 제화공 노조」 등의 활동 실태를 조사하면서 우리는 어려운 여건에서도 헌신적으로 일하는 그분들에게 큰 감명을 받았다. 8월에 영세 사업장에서 일하는 발기인들을 중심으로 자신의 직장을 진단하는 '나의 직장 이야기'를 공유하는 시간을 가졌고 9월에는 본격적인 실무 준비에 착수하였다.

양평 ㅎ콘도에서 1박 2일로 진행한 워크숍 '기쁨이 넘치는 조직 만들기'는 기존의 조직에서 변화되어야 할 모습과 우리가 만들어 갈 조직의 모습에 대해 브레인라이팅을 하고 진지한 토론으로 밤을 새웠다. 우리의 조직은 조합원의 자발성과 조합원의 실천으로 더디 가도 튼튼한 조직을 만들고 언제나 기쁨이 넘치는 조직으로 여성 노동자들의 작은 해방구를 만들자고 다짐했다. 10월 결성 계획은 다음해로 연기할 수밖에 없었는데 첫번째 문제는 돈이었다. 우리는 모두가 가난했지만 한 사람의 독지가의 힘보다 많은 사람들의 애정 어린 작은 돈을 후원받기를 바랐다. 사무실도 없이 집들을 순방하며 지내다 보니 애로 사항이 많았지만 준비 기간을 늘려 시간을 갖고 더욱 치밀하게 준비해 나가기로 했다. 당시 나는 엄마를 잃은 고통에서 한동안 헤어나지 못했다. 함께 하는 동료들의 격려와 신뢰감이 나로 하여금 간신히 가던 길을 계속 가도록 해주었다.

11월까지 규약을 만들고 출판 홍보, 조사 연구, 조직 지원, 교육 등 팀을 구성했으며 구체적인 사업 일정을 잡았다. 규약은 우리의 의지와 앞으로의 활동을 담아낼 중요한 그릇이므로 꽤 긴 기간 토론하여 만들었다.

1월초 200여 명의 후원 회원들의 도움으로 충정로에 작은 사무실을 얻게 되었을 때 우리의 노조는 이미 기쁨이 넘치고 있었다. 모두들 새로운 감회에 젖어들어 사무실을 떠나려 하지 않았다. 여성 노조가 장차 어떤 일을 할지는 잘 모르지만 무조건 믿어 주며 격려해 준 우리들의 친구들과 부모 형제들에게 감사한다. 특히 10년만에 전화해도 변함없이 반겨주고 주머니를 털어

준 전국 각지의 동창들은 우리를 감동시켰다. 우리들의 동창들이란 대부분 여성 운동에 대해서 별 관심이 없던 사람들이기 때문에 믿음을 기반으로 형성되는 또 다른 공감의 넓이에 우리의 감회가 남달랐다.

왜 하필 노동 운동이어야 하나

자아 실현을 위해서가 아니라 생존을 위해서 일하는 노동자에게 노동을 빼 버린 다른 형식의 존재 방식이란 없다. 땅을 딛고 살아가는 우리에게 노동은 바로 그 발로 서 있는 땅이 되는 것이다. 당연히 나는 여성 문제 중에서 여성의 일과 관련된 문제는 가장 핵심적인 것이라고 생각한다. 여성의 노동은 현실이고 이 현실에서 여성들이 무시당하고 차별을 받게 된다면 여성의 문제는 한 발자국도 진전할 수 없다. 남성들의 의식이 아무리 개방적인 사회라고 해도 말이다.

물론 여성 노동자만을 '일하는 여성'이라고 부르는 것에 개인적으로 동의하지 않는다. 단지 가정이냐 사회냐 혹은 가정과 사회에서냐가 다를 뿐 여성들은 안팎에서 쉼없이 일하고 있다. 나는 아직까지 일하지 않는 여성을 보지 못했고, 지금까지 여성들이 일하지 않고 살았던 적은 없었다.

그런데도 여성과 노동은 끊임없이 분리되어 왔다. 노동 계급의 여성들은 어떤 형태로든 사회적 노동에 참여하고 있는데 여성의 일은 자아 실현이란 이름으로 미화되거나 여성 문제는 점차 성과 결혼, 육아 문제로 축소되고 있어 여성에서 노동을 배제하려는 음험한 시도들이 곳곳에서 느껴진다. 즉, 여성의 노동을 무급 가사 노동의 연장으로 치부하여 중요한 서비스 노동은 자원 봉사라는 허울에 가두거나 임금 노동 또한 반값에 생계 보조나 하라는 의미로 주어진다. 자본주의 사회에서 경제적 평등 없이 남녀 평등은 있을 수 없다는 것, 경제적 능력 없이는 주체적인 삶을 꿈꿀 수 없다는 것은 누구나 인정할 것이다. 그리고 나는 경제적인 평등을 향한 여성 노동 운동은

△「서울 여성 노조」의 초동 멤버들. 시작은 미미했으나…

▽ 6·18 국제 민중의 날에 신자유주의에 반대하는 「서울 여성 노조」 조합원들.

노동 조합이라는 직접 교섭이 가능하고 지속적인 풀뿌리 조직을 만들고 발전시킴으로써 가능하다고 보았다.

왜 여성 독자 노조인가

…이에 여성 노동자의 권리는 여성 노동자의 힘으로 쟁취하고자 우리는 여성 독자 노조를 결성하였습니다. 수많은 여성들이 감원이 되고 무권리 상태의 임시직으로 추락하는데도 기존의 노조들은 대응력을 상실하고 있습니다. 기존 노동 조합의 가부장적인 운영은 여성 노동자들의 세력화에 오히려 걸림돌이 되고 있습니다…
—서울 여성 노조 결성 선언문에서

싸울 때는 단결, 여성 권리 쟁취는 뒷전인 한국의 노동 조합은 더이상 여성 노동자의 이해를 전적으로 대변할 수 없다. 우리는 여성 독자 노조를 결성함으로써 남성 중심의 가부장적 노조 운영을 지양하고 노동 기본권의 사각 지대에 있는 여성들을 조직화하여 한국에서의 여성 노동자 운동의 새 지평을 열고자 한다.
— 보도 요청서에서

노조 설립 신고를 한 후 각 언론사와 노동 조합에 보도 요청을 하고 난 뒤였다. 우리의 비판에 동의할 수 없다는 어느 노조 연합 단체의 항의성 서한을 받았다. "싸울 때는 단결, 여성 권리 쟁취는 뒷전인 한국의 노동 조합"이라는 표현은 사실 이러한 반발도 예상하고 쓴 것이다. 그리고 지금까지 노동 조합과 운동권에 대한 비판을 삼가해 왔던 관행에서 벗어나 꽤 용기를 낸 표현이었다. 그리고 사실을 사실대로 말한 게 뭐가 잘못인가. 왜 그전에는 그렇게 하지 못했나 하는 생각이 들만큼 어떤 항의나 비판도 두렵지 않았다.

언제까지 여성 노동자들은 편의에 따라 동원되고 중요한 의사 결정 과정에서는 소리 없이 배제되어야 하는가? 언제까지 여성들은 분파주의라는 비난이 두려워 운동권 내의 성폭력과 차별을 감내해야 하는가? 우리보다 덜 차별받는 나라들에서도 여성 해방을 위해 분리주의를 선언하고 있는데 하물며 야만적인 가부장제 이데올로기와 철저한 성별 분업이 너무나도 자연스러운 이 나라에서는 말할 것도 없다는 생각이었다.

사실 '분리주의만이 살 길'이라고 생각한 순간 나는 온몸의 실핏줄이 일어서는 느낌이었다. 그리고 그것을 선택한 순간 복잡한 실타래 같은 문제들이 더욱 명료해지고 새로운 용기가 솟았다. 또한 운동은 현실에서 출발한다는 것, 땅에서 발을 떼는 순간 그건 운동이 아니라는 생각은 내 신념의 저변을 이루고 있었다. 생각을 달리하는 분들도 있겠지만 나는 지금도 분리주의야말로 우리의 현실을 딛고 서는 운동이라고 생각한다.

여성 독자 노조 건설의 토대는 크게 두 가지다. 하나는 기존 노조들의 가부장성이고 둘째는 여성들이 대부분 기업 단위로는 조직화되기 어려운 영세 사업장 아니면 비정규직으로 근무한다는 사실이다. 여성 노동자 10명 중 7명이 비정규직이며 비정규직 10명 중 7명이 여성이고 여성 노동자 10명 중 7명이 5인 미만 사업장에서 일하고 있다. 또한 이제 갓 학교를 졸업한 여성들에게 가능한 일자리는 임시직, 일용직, 파견직 아니면 학습지 방문 교사, 보험 설계사, 외판원, 구성 작가 등 대부분 노동법의 보호를 받지 못하는 일들뿐이다.

재삼 강조할 필요도 없이 가부장제 이데올로기는 사회 곳곳에 시퍼렇게 살아 숨쉬고 있어 여성들의 무권리 상태와 이중 노동을 당연시하고 있고 노동 조합들도 다르지 않다. 여성 문제는 항상 중요하지 않는 문제, 급하지 않는 문제로 치부되고 기업의 성차별적 위계 구조를 기업 내 노조들이 답습

하는 현실이 개선되고 있지 않다. 예컨대 사무 보조를 하는 여성은 노조 간부가 되어서도 경리, 총무, 타이핑, 심지어 커피 심부름을 하고 있는 상황이다.

금융권 대기업에서는 여직원회를 비롯하여, 여성들이 중심이 되어 노조를 결성하고 여자 위원장을 선출한 곳이 세 군데 있었다. 그런데 남성들이 여자가 위원장인 한 노조 활동을 못하겠다고 하여 한결같이 임기 전에 그만두어야 했다. 1993년부터 동일 노동 동일 임금의 제도적 쟁취를 위한 싸움에서 대부분의 노동 조합은 남녀 조합원간의 갈등을 첨예하게 표출했다. 여성 간부들을 배제하고 성차별적 임금 협상안에 남성 간부들이 몰래 서명을 하거나 여성 간부를 노동 조합에서 제명하기까지 하는 경우들이 있었다. 남성들은 대부분 남성들이 가장이므로 더 높은 임금을 받고 승진에서 유리한 고지를 차지하는 게 당연하다면서 가족 임금 제도를 옹호하기도 하였다.

여성들의 권익, 예컨대 결혼, 임신 퇴직 철폐, 동일 노동 동일 임금 확보나 승진, 업무 배치상의 차별 철폐, 모성 보호 확보 등의 문제에서 많은 경우 남성들은 사용자와 같은 입장을 취해 왔고 여성들의 교육이나 조직에 재정 지원을 꺼려 왔다. 물론 겉으로는 평등을 말했지만 속으로는 기업주와 손을 잡은 경우가 대부분이었다.

결국 한국 노동 조합의 가부장적인 성격은 IMF 체제에 돌입하면서 '여성들은 가정으로 돌아가라', '남성 가장 기 살리기' 등의 명분 아래 여성 노동자들이 정리 해고 1순위가 되고 임신한 여성들까지도 지방 발령을 내거나 폐쇄 직전의 지점으로 방출되는데도 많은 노동 조합들이 이를 묵인 방조하였다.

서울 여성 노조는 이러한 여성 노동 문제를 돌파해 나가는 새로운 모색으로 출발한 것이다. 또한 우리는 기본적으로 중앙 집권적이고 형식주의적인 운동을 거부한다. 우리는 여성들의 처지와 요구에 맞는 기동성 있는 작은 조직들이 많이 만들어져 수평적 네트워크를 강화하고 그것이 거대한 여성 해방의 흐름을 만들어 나가는 것을 꿈꾼다. 결국 우리는 여성들의 독자적인 세력화는 독자적인 틀거리를 통해서만 가능하다는 결론에 도달했다.

「서울 여성 노조」는 어떤 조직인가

「서울 여성 노조」는 여성만으로 조직되는 여성 독자 노조이고 임시직, 일용직, 파트타이머 등 비정규직 그리고 여성 실업자들을 포괄하고 있다. 또 어느 회사냐, 어떤 직종이냐에 상관없이 가입할 수 있고 서울에 거주하거나 서울에 직장을 둔 여성들이면 누구나 가입할 수 있는 다직종 지역 노조이다. 여성 단체와 다른 점은 단체 교섭과 단체 행동을 통해 여성들의 권리를 조직적으로 확보하는 데 중점을 두고 있다는 점이다.

우리는 의사 결정, 회의 방식, 단체 교섭 및 단체 행동, 홍보, 문화 활동 등 노동 조합의 모든 활동에서 여성들의 생활 조건과 정서, 현재의 역량을 고려하여 여성들의 성장과 자기 존중감을 고취하는 방식과 내용으로 운영할 것이다. 즉 노조 운영 과정에서부터 여성들이 스스로를 존중하고 존중받도록 노력할 것이다.

「서울 여성 노조」는 국내 최초로 노조 규약에 실업자를 포괄한 노동 조합이다. 물론 기존 노조 중에 실업자를 포괄하는 노조가 있으나 비공식적이었고 단일 직종의 지역 노조가 여럿 있었으나 다양한 직종을 포괄하는 지역 노조는 없었다. 또한 지역 노조들조차도 기업 단위로 조직되었다. 선례가 없었다는 것은 여러모로 어려움을 예상하게 했지만 우리는 그 벽을 뛰어넘어야만 한다는 것을 처음부터 원칙으로 삼아 출발했다.

「서울 여성 노조」는 주위의 기대가 많은 만큼 할 일도 많다는 것을 설립 이후 더욱 절감하고 있다. 질문도 많이 받는다. 조직 대상 중복 문제는 어떻게 해결하려고 하나, 노조의 고유한 특성인 단체 교섭은 어떻게 가능한가,

파업은 실제로 가능한가? 등등 우리에게 쏟아진 질문들의 배후에는 가능성 여부를 두고 의구심이 자리잡고 있음을 안다. 우리 역시 그러한 문제들을 하나하나 짚으면서 1년을 준비해 왔고 여전히 다른 노조들과 머리를 맞대고 고민해야 할 과제이기도 하다.

「서울 여성 노조」가 만들고 싶은 세상

「서울 여성 노조」가 하고자 하는 일은 한마디로 '여성 노동'이 존중받는 사회를 만드는 것이다. 중요한 것은 제도가 아니라 그것의 운영 과정이며 일 자체보다는 일의 과정이다. 바쁜 말단 여직원을 불러서 일을 시키는 상사가 아니라 직접 와서 일을 요청하는 상사, 임신한 여직원을 위해 간이 침대를 설치해 주는 사업주, 미스라는 호칭 대신에 정중하게 이름을 불러주는 남직원은 얼마나 보기 좋은가?

솔직히 증권사나 은행의 창구에서 몸에 안 맞게 배치된 단말기와 텔러들의 뒷통수를 끊임없이 감시하게 배열된 대리석(席)들, 도무지 일복이라고 하기 어려운 몸매를 드러내는 데 치중한 유니폼들은 한마디로 여성의 노동을 존중하지 않는 우리의 일터를 그대로 드러내고 있는 것이다. 하긴 이런 생각도 우리 현실에서는 아직 사치다. 강간당한 여성이 자살했다고 정조를 지켰다며 칭찬하는 신문 보도가 있는가 하면 수많은 여성 접대부는 상관없고 남성 접대부는 가정을 파탄시킨다며 법으로 금지하는 나라이니 말이다. 일터에서도 여성 노동이 존중받기는커녕 임신한 여성들이 과다 업무에 원격지 발령이 나기 일쑤고 신혼 여행 다녀온 한 여성을 화장실 옆으로 배치한 회사가 있는가 하면 "네가 너무 섹시해서 같이 일할 수 없다"며 성관계를 거절한 여성을 해고한 사업주도 있는 현실이다.

이 사회에서 여성으로, 여성 노동자로 살기 위해서, 최소한 나의 권리를 위해서 내가 할 수 있는 일은 나와 같은 여성을 위한 권리를 위해 고민하고 싸우고자 하는 여성들을 만나고 그들과 함께 하는 것밖에는 없다고 생각한다. 그래서 난 이곳 「서울 여성 노동 조합」에 와서 내 이름을 썼다. 이곳이 나의 아픔과 힘겨움을 알아주고 나의 더 나은 삶을 위해 함께 싸워줄 나의 동지라고 믿기에.

— 어느 조합원의 가입 동기를 적은 글에서

「서울 여성 노조」에는 차별과 억압에 지친 여성들이 목말라 하며 찾아온다. 노동 상담을 한다는 플래카드를 보고 사직서를 쓸 줄 몰라 도와달라는 미화원 아저씨도 오고 미싱사인 부인의 임금 체불 문제로 전화하는 아저씨도 있다. 노조 사무실 가까운 곳에서는 성희롱 문제로 근무 시간에 시간을 빼내 달려오기도 한다. 자신들의 문제를 풀기 위해서 조합에 가입하기도 하고 문제가 해결된 후 가입하는 여성들도 많다. 지금까지 공식적인 교섭으로 나아가진 않았지만 조합원들과 일반 내담자들의 싸움을 지원하고 거의 승리했다. 어느 일용직 기혼 여성이 서울시를 상대로 퇴직금과 미지급 주휴 수당 등을 요구한 싸움은 사실 큰 지방 자치 단체를 상대로 한 선례 없는 싸움이었기에 쉽지 않았지만 해냈다.

아르바이트하다가 얼마 안 되는 돈을 못 받아서 찾아 온 학생이 돈을 받게 됐을 때 우리는 어느 때보다 기뻐했다. 아직 어린 나이에 당당히 자기 권리를 찾는 모습이 좋았기 때문이다.

꿋꿋한 독신, 그리고 함께

현재 우리는 조직 강화와 교육, 상담, 연대 활동을 중심으로 일상 활동을 하고 있다. 조직 강화를 위해 거리에서 홍보를 하거나 통신을 이용하고 있고 교육은 신입 조합원 교육, 조합원들의 자질 향상을 위한 토요 강좌, 여성 노동자들을 위한 대중 강좌, "누가 노동에 남녀를 나누는가" 등을 진행하고 있고 4월에 창간한 월간 뉴스레터, 「바로 지금」에 활동 소식과 우리의 활동 방향을 담아가고 있다. 민주 노총, 사회 진보 연대 등과 함께 한미, 한일 투자 협정 반대를 위한 연대 활동도 하고 있다.

앞으로 여성 관련 단체 협약(모성 보호 협약, 성희롱 방지 협약, 동일 노동 동일 임금 협약, 여성 친화적 작업 환경 등 여성 노동자들의 특수 요구를 단체 협약화) 모델 마련과 여성 노동자 교섭 능력 향상 훈련을 계획하고 있다. 교섭 기술 훈련 은 정부와 단체, 사용자와 노동자 사이에만 필요한 것이 아니다. 여성들 사 이에도 직장 내 남녀 사이에도 교섭 기술이 필요하다. 교섭 과정에서 우리는 추가해야 할 정보들을 알게 되고 스스로의 요구 내용을 더 분명하게 만들어 갈 수 있다.

"우리의 저항은 자본만큼이나 초국적이다." 표어가 말해주듯, 국제 연대 의 중요성이 날로 절실해지는 참이라 「서울 여성 노조」는 1999년 6월 24 - 26일 열린 파리 국제 회의에 한국 대표단의 일원으로 참가를 결정했다. 한국 대표단은 그 동안 한미, 한일 투자 협정 반대를 위해 공동의 행동을 취해온 민주 노총, 전국 농민회, 사회 진보 연대, 국제 연대 정책 정보 센터, 전국 학생 연대 회의, 서울 여성 노조의 파견자들로 구성되었다. "다른 세상은 가능하다!"는 희망을 안고 34개의 주제별 혹은 전문가 워크숍이 진행되었 다. 나는 특히 할머니라고 할 수 있는 중노년 여성들의 열정적인 활약에 감동했다. 필리핀의 한 여성 활동가는 "여성에게 정의로운 정부는 세계에 하나도 없다"고 일갈하였는데 아마도 전세계 여성 노동자들의 공통된 처지 가 연대를 더욱 강화시킬 것이다.

「서울 여성 노조」를 비유하자면 결혼하지 않고 꿋꿋하게 홀로 서는 독신 여성이다. 그러나 더불어 함께 하는 일에 주저함은 없다. 여성 노동자의 독 자적인 세력화를 목표로 하는 만큼 우리에게 국내외 여성 운동 단체, 노동 단체들과의 연대는 더욱 필요하다. 그리고 더 많은 여성들이 서울 여성 노조를 자신의 희망을 심는 곳, 여성 해방구로 만들어 나가기를 원한다.

「서울 여성 노조」에 참가하려면

독자 중에는 작은 사무실에서 일하거나 임시직으로 일하면서 자신이 노동조합에 가입할 수도 있다는 생각을 아예 못해 본 분들도 있을 것이다. 나 역시 나의 부모님과 마찬가지로 어떤 방식으로든 일하지 않고는 살아갈 수 없는 노동자였지만 노동 조합의 조합원이 될 수 있다는 생각은 못했었다. 그만큼 우리 나라는 기업별 노조가 노조의 전형인 것처럼 인식되었기 때문일 것이다. 임시직으로 아르바이트로 떠돌면서 느꼈던, 성차별적이고 부당하기만 한 이 사회에 대해 좌절감만큼의 무기력감을 느끼다 나는 운좋게 여성 노동운동에 투신할 기회를 얻었던 셈이다. 그러나 10여 년간 상담과 지원 활동을 하면서 느낀 것은 나 자신이 가장 열악한 처지의 노동자이면서 스스로를 대변하지 못하는 갈증이었다.

나의 어린 시절의 친구들은 국민학교를 졸업하자마자 마산 수출 자유 지역으로, 부산 신발 공장으로, 가리봉동의 미싱사로 힘겨운 노동자 생활을 시작했었다. 내가 10여 년간 활동했던 「여성 민우회」에서도 가장 가깝게 느꼈던 사람들은 여전히 지하 셋방에서 살면서도 작은 월급을 쪼개 가족을 부양해야 하는, 돈이 없어 못 배우고, 못 배워서 번듯한 대기업에는 취업도 못하고, 영세 기업이니 월급이 작고, 월급이 작으니 목돈 마련은 아예 생각도 못하는 그런 여성 노동자들이었다.

우리들 스스로 노조를 만들어 우리들 스스로의 문제를 풀어가자고 했을 때 우리 앞에 걸려 있는 많은 장애물들은 마땅히 넘어야 할 산이었다. 언제나 여성이기 때문에, 임시직이기 때문에 혹은 학습지 방문 교사나 보험 설계사가 노동자로 인정받지 못하기 때문에 주변부 인생으로 치부된 우리들이 당당한 노동자임을 선언하게 된 사실에 기뻐했다.

「서울 여성 노조」를 처음 만든 우리들은 우리의 조직을 자신의 것으로 느끼지만 자신만의 것으로는 생각하지 않는다. 수많은 후원 회원들과 마음 속으로 여성 노조가 발전해 나가기를 원하는 많은 여성들이 함께 만든 조직이기 때문이다. 당연히 서울 여성 노조에는 담장이 없다. 일하는 여성이면 누구나 참가할 수 있고 여성 실업자들도 당당히 참여할 수 있다. 다만, 자신의 직장에 노조가 있고 그 노조의 가입 대상인 여성들은 노동 조합법상 2002년 1월 1일부터 가입이 가능하다. 그러나 노동 조합 가입 대상이 아닌 임시직, 파트타이머, 파견직 여성들은 언제든지 가입해서 활동할 수 있고 자신들의 문제를 조합을 통해 해결해 나갈 수 있다. 가입 절차는 매우 간단한데 전화나 방문을 통해 가입 의사를 밝히고 가입서를 작성하면 된다. 노조에 가입하지 않더라도 언제든지 상담은 가능하고 전화나 방문, 이메일 등 다양한 방법으로 상담할 수 있다.

「서울 여성 노조」를 후원하려면

만든 사람들의 처지가 열악한 만큼 「서울 여성 노조」의 재정도 꾸려 나가기가 힘겹고 조합비만으로 운영해 나가려면 시간이 많이 필요할 것 같다. 다행히 개미 군단 후원자들의 도움으로 사무실을 얻고 뜻있는 단체 활동가들과 여학생들의 도움으로 재정 사업도 하여 우리의 뉴스레터를 전국 각지에 무료 배포하고 있다. 후원 의사를 밝히는 분들에게는 어느 때보다 부지런히(?) 편지를 쓰고 뉴스레터를 보내 드린다. 후원을 받는 방법은 다양한데 매월 얼마씩, 혹은 한꺼번에 일정액을 받는데 액수는 정해져 있지 않다. 그리고 후원 회원들은 원하는 경우 워크숍, 강좌 등 노조 활동에 언제든지 참여할 수 있고 재정 상황에 대한 보고를 받을 수 있다. 후원의 또 다른 방법은 활동에 참가하는 방법이다. 「서울 여성 노조」에는 미래의 조합원인 여학생

들이 함께 활동하고 있는데 스스로를 '해방지기'라고 부른다. 전문가, 연구
자들도 활동에 대한 조언이나 연구팀에 참여하고 있다.

■ 정양희 — 여성 노동자들을 만나고 상담하고 싸우기를 13년째 하고 있다. 부당한 대우를 받은
여성들을 보면 당사자보다 더 분노하고 싸움의 에너지가 솟아난다. 그래서 여성 노동 운동이 천직
이라고 생각할 때가 많다. 현재 서울 여성 노동 조합의 위원장직을 맡아 열심히 터닦기를 하고
있는 중이다.
서울 여성 노동 조합 swtu@chollian.net 서울시 서대문구 충정로2가 74번지 ☎ (02)365-6594~5
팩스 (02)365-6515

두 여자가 시작한 「나와 우리」

김현아

자유로웠다. 생전 처음 가보는 유럽의
낯선 광장 혹은 아프리카의 평원 위에
나를 풀어놓으면, 물처럼 흐르며 나를
통과하던 시간, 기억할 수 없는 시원으로부터
시작되어 한순간도 멈춘 적 없는 오랜 흐름이
내 눈과 코와 팔과 다리를 지나갈 때, 내 영혼이
아무런 저항 없이 그 시간의 수파 속에 잠길 때,
살 속을 파고드는 살아 있음의 느낌. 그것은
기쁨도 슬픔도 아닌 내 존재에 대한 목 메인
확인이었다. 여행은 20대 후반 내 삶의 주요한 한 부분을
차지했고, 그 속에서 나는 자유로웠다. 지구의 구심이 나를 놓아주기만 한다
면 아주 멀리, 갈 수 있을 것 같았다. 한번도 꿈 꾼 적 없는 먼 곳으로. 그러나
내가 아주 멀리 나아가려고 할 때 내 속의 나에게 말을 걸어오는 이, 뒤
한번 돌아보지 않고 강을 건너려 할 때 '공무도하 공경도하' 애절한 노래를
부르는 이, 그것은 80년대였다.

아프리카의 나이로비 호수, 몸도 마음도 아아, 한정없이 자유로워 빗속에서 춤을 추면 내 마음은 나에게 물어왔다.

"그때, 회색인의 절망을 이겨내지 못하고 한강에 투신했던 그이도 살아남았다면, 살아남기만 했다면 오늘 이 자리에 있지 않았을까? 이 자유는 내 것인가. 나는 이토록 자유로워도 되는가?"

가장 자유로울 때, 가장 행복할 때 80년대는 그 자유가 진정 네 것이냐고 물어왔다.

"내 여행은 내 인생에서 무엇이 되어야 하는가?"

나는 여행길에서 만난 많은 사람들의 이야기를 하고 싶었다. 내가 보았던, 내게 고민을 안겨주었던 문제들(제3세계의 가난과 빈곤, 환경, 아직도 제 2의 성으로 남아 있는 여성, 문명과 인류의 미래)을 이제는 내 삶 속에서 풀어야 할 때라고 생각했다.

일상에서 나는 아이들에게 글짓기와 논술을 가르치고 있었다. 책을 읽고 글을 쓰고 영화를 보면서. 청계 피복 노동 조합 문학반 일도 그만둔 상태였다. 충만하였지만, 마음 한구석은 늘 불편하였다. 그건 아마도 인생을 살아가는 방식에 대해 내 나름대로 규정한 부분을 다하고 있지 못하는 데서 기인한 불편함이었으리라. 나는 늘 인생에서 두 바퀴를 굴려야 한다고 생각했다. 한 바퀴는 내가 하고 싶은 일, 나머지 한 바퀴는 내가 해야 하는 일(이 시대, 이 땅에 태어난 인연으로 역사적, 사회적 배경을 읽어 내고 그 속에서 내가 꼭 해야만 하는 일). 지금 나는 내가 하고 싶은 일들은 하고 있지만, 해야 하는 일들은 과연 하고 있는가?

이런 고민을 하던 중에 그녀를 만났다. 나른한 봄이었고 인사동에서였다. 「산타페 가는 길」에서 우리는 몇 가지 이야기를 나누었고 바로 의견의 합일을 보았다. 함께 가꾸고 나누는 열린 네트워크 「나와 우리」는 그렇게 만들어졌다.

「나와 우리」는

1. '개인'과 '공동체'를 연결하는 매개고리의 역할, 특히 후기 산업 자본주의 사회에 살고 있는 소외된 개인들이 고립감과 무력감을 극복하고 건강한 시민 사회의 주체로 설 수 있는 장이 되고자 한다.

2. 우리 사회의 소외된 이웃들과 만나고자 한다. 특히 장애인, 외국인 노동자, 정신대 할머니들과 '답사'라는 형식을 통해 서로를 이해하는 과정을 갖고, 사회의 편견과 차별에 맞서나갈 수 있는 방법을 모색한다.

3. 1의 확장된 개념으로 지구촌 속에서 한국의 역할에 대해 생각한다. 80년대 후반까지 우리는 다른 나라들의 기아와 내전과 그로 인한 난민 문제에 관심을 가질 여력이 없었다. 그러나 지구촌이 하나의 네트워크로 형성되어 더욱 가까워진 이때, 우리 역시 지구촌의 다른 이웃들의 고민과 문제를 함께 풀어나가는 데 일익을 담당해야 한다. 그것은 '지구'라는 공동체의 일원으로 사는 '나'와 '우리'의 권리이자 의무이다. 특히 우리와 역사적 관련이 있는 베트남과 중앙 아시아, 그리고 기아와 질병에 시달리는 아프리카와 네트워크를 형성하여 서로를 이해할 수 있는 토대를 마련하고 공동의 문제를 함께 풀어갈 수 있는 방법을 모색한다.

그날 이후 우리는 꿈을 실현해 나갔다. 자료를 모으고, 사전 답사를 다니고, 인터뷰를 하면서 우리가 하고자 하는 일에 대한 내용적 기반들을 마련해 갔다. 그리고 황학동 시장을 돌며 책상을 사고 의자를 사고 살림살이를 장만하며 우리의 보금자리를 준비했다. 내몽고에서 온 조선족 아주머니가 사기당한 이야기를 인터뷰하고는 밤새 한잠도 못 자고 끙끙 앓기도 하고(그 아주머니의 기막힌 사연이 내 세포 하나하나마다 스며들었던 모양이다), 쨍쨍 내리쬐는 햇볕 사이로 물건을 사러 다닐 때는 힘이 들기도 했지만, 행복했다. 이 행복은 다른 사람들에게도 전염되어 「나와 우리」를 함께 해나갈 사람들도 한 사람 두 사람 모이기 시작했다. 1년여의 준비 작업을 마치고 1998년 5월

20일 「나와 우리」는 마침내 가회동, 오래된 목조 건물의 2층에 문을 열었다.

일

위안부할머니와 함께 단풍놀이를

'위안부 할머니들과의 단풍놀이' 기획 의도는 그야말로 단풍놀이 가서 하루를 즐겁게 놀다오는 것이었다. 매주 수요일마다 일본 대사관 앞에서 벌이는 수요 데모, 여러 매체들과의 인터뷰, '나눔의 집'과 '일본 군위안부 역사관'을 방문하는 사람들에게 증언하기… 할머니들의 일정도 빡빡하다. 물론 역사의 증언은 필요한 것이지만, 할머니 한 개인에게 이 일은 기억하기도 끔찍한 이야기들을 몇 번씩 반복해야 하는 일이기도 하다. 누군가 한 개인에게 성폭행 당한 이야기를 계속하라고 한다면 그 피해자는 얼마나 괴롭겠는가. 그래서 그저 이 좋은 가을날 만사 잊고 저 산의 붉은 단풍이나 보러 가자고 할머니들을 모시는 자리였다.

아담하고 소박한 계룡산의 단풍은 제철이고, 동학사의 비구니 스님들은 가을 준비에 바쁜 듯하다. 동학사 쪽의 배려로 뜨뜻한 지대방에서 스님들이 차려주신 정갈한 밥상을 받으니 등 따시고 배불러 이승에서의 하루가 잠시 기쁘다.

유난히 붉은 단풍 아래서 할머니들, 모두 폼을 재고 사진 한 장씩 찍으시고 갑사로 넘어간다. 갑사에 도착하니 할머니들은 모두 갑사보다 갑사 앞에서 파는 토란대며 밤이며 대추며 지팡이에 관심이 많으시다. 다리도 아프고 절은 하나 봤으니 갑사는 안 가시겠다는 할머니들을 위해 음식점 방 하나를 잡아드리고 젊은 것들만 갑사에 올라간다. 내려오니 백일주를 한 잔씩 하신 할머니들이 기분이 좋으시다. 돌아오는 차 안은 달리는 노래방. 아직도 목청 고우신 할머니들이 모두 한 곡씩 뽑으신다. 한참 노래를 듣다 보니 가슴이 꽉 막힌다. 이 할머니들에게도 '천년을 두고 맹세한 사랑'도 있었을 것이고,

'오지 않을 그 사람'을 기다려 수많은 밤을 지새우기도 하셨을 것이다. 긴 인생길에서 애틋한 사랑에 목이 메기도 하셨을 것이고, 술장사하고 누에고치 키우면서도 인생이 흥성한 시절이 있었으리라. 혹시 우리는 이 할머니들을 그저 '위안부'라는 '대상'으로만 바라보는 것은 아닐까. 한 여성으로, 한 인간으로 굽이굽이 험난한 인생길을 따라걷다 이제는 돌아와 단풍나무 아래 선 할머니들. 어둑어둑해져 「나눔의 집」에 도착하니 할머니들은 "아이구, 내 집이 제일 좋다" 하신다.

할머니, 내년 봄 꽃구경 갈 때까지 건강하세요.

「나와 우리」가 꿈꾸는 공간

1998년 12월 4일, 「나와 우리」 사랑방에서는 중요한 대책 회의가 열렸다. 사무실 이전을 위한 대책을 마련하기 위해 양만석, 유연, 이현숙, 전재용 님과 두 지킴이가 머리를 맞대고 앉았다. 지금의 공간이 여러 가지로 작다는 공감에서, 게스트하우스와 제3세계 숍을 하겠다는 「나와 우리」의 비전이 맞물려 공간 문제가 제기되었고, 마침 적당한 집이 나와 어떻게 이 집과 인연을 만들 것인가 하는 문제를 풀기 위한 자리였다. 가장 합리적이고 이상적인 대안은 공동 출자가 아닌가 하는 지킴이들의 의견이 수렴된 것은 「나와 우리」가 더 이상 두 지킴이의 공간이 아니라 회원 모두가 함께 하는, 모두가 주인이 되는 시민 단체가 되어야 한다는 바람이기도 했을 것이다. 어쨌든 이날 공간 이전을 위한 대강의 윤곽이 잡혔다. 출자와 후원의 형식으로 회원들이 참여할 수 있는 길을 열고, 출자는 한 구좌에 100만 원으로 한다는 것, 출자하신 분께는 언어 교실 수강시 할인 혜택과 회의 공간 제공, 지방이나 해외 친지분들이 오셨을 때 숙박 제공 등을 한다는 것이 결정되었다. 이밖에 돌려보고 싶은 책이나 의자, 책상 등 물품도 후원을 받기로 했다. 이번 일을 진행하면서 「나와 우리」 두 지킴이는 마음이 따스해져옴을 느꼈다. 회원분들이 보여 주신 따사로운 관심과 애정, 걱정은 세상 사는 일이 때로는 마음이 환해지는 것이구나 하는 느낌을 주었다. 「나와 우리」는 다짐해 본다. 「나와 우리」는 바로 이런 공간이 되어야겠다고. 직장과 집이 아닌 제3의 공간, 잃어버렸던 꿈과 사랑을 이야기하고 나눌 수 있는 장소, 힘들고 지치면 언제라도 삐그덕 대문을 열고 몸과 마음을 뉘였다 갈 수 있는 편안한 안식처, 세상의 많은 사람들과 소중한 삶의 경험을 나누는 마당.

「나와 우리」는 뭘까? 뭐길래 사람들은 자신들이 가진 것을 선뜻 내놓을까? 사람과 사람 사이의 징검다리? 모두가 섬인 개개의 존재들의 심연을 오가는 돛단배? 글쎄, 어쨌든 「나와 우리」는 이사를 가게 됐다. 모두들 지금 「나와 우리」의 따스하고 오밀조밀한 분위기를 사랑한다. 이사 가서도 요런 분위기가 그대로 지속됐으면 좋겠다고 다들 말한다. 회원들의 바람이니 잘 새겨들어야겠지.

외국인 노동자와 함께 여는 장터

아침에 일어나 창을 여니 상큼한 햇살 한 자락이 얼른 뛰어들어 온다. 그럼 그렇지. 「나와 우리」의 중요한 행사날인데.

사무실에 도착하니 재미동포 진경은 오늘 팔 빵을 만드느라 분주하고 그저께 도착한 재일동포 친구들(한일 청년 포럼 관계로 「나와 우리」에 묵고 있는 '한청련' 팀)은 아침을 먹고 있다.

장마당은 아직 서지도 않았는데 첫손님이 들이닥친다. 진경 씨가 만든 빵을 개시해 주고, 나중에 들르겠다며 가신다. '한청련' 친구들이 지하철 입구에서부터 사무실 입구까지 포스터를 붙이고 마당으로 책상을 내는 일을 도와준다. 이런저런 준비 작업을 하다 문을 드르륵 여니 쓰레기통 옆에 한 외국인 청년이 오도카니 서 있다. 옆으로 앰프며 뭐며 있는 걸로 봐서 '부천 외국인 노동자의 집'에서 온 모양이다.

"부천에서 오셨어요?"

"네."

"아이고, 그럼 들어오세요."

세상에, 왔으면 들어올 일이지. 수줍게 웃으며 사무실로 들어온다. 이어서 「부천 외국인 노동자의 집」 이란주 간사와 부천 식구들(네팔, 미얀마 친구들)이, 좀 있다가 성미영 간사님이 스리랑카, 파키스탄 친구들과 함께 온다. 모두들 음식을 장만해 오느라 짐이 보통이 아니다. 주방은 금세 네 나라의 음식 향기로 다국적 공간이 된다. 테이블을 네 개 내다놓고 음식들을 펼쳐놓자 장마당 분위기가 난다. 뒤이어 존국 씨도 와서 터를 잡고 떡볶이를 준비하고, 그룹 유레카(「부천 외국인 노동자의 집」을 중심으로 결성된 다국적 밴드)의 공연도 시작된다. 함께 답사 갔던 베트남 친구들도 오고 방글라데시 친구들도 온다. 얼굴이 더 빵빵해진 미얀마 청년 칸은 미얀마 물건들을 진열해서 팔기 시작하고 네팔 친구들도 물건을 예쁘게 진열한다. 「네팔 공동체」의 대표와 인사도 나눈다. 바람이 불어 모래가 날려서 비닐을 깔고 무대를 설치한다. 미얀마 친구들과 네팔 친구들이 척척 알아서 일을 한다. 근데 날씨가 점점 추워진다. 5시에 하려던 공연을 1시간 앞당겨 4시에 한다. 야시시한 네팔춤 공연에 이어 파키스탄의 재미난 춤, 전통 노래를 불러달라고 부탁했는데 '녹색지대' 노래를 '녹색지대'보다 더 잘 부르는 네팔의 남성 듀오. 막간을 이용해 수진이 인도 노래 한 곡 하고, 베트남 친구들은 준비는 안 했지만 즉석에서 한 곡. 가장 완벽한 의상을 준비한 미얀마 춤꾼은 친구들의 추임새에 맞추어 한판 춤을 춘다. 우리가 모르는 나름의 약속이 춤꾼과 관객 사이에 있어, 관객들이 우리 나라의 추임새에 해당하는 부분을 크게 이야기하며 흥을 돋구는 동안 춤꾼은 약간 쉬는 듯한 제스처를 취하는 것이 그들의 춤. 모두 한바탕 춤과 노래를 하자 '자연의 벗' 이지은 사장님이 '오기'가 난다며 나와서 춤 한 자락, 밀양 아리랑 가락에 맞춰. 이렇게 한판 놀고 나니

파장 분위기. 장마당엔 어둑어둑 어둠이 내리기 시작하고, 가설 무대도 좌판
도 거두어들이기 시작한다.

이제 잔치는 끝이 났다. 네팔 사람, 미얀마 사람, 스리랑카 사람, 파키스탄
사람, 베트남 사람, 방글라데시 사람, 일본 사람, 미국 사람, 한국 사람들이
모여 시끌대던 마당에 별빛이 내려앉고, 가지가지 다양한 말들은 모래 아래
쌓이고, 국적 다른 웃음들은 나뭇가지에 걸려 있다. 앞으로 「나와 우리」에
는 얼마나 많은 이야기들이 쌓일까. 지나간 이야기들은 썩어 두엄자리가 되
고, 그 두엄을 먹고 자란 나무들은 수많은 사연들을 가지로, 잎으로 만들어
내겠지. 때로 우리 그 나무 아래 누워 삶의 고단함 잠시 잊고 즐거울까. 아,
마당에 장독을 몇 개 더 묻어야겠다. 그래서 세상의 온갖 이야기들을 차곡차
곡 쟁여 오랜 시간 삭이고 삭여야지. 먼 훗날에 문득 오늘이 그리운 날, 칭칭
묶어 두었던 뚜껑을 열면 오래 곰삭은 이야기에선 무슨 향기가 날까. 그때
꺼내어 맛있는 음식을 해먹을까, 차를 끓여 마실까.

뒷마당에서

이즈음의 즐거움 중의 하나는 「나와 우리」 뒷마당에 나가보는 일이다. 하얀
수선화와 작약이 바람에 하늘거리고 보라빛 붓꽃은 담장 밑에서 청초하다.
꽃은 이미 졌지만 하늘매발톱을 들여다보는 것도 즐겁고, 이제 마악 심어
놓은 둥글레가 얼마나 자랐나 눈맞춰 보는 재미도 쏠쏠하다. 또 아직은 연한
상치와 쑥갓을 한 바구니 솎아다가 한입 가득 쌈을 싸먹거나, 복작복작 된장
을 끓여서 고추장을 넣고 척척 비벼먹는 맛은 또 어떻고. 해가 지고 어둠이
찾아오기 전 호스를 길게 풀어 물을 주면 땅에서 올라오는 흙내음, 아아
마음의 향내가 있다면 바로 이 냄새가 아닐까.

참으로 숨가쁘게 달려왔다. 지난 1년, 어쩌면 나는 지금까지 내 인생에서
만났던 사람들보다 더 많은 사람을 만났는지도 모른다. 그리고 그들과 함께

△ 베트남 답사 여행에서 푹록 마을 주민들과. 푹록 마을은 베트남 전쟁 때 한국군에 의한 민간인 희생 지역이다.

▽ 「나와 우리」 회원들의 즐거운 한때.

울고 웃으며 '나'와 '우리'의 이야기를 만들었다. 이제 「나와 우리」는 재정비에 들어간다. 지난 1년이 한국 사회에서 시민 운동 단체를 하기 위한 포맷을 한 단계라면 이제는 업그레이드를 해야 할 시점이다. 「나와 우리」에 돈과 몸과 마음을 내는 회원들에게 「나와 우리」는 과연 무엇이어야 하는지, 단순히 사적인 관계의 그물망이 아니라 진정한 '시민 운동 단체'로 가려 한다면 우리는 무엇을 반성하고 점검하고 바라보아야 하는가? 한국이라는 사회 속에서 시민 운동 단체로서의 역할 — 한국 사회를 어떠한 관점으로 어떻게 바라보고, 비판해 내고, 대안을 제시하는가에 대한 분명한 고민이 있어야 한다 — 을 충분히 해낼 의지와 조직력을 가졌는가? 다시 한번 「나와 우리」의 정체성부터 고민하고 이제는 그 정체성에 맞는 옷을 입어야 한다. 지금까지 두 대표에 의해서 많은 부분들이 진행되었다면 앞으로는 회원들이 참여할 수 있는 장을 좀더 넓혀 나가야 한다. 일회적, 즉자적인 회원 참여 방식을 지양하고 회원으로서의 의무감을 유도해 내야 한다는 의견과, 회원들의 의사가 더 잘 반영될 수 있는 시스템 마련의 필요성도 제기되었다. 「나와 우리」 구조의 민주성에 대한 이야기도 나왔다.

비판은 얼마나 뼈아픈가? 그러나 옳은 비판은 또 얼마나 건설적인가? 나는 지난 1년 활동가의 자세에 대해 진지하게 한번이라도 고민을 했는가? 내 편의주의로만 생각해 회원들을 대하지는 않았는지?

베트남을 다녀온 그날부터 하루도 빠짐없이 「나와 우리」에 대한 평가와 반성과 대안을 내는 작업을 하고 있다. 「나와 우리」의 문제와 고민해야 할 점들이 지적되고 이것을 어떻게 극복할 것인가 또한 이야기되고 있다. 그런 일들을 진행하며 나는 참 행복하다. 이렇게 이쁜 사람들과 이런 이야기를 나눌 수 있다는 것이. 나는 정말 자랑하고 싶다. 「나와 우리」 회원들이 얼마나 개성이 강하면서도 아름다운 사람들인가를. 나는 이들과 더불어 앞으로도 일할 것이다. 일만 하는 것이 아니라 이들과 더불어 인생을 즐기고 싶다.

한국 사회를 올바로 읽어 내고 건강한 시민 사회를 만들어 내기 위해서 우리가 어떤 모습으로 어떤 목소리를 내야 하는가에 대해서 함께 고민하고, 지구촌의 소유와 분배에 대해서도 고민하겠지만, 나는 이들과 산에도 가고 탁구도 치고 사소한 연애의 즐거움에 대해서도 말하리라. 산뻐꾹이의 울음소리를 들으러 함께 가는 길목에서는 인생의 굽이마다 부딪쳤던 절망과 고통에 대한 이야기도 나누리라. 때로 눈물도 흘리겠지만 지나가던 바람이 씻어가겠지. 그러면 나는 네 뺨에 입맞춰야지. 아직 눈물자국 따뜻한.

몸

처음 시작하는 시민 단체, 일을 하다 보면 열두 시를 넘기는 건 기본이고, 단체의 성격상 토요일과 일요일에 행사가 많다 보니 주말에도 쉬지 못했다. 답사를 갔다 와서도 사무실에 들러 뒤풀이를 하고 월요일에 출근하는 시스템으로 1년을 살았다.

99년 4월부터 5월까지의 베트남 답사, 가기 전에 행자부에 프로젝트를 내는 일로 몸은 이미 녹초가 되어 있었다. 여행의 중반부쯤, 갑자기 눈물이 났다. 내 몸에서 빠져 나와 몸을 바라보면 몸이 얼마나 최선을 다하고 있는지가 보였다. 마음이 하고 싶은 만큼, 영혼의 욕심이 채워질 만큼 다 해주고 싶어서 각혈을 하는 몸. 애잔하고 안쓰러웠다. 물론 또 생리 주기는 파괴되고 몸은 바닥으로 자꾸 가라앉았다. 여성의 정신은 여성의 몸과 독자적으로 따로 존재할 수 없다는 것을 다시 한번 깨닫게 된다.

몸에 대해 처음으로 생각하게 된 건 중국 여행에서였다. 처음으로 간 외국 여행, 생리를 한 지 열흘쯤 지난 뒤라 아무런 준비 없이 간 여행, 도착한 지 사흘만에 생리를 했다. 낯선 언어와 풍경, 외국이라는 들뜸을 민감하게 받아들인 건 마음보다 몸이 먼저였다. 처음으로 몸이 눈에 보였다. 그 이후로 종종 몸에서 빠져 나와 순환을 횡단하는(루 살로메 식 표현) 내 몸을 보기도 하고, 내 몸의 구조와 내밀한 리듬에 대해 생각하기도 한다. 이번 여행에서도 내 몸은 조화와 균형이 깨지고 소외당하고 있었다.

그럼에도 불구하고 하룻밤 푹 쉬어 주면 겸손한 몸은 다시 먼 길 떠날 채비를 먼저 했다. 할 수만 있다면 몸은 그저 이 침대에 눕혀 놓고 마음만 갔다오련만 마음이란 것이 언제 한번 저 혼자 움직인 적 있던가? 그래 놓고 온갖 잘난 척은 혼자 다하는 것이 그 마음이란 놈이다.

내 정신이 얼마나 오만하고 불손한지, 얼마나 이기적이고 독재를 꿈꾸는지 때로 나는 느낀다. 정신은 몸에 대해 이토록 오만할 수 있는 근거가 무엇인지 나는 때때로 묻곤 한다.

「나와 우리」를 1년만 하고 말 것처럼 일했는지 모른다. 내 몸이 얼마나 내 정신을 사랑하는지 이제 내 영혼도 알아야 한다. 이 나이가 되어 나는 비로소 내 몸을 사랑한다. 손과 발과 어깨와 허리, 눈과 코와 입과 귀와 자궁.

다시 한번 몸이 원하는 대로 살자고 마음을 모아 본다. 내 몸을 사랑한다는 것은 내 몸 저 깊숙이 있는 창조적 에너지의 원천을 목격하고 싶다는 것이기도 하다.

마음

처음 「나와 우리」를 하겠다고 했을 때 나를 아는 한 선생님이 나에게 가장 먼저 물어오신 건 글에 관한 것이었다.

"그 일을 하면서 글을 쓸 수 있겠어요?"

"물론"

이라고 대답했던가? 글은 현실의 반영이자 사회의 거울이라고 생각했으므로. 그러나 왜 그 선생님이 다른 질문이 아니라 가장 먼저 그 질문을 하셨는지를 깨닫게 되는 데는 많은 시간이 흐르지 않았다. 작년 1년 나는 겨우 초고시 몇 편을 썼을 뿐이고, 올해에는 아직 한 편도 쓰지 못했으므로.

내 머리 속은 언제나 「나와 우리」의 일로 가득 차 있다. 아침에 눈을 뜨면서부터 저녁에 눈을 감기까지. 생각해 보면 내가 광고 회사 일을 그만둔 것도 이것 때문이었다. 대학을 졸업하면서 나는 광고 회사의 카피라이터로 취직을 했다. 그런데 이 카피라이터라는 직업은 회사일과 사적인 일이 분리가 되지 않았다. 예를 들어 라면을 광고하려면 끝날 때까지 내 머리 속은 온통 라면에 대한 생각뿐이었다. 회사에 있는 동안만이 아니라 퇴근을 하고 나서도, 친구를 만나면서도, 밥을 먹으면서도 무의식중에 나는 계속 라면을 생각하고 있었다. 그래서 나는 아무런 미련 없이 그 직업을 그만두었다. 나름대로 매력 있긴 했지만 내 정신을 온통 점유하고 있는 그 자본주의적 괴물이 싫었다.

그런데 지금 「나와 우리」 일은 그때와 상황이 비슷하다. 지난 1년 나는 세미나를 위해서 꼭 읽어야 하는 책이 아니면 읽을 수 없었고, 영화관에 가본 것도 기억이 나지 않는다. (가장 최근에 「더 월」을 본 적이 있다. 그러나 더 비극적인 건 이 영화를 보면서 깜박깜박 졸았다는 것이다. 「더 월」은 멜로 영화가 아니다. 계속 충격적인 장면이 나오는 실험적인 영화였으므로 평소의 나 같으면 온 신경이 다 집중되어 봤을 영화다.) 조조 영화를 혼자 보는 것이 삶의 커다란 즐거움 중의 하나였는데 이제 그 즐거움도 사라져 버린 것이다. 그리고 내가 좋아하는 스킨 스쿠버는 지난 1년 한번도 가지 못했다.

마음의 갈등이 어찌 없으랴. 미련 없이 그만두어야 하는 시점인지도 모른다. 그러나 나는 이 일을 미련 없이 그만두고 싶지는 않다. 왜냐하면 미련이 많으니까. 다만 이 시스템을 좀 바꿔야겠다. 처음 시작할 때 내 파트너와 나는 시스템을 안정시키는 데 1년을 생각했다. 즉 1년을 살아보면서 일의 경중완급을 조절해서 1년이 지나면 두 사람이 다 상근을 하지 않아도 되는 시스템으로 가자고 이야기를 했다. 그러나 막상 일을 하다보니 일은 점점 더 많아지기만 한다. 일에게 먹히느냐, 일을 사로잡느냐, 나는 지금 그 기로에 섰다.

쨍그랑하고 부딪치는 세상의 한 단면을 포착하여 이야기를 만들고 싶은데 운영회의 자료를 준비하는 나 자신을 보는 건 슬픈 일이다. 좀더 부지런을 떤다거나 잠을 줄여서 될 문제는 아니다. 기본적으로 마음의 여유가 좀 있어야 하고, 집중할 수 있는 시간이 필요하다. 「나와 우리」 일을 하면서 나는 비로소 내가 얼마나 읽고 쓰는 일을 사랑하는지 깨닫게 되었다. 이 마음의 갈등은 오래 가겠지. 그럴 때마다 그 선생님이 했던 말을 떠올린다.

"어쩔 수 없어요. 이건 당신이 선택을 한 일이니까. 이제부터 당신은 당신이 하는 모든 일을 글로 만들어 내세요. 그래야지만 당신은 앞으로 글을 쓸 수 있어요."

아침에 일어났을 때 내 머리 속을 관통하는 하나의 문장을 나, 오늘도 꿈꾼다.

운동

그때 마당으로 감꽃이 떨어졌나.

"넌 운동이 뭐라고 생각하니?"

라고 그녀가 물었을 때.

비 갠 오후, 나팔꽃이 줄기를 따라 넝쿨넝쿨 올라가다 문득 우릴 쳐다보고 잠깐 웃었나.

13년만에 다시 들어보는 질문 앞에 나, 가슴이 쿵 내려앉았나.

그녀, 잠시 웃었나. 그녀의 웃음 위로 깻잎 향기 번졌나.

잠시 생각하다, 나 13년 전에 했던 말을 다시 한다.

"운동, 인간을 인간답게 살아가지 못하게 하는 것과 싸워 나가는 것."

그녀, 고개를 끄덕였나.

"그래, 그리고 그건 움직임이지, 끊임없는 움직임."

버스를 탄다. 인간답다는 것은 무엇일까. 무엇이 인간다움일까.

완벽한 독립성과 철저한 상호 지원.

인간은 무리 지어 살아갈 수밖에 없었다. 날카로운 발톱도, 도망갈 빠른 발도, 나무를 탈 수 있는 민첩함도, 상대의 목숨을 단숨에 끊어버릴 칼날 같은 이빨도 없이 황량한 벌판, 위험스런 풀숲에서 인간이 선택할 수 있던 건 무리 짓는 것이었으리라. 서로 모여 외부로부터의 침입에 공동 방어 작전을 펴고 사냥도 공동 전선을 형성했으리라. 그러나 그 무리 속에서 인간은 또 늘 혼자이고 싶고, 독립적인 인격체이고 싶고, 자기만의 방을 필요로 했다. 인간의 한계이자, 특성이자, 가능성이기도 한 부분.

인간다움이란 한 개인의 인격에 대해 최대한의 독립성을 부여하되 철저하게 상호 지원하는 것이 아닐까. 조직도 마찬가지다. 조직의 처음, 동기를 꼼꼼히 따져보면 한 개인을 배려하기 위해서다. 개인의 자발성과 창의력을 최대한 존중하고 아끼고 지원하는 것. 이런 것들이 존중되지 않는 조직이라면, 구조라면 그것들을 깨부수는 것. 그것이 인간다움이라고 나, 생각한다. 어쩌면 표범이 그처럼 고고하게 보이는 건 자신의 힘만으로 정글에서 충분히 살 수 있기 때문일 거야. 언제나 어정쩡한, 한 발은 사회적 의미에, 한 발은 나 자신에게, 두는 이 어정쩡함. 그러나 어쩌리. 태생적 한계인 것을, 종의 한계인 것을. 그렇다면 인간답다라는 것은 이 어정쩡함에 대해 함께 고민하는 거지.

무리(사회) 속에서 해악을 끼치지 않는다면 그 사람의 개성과 창발성을 최대한 존중해 주는 것, 그것이 곧 운동이리라. 해악이라는 말의 규정과 의미는 시대와 환경에 따라 달라지는 것이라고 말하고 싶지만 그런 것들을 넘어선 가장 기본적인 것, 즉 종의 절멸로 향해 가지 않는 것 정도면 되겠다. 사실 도둑질을 하거나 사기를 치거나 심지어 살인을 하는 것조차도 환경을 오염시키는 것에 비해서는 전인류적 차원에서 보자면 새 발의 피다. 어떻게 보면 인류에게 가장 해악을 끼치는 건 종의 절멸로 가는 것이다. 모든 생명체의 꿈은 유전자의 전이다. 내 유전자를 다음 세대에게 이어주는 것. 나는 언젠가는 인류라는 종도 흔적도 없이 사라질 것임을 믿는다. 누가 그 시기를 앞당기느냐에 대한 정확한 고찰은 또 다른 종이 인류의 기원과 절멸을 이해하는 데 도움이 될 것이다. 우리가 지금 공룡은 왜 사라졌는가를 놓고 설왕설래 하는 것처럼 먼 훗날, 인류가 아닌 또 다른 종이 인류는 왜 사라졌는가를 놓고 이야기할 때 환경 오염은 몇 가지 주요 원인에 해당될 것이다.

이 땅의 노동자들은 존엄의 대상이 되지 못했고 장애인, 외국인 노동자도 마찬가지다. 그래서 우리는, 아니 나는, 무엇이 이런 집단들을 소외시키고 자신의 정체성에 대해 회의하도록 만드는지 그 실체를 눈앞에 드러내고 싶고 그 실체를 깨부수고 싶다. 무엇, 어떤 집단, 어떤 권력이 무슨 권리로 한 개인이나 한 집단의 개성과 창발성을 무시하고 자기들만이 이 세상에서 의미 있는 집단이라고 우리를 세뇌시키는지 그 세력을 눈앞에 드러내 보이고 싶다. 봐라 이 실체를. 그리고 그 실체를 깨부수는 거지. 일단 부수고 나면 이제 우리가 또다시 그 대상이 될지도 모르지만, 나 역시 누군가가 깨부숴 버릴지도 모르지만. 두렵지 않아.

여자들

그녀는 내 마음의 비상구다. 아주 힘이 들 때면 새벽에 전화를 걸어 엉엉 운다. 칼날이 되어 가는 나 자신이 두렵노라고. 그녀, 그런 나를 안는다. 서슬 푸른 칼날이 되어 있는 나를 안을 때면 내가 아무리 조심을 해도 날카로운 칼끝이 그녀의 내부를 찌른다. 그녀, 피 흘리고 상처 입는다. 때로 치명적으로.

"너를 쭉 지켜보면서 그래도 나는 최근의 네가 가장 좋다는 생각을 해. 지난 몇 년 너는 혼자 해볼 수 있는 많은 일들을 해보았다고 나는 생각해.

물론 힘들겠지만, 이 상황을 잘 극복하면, 또 다른 삶의 지평이 너에게 열릴 거야."

또 다른 삶의 지평이 열리든 열리지 않든 그건 나중의 일이고, 지금 내가 하는 일이 괜찮은 일이라고 나는 믿는다. 나를 믿는 게 아니라 나의 그녀를 믿는다.

"「나와 우리」에 오면 여자들의 기가 느껴져서 좋아."

라는 말을 들을 때 나는 기분이 좋아진다. 「나와 우리」는 여성 운동 단체는 아니다. 물론 역사의 그늘 속에 가려지고 지배 담론에 의해 체계적으로 배제되어온 목소리를 담아내려는 노력을 하는 것으로 치자면 여성 운동과 맥이 닿아 있다. 이 세상의 가장 낮은 목소리들에 귀를 기울이고 타자의 시선으로 세상을 보려는 시도야말로 세상의 절반이 아니라 온전한 모습을 보는 것이라 믿기 때문이다.

그래서일까, 「나와 우리」에는 여자들이 많다. 내 마음의 독초를 뽑아 주는 여자, 뻣뻣해진 내 뒷목을 눌러주는 여자, 나보다 더 나를 잘 아는 여자, 그 여자들의 마음의 문을 열고 들어가면 그 속에 내가 있다. 때로 웅크리고, 때로 활짝 웃으며. 나, 내 속의 그녀들, 그녀들 속의 나와 꿈을 꾸고 싶다.

도덕적으로 벗어나는 것, 자신에게 주어진 역할을 벗어나는 것, 자신의 견해를 갖는 것, 또는 복종하지 않고 독립하려는 것. 이것은 헌신, 극기, 자기를 지우기와는 반대의 개념에 있다. 긴 꿈의 중간중간 짧은 꿈도 꾸고 싶다. 내 속의 그녀, 그녀들 속의 나와 함께.

에필로그

나는 이 글을 읽은 사람들이 시민 단체를 만드는 것이 어려운 일이 아니구나 하는 생각을 가졌으면 좋겠다. 그래서 한국 사회에 다양한 목소리를 내는 많은 시민 단체가 생겼으면 좋겠다. 보랏빛에도 연보라, 진보라, 청보라, 회보라가 있듯이 누구나 자신의 개성과 색깔에 맞는 시민 단체에 가입해서 활동을 했으면 좋겠기 때문이다. 「나와 우리」는 두 여자가 시작을 했다. 세상에 대한 열정과 사람에 대한 사랑으로. 어찌 보면 무모할 수도 있는 이 열정을 다듬고 가꾸어 이 단체의 오늘을 만든 것은 「나와 우리」의 아름다운 회원들이다. 내가 사랑하는. 아아, 불러보는 것만으로 마음이 설레는, 아름다운 얼굴들.

■ 김현아 — 1967년생. 시 쓰는 사람. 지구촌 곳곳의 다양한 삶과 문화에 관심이 많고 인류가 아닌 다른 종들의 세계에도 애정을 갖고 있다. 바닷속 깊은 곳과 다른 별에도.
나와 우리 ☎ (02)747-3194

한 일간지의
여성 편집국장 출마 작전

김미경

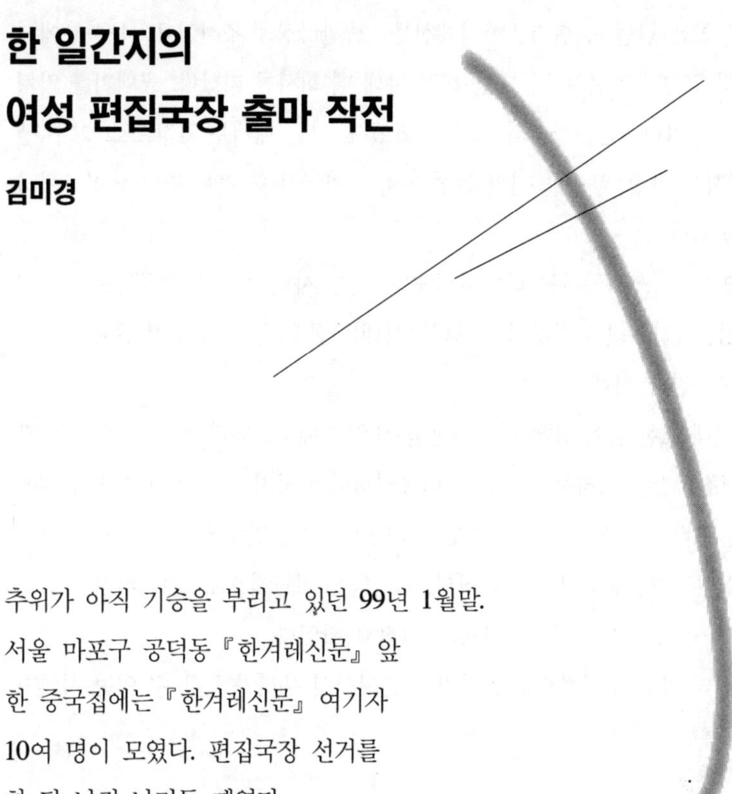

추위가 아직 기승을 부리고 있던 **99**년 1월말.
서울 마포구 공덕동 『한겨레신문』 앞
한 중국집에는 『한겨레신문』 여기자
10여 명이 모였다. 편집국장 선거를
한 달 남짓 남겨둔 때였다.

1999-2 김선주 편집국장 출마 작전

"이번에 여성 편집국장을 한번 후보로 내봅시다."

"김 선배 정도면 충분히 승산이 있다고 보는데."

"남자 기자들에게도 인기가 높고 본인만 오케이한다면 우리가 몸 바쳐 한번 뛰어볼 만한 일인 것 같은데."

작은 반란이었다. 우리 나라 최초의 일간지 여성 편집국장(물론 『코리아헤럴드』에서 최초의 여성 편집국장이 탄생되기는 했지만 대중성이 떨어지는 영자신문이라는 점과 직선제가 아니라는 점 등이 다르다)을 탄생시켜 보자는 움직임이었다.

주인공은 김선주. 현직 『한겨레신문』 출판국장. 『조선일보』 문화부에서 일하다 75년 『조선일보』 대량 해직 사태 때 회사를 떠났다. 공백기를 거쳐 88년 『한겨레신문』 창간과 함께 복귀했다. 여론 매체부 차장으로. 그후 생활 과학부 차장, 부장을 거쳐 논설위원, 출판국장… 업무 능력을 곳곳에서 인정받았다.

본인이 극구 사양하는 터여서 우리는 일단 사내 여론을 적극적으로 타진해 보는 작업부터 시작하기로 했다. '사내 여론을 등에 업고 김 선배를 설득한다'는 전략 아래.

그런데 묘한 감이 잡혀지기 시작한 것은 그때부터였다. 사실 김선주 국장이 '편집국장감'이라는 이야기는 비공식적이긴 하지만 그 동안 편집국 내에서 몇 번씩이나 거론된 적이 있었던 터였다. 함께 일해본 경험을 가진 남녀 기자들은 그의 참신한 아이디어와, 기자들을 자발적으로 펄펄 뛰게 만드는 독특한 리더십 등을 큰 장점으로 지적해 왔었다.

그런데 막상 구체적으로 출마가 거론되면서 우리가 들을 수 있는 이야기는 냉혹했다.

"정치부, 경제부, 사회부 경험이 한번도 없는 사람을 어떻게 국장으로 불안해서 모실 수 있느냐?"

"여성 기자들이 미는 후보라는 이미지로는 너무 약하다."

"어떤 사람과 편집국을 이끌어갈 것인지 전망이 보여야 표를 찍든지 말든지 할 텐데 전혀 그런 전망이 안 보인다. 여기자들만으로 편집국을 끌어갈 수는 없는 일 아닌가? 아무런 편집국 운용의 구도가 안 보인다."

"스트레이트 부서에서 검증을 받은 사람이 아니다. 편집국의 주류에 한번도 못 있어 본 사람에게 국장 자리를 맡길 수 있겠느냐?"

"여기자들에게 편파적인 인사를 하게 될까봐 걱정이다."

"여기자들이 민다고 하면 오히려 역효과가 날 것 같다."

물론 적극적으로 선거 운동에 나서겠다는 입장을 표명한 남성 기자들도
있었다. 하지만 대세는 아니었다. 여성 기자들 사이에서도 "여자라고 여성
편집국장을 밀어야 한다는 것은 말도 안 된다"는 의견도 만만찮았다. 이쯤
되자 "여기자들도 확실하게 밀지 않는 후보를 어떻게 믿고 찍을 수 있나?"
는 이야기가 불거져 나왔다.

후보 추대를 준비했던 팀들은 맥이 빠지기 시작했다. 여기서 "꼭 승산이
없더라도 여성 편집국장 후보가 나오고, 표를 얻어가고 이슈화하는 과정 자
체가 편집국 내 여성 기자들의 존재를 재확인시킬 수 있는 좋은 기회가 될
수 있을 것"이라는 잠정 결론이 나왔다. 그러나 그런 카드만으로 김 국장을
살벌한 선거 운동판으로 내몰기에는 역부족이었다. 결국 선거 후보 마감일
하루를 남기고 두 손을 들고 말았다. 한판의 해프닝이었다.

1999년 2월 김선주 국장 출마 준비 작전의 실패가 가져다 준 교훈은 컸다.
무엇보다 우리를 강타한 "정치부, 경제부, 사회부 출입을 한번도 하지 못한
'비주류'의 기자에게 어떻게 편집국 책임자 일을 맡길 수 있겠느냐?"는 냉
혹한 벽에 대해 어떻게 해답을 찾아낼 것인가가 문제였다.

여기자들의 역사는 언론의 역사와 맞먹는 100년의 역사를 갖고 있다. 하
지만 그 동안 말 그대로 여기자들은 문화부, 생활 과학부 등 '비주류'에서
주로 일해왔다. 여기자들의 숫자도 워낙 적었을 뿐 아니라, 그야말로 '주류'
에서 한번이라도 뛰어본 여기자의 숫자는 손가락을 헤아릴 정도였다.

90년대 중반 이후부터야 상황이 달라지기 시작했다. 여기자들의 숫자가
크게 늘어나고 여기자라는 상품 가치(이 상품 가치란 업무면에서이기도 하지만
특히 방송에서는 '여성'이라는 성적인 존재로서의 상품 가치의 성격이 더 컸다)를 간파

한 언론사들이 여기자들을 정치, 경제, 사회 부서로 배치하기 시작했다. 최근 5년 안의 일이다.

　김 국장의 경우 현존하는 여기자들의 1세대다. 그의 세대에서 여기자의 정치, 경제, 사회부 출입은 현실적으로 거의 힘든 상황이었다. 여기자의 문화부, 생활부 배치는 '여자가 아기를 낳는 일' 만큼이나 자연스러웠다. 결국 정치, 경제, 사회부 경험이 없었던 김 국장의 치명적인 한계는 본인의 의사나 능력의 한계라기보다는 언론사 풍토가 그래왔기 때문이었다.

　그렇다면 어떻게 해야 하나?

　길은 두 갈래로 뻗어 있다.

　첫째 길. "그래 좋다. 그렇다면 빨리빨리 여성 기자들을 많이 배치하고, 그 기자들이 무럭무럭 자라서 제몫을 할 때까지 기다리자"다. 『한겨레신문』에는 「한겨레신문 여성 기자회」가 따로 있다. 이름은 거창하지만 특별하게 하는 일은 솔직히 별로 없다. 그런데 유일하게 하는 일이 편집국장이 바뀔 때마다 여성 기자들을 각 부서에 차별없이 배치해 달라는 요구를 하는 것이다. 몇 년 전에는 각 부서에 1명씩은 '제발' 배치해 달라고, 올해는 전체 기자 숫자에서 차지하는 여성 기자의 숫자 비율만큼 각 부서에 배치해 달라는 요구였다. (참고로 『한겨레신문』에는 1기 여기자가 6개월 정도 정치부에 배치된 것 외에 정치부에 단 한 명도 여성 기자가 없다.) 이런 압력은 그나마 조금씩 효력을 발휘해 여기자들의 사회부, 경제부로의 진출이 시작되고 있다. 그러나 아직 터무니 없이 적다. 경제부 한 여자 후배가 최근 열렸던 여성 기자회에서 내뱉은 이야기는 현재 상황을 잘 보여 줬다.

　"생활 경제를 담당하던 여자 선배가 몸이 아파 저를 데리고 왔다고 하더군요. 저의 전공이 무엇인지, 어떤 쪽으로 키워져야 할 것인지 등에 대해서는 고려하지 않고 여자이기 때문에 생활 경제를 맡겨야 한다고 미리 생각하고 있더라구요."

최근 들어 경제부로 여기자들이 많이 진출하고 있지만 그 속내를 들여다
보면 그 부서 내에서도 '비주류'의 업무를 맡고 있음을 알 수 있다. 여자라는
이유만으로. 사회부, 정치부에서도 마찬가지다.

이들 '주류' 부서에 여성 기자들을 더 많이 배치하고, 더 많이 키워 달라고
계속 요구하는 것, 무엇보다 중요한 일이다. 현재로서는 싱싱한 정보가 몰리
는 이들 부서에 여성들이 더 많이 뛰어들어 취재 영역을 넓혀야만 앞으로
'정치, 경제, 사회부 출신이 아니어서'라는 이야기가 나올 수 없는 상황이
가능할 것이기 때문이다. 이 길은 너무나 당연하다. 하지만 지금의 여기자들
의 현실에 대한 유일한 해답은 아니다.

둘째 길. "뒤집어 보자"다. 편집국장은 꼭 정치, 경제, 사회부 출신이어야
하나?는 질문에서 이 길은 시작된다.

미래는 꼭 그렇지만은 않다고 생각한다. 정치, 경제가 중요한 만큼 생활,
문화, 과학이 중요해지는 미래가 열리고 있기 때문이다. 빌 게이츠가 만들어
팔고 있는 소프트웨어가 이렇게 중요한 상품이 되리라고 누구도 상상할 수
없었던 것처럼 엄청나게 다른 세상이 열리고 있음에서다. 하드웨어보다 소
프트웨어의 중요성이 부각되고, 소프트웨어의 경제적 가치가 점점 더 높아
지는 미래 사회에서 그 동안 '비주류'로 치부됐던 소프트웨어 분야에서 노
하우를 익힌 인력은 새로운 비전을 제시해야 하는 편집국장의 자리에 오히
려 적합할 수도 있다.

최근 언론사 내에서는 눈에 보이지 않는 혁명이 일어나고 있다. 언론 환경
이 엄청나게 달라지면서다. 인터넷 등 뉴미디어의 발달과 함께 언론의 가장
큰 마력이었던 일차적인 정보 제공의 기능을 갖는 스트레이트 기사의 중요
성이 희석돼 가고 있다. 정치권, 경찰, 검찰처럼 특정 기관이 특정 언론기관
에 특정 정보를 제공하던 정보 흐름의 틀이 서서히 깨지고 있는 것이다.
기자들이 받아보기도 전에 인터넷이라는 매체를 통해 먼저 정보가 터져나오

기도 한다. 국정홍보처가 8월 초부터 일반인들을 이메일 클럽으로 묶어 모든 부처의 보도 자료를 매일매일 서비스하기 시작한 것은 그 대표적인 변화의 예로 들 수 있다. 언론계 내에서 '물 좋은' 부서가 처리하던 기사의 뉴스 가치는 점점 낮아지기 시작하고 있다.

앞으로 언론의 역할은 이 많은 정보들 중 어떤 것들이 중요한지, 어떤 것들이 별 볼일 없는지, 어떤 사람에게 의미 있는 것인지를 선별하고, 새로운 흐름을 잡아내는 기획력이 더 중요해질 전망이다. 종합적인 기획과 매니지먼트가 더 중요해지는 시점이다.

매일매일의 스트레이트 기사보다는 큰 흐름을 잡아낼 수 있는 기획력은 현재 '비주류'로 치부되는 편집국 내의 부서에서 더 잘할 수 있는 일이다. 이런 쪽에서 노하우를 익힌 인력은 미래 사회에 훨씬 중요한 언론인으로서의 역할을 할 수 있다고 보인다.

그 동안 여성 기자들이 주로 배치돼 온 문화, 생활 과학 쪽은 다른 분야에 비해 전문성이 크게 요구되는 분야다. 사실 이들 분야의 중요성이 그 동안 제대로 평가되지 않았기 때문에 이 분야에서 일하는 기자들에 대한 평가도 언론사 내에서 제대로 이루어지지 못했다고 볼 수 있다. 그러나 달라지는 언론 환경은 이들이 닦아놓은 전문성이 새롭게 부각될 수 있는 기반을 만들어내기 시작했다고도 볼 수 있다.

엄청난 여성 인력이 포진하고 있는 이곳에서 언론 혁명은 시작될 수 있다. "편집국의 주류에 한번도 있어보지 못한 사람에게 국장 자리를 맡겨볼 수 있다"는 억지(?)는 여기서 가능해진다. 왜? 전문성을 기반으로 미래 정보 매체의 흐름에 적합한 능력을 갖추고 있기 때문에. 그리고 비전을 갖고 있기 때문에. 역사의 틀을 깨는 작업은 항상 어떤 형태로든 비주류에서 출발했다는 사실이 이를 증명해 주지 않는가?

그런데 비주류는 고달프다?

좋다. 첫째 길도 좋고, 둘째 길도 좋다. 그런데 정말 고달프다. 비주류건 주류건 이 무한 경쟁의 언론 풍토(모든 부분이 무한 경쟁 체제로 들어선 마당에) 속에서 제대로 된 기자로 살아남기 위해서는 고달프기가 그지 없다. 매일매일 엄청나게 쏟아지는 정보를 제대로 파악하지 않으면 한 줄의 글도 쓸 수 없다. 뉴스가 아니면 아무런 의미가 없기 때문이다. 뉴스를 쓴다는 것은 단순히 원고지 몇 장을 채운다는 것이 아니라 그 전에 나온 정보가 어떤 것이었고, 그 정보들에서 이 뉴스는 어느 정도 한 단계를 나간 정보인지를 판단하는 능력이다.

과학 담당을 하고 있을 때다. 우리는 매일 저녁 다른 신문이 나오는 7시 30분까지 기다려 신문을 확인하고 혹시나 '물먹은' 것이 없나를 체크하고 퇴근한다. 사실 생활 과학부에서는 크게 물먹을 일이 없기는 하지만 늘 불안하기는 매한가지다.

얼마 전의 일이다. 그날은 오랜만에 우리 신문이 나오는 6시 10분에 맞춰 친구와의 약속 장소로 향했다. 7시 50분 핸드폰이 울렸다.

"아이쿠, 꼭 이렇게 회사에서 먼저 나온 날은 무슨 일이 있다니까." 똥 밟은 심정으로 핸드폰을 들었다. 다행히 원고 청탁을 했던 사람으로부터의 전화 메시지였다. 아휴 살았다. 그런데 30분쯤 후 휴대폰 약이 다 떨어져 버렸다. 먹통이 된 것이다. 그날 만남은 길어져 12시가 넘어서야 집으로 들어왔다.

그런데 다음날. 고리 원자력 발전소 제어봉 하나가 떨어져 발전기가 중단됐다는 소식이 다른 신문에 실렸다. 물론 부산발이긴 했지만 과학 담당 기자가 쓴 경우도 있었다. 메일을 확인해 보니 밤 10시 20분 경에 과학 기술부로부터 기사가 들어와 있었다. 내 전화에 녹음으로까지 남겨 됐다는 것이다.

하필이면 휴대폰 밧데리가 떨어진 그 순간에. 휴대폰 밧데리가 떨어지는 일은 일 년에 거의 한번도 없는 일이고, 그 전날 밧데리 충전을 제대로 하지 않아 아침에 대충 해온 것이 화근이었다. 이렇게 잠깐 숨을 돌리면 꼭 일이 터진다. 편집국장의 스트레스는 이 몇십 배에 달한다고 해도 과언이 아니다.

이런 끊임없는 스트레스는 일반적인 가정 생활을 거의 불가능하게 만든다. 제대로 살아남기 위해서는 가정은 뒷전으로 삼아야 한다. 그렇게 살아남아도 아직 비주류에 만족해야 하는 상황이다. 인삼을 달여 먹여 주는 '마누라'가 없이는 거의 불가능한 고강도의 일이다.

'인삼 달여 먹여주는 마누라가 없는' 김 국장은 불안했을 것이다. 결혼을 하지 않거나, 아이가 없어야만 겨우 살아남을 수 있었던 여기자의 1세대, 그 후 결혼하지만 고달프긴 매한가지인 2세대, 3세대… '가정에 대해 강력하게 관심 없음!' 맹세를 강요하는 언론사 업무 환경은 많은 여기자들을 주류에 편입하려는 앙탈(?)을 부리기도 힘들게 만들어 버린다. 결과적으로 비주류에 적극적으로 만족하게 만들고, 비주류의 새로운 힘을 발견하게 하기보다는 그저 비주류에 만족하게 만들어 버린다. 비주류의 새로운 힘? 그것도 너무 고달픈 일이라는 사실을 누구보다 잘 알고 있기 때문이다. 언론사에서 하루만 살아봐도.

그러면 나는?

1987년 학교를 졸업하고 「또 하나의 문화」 간사를 거쳐 『여성신문』 편집장을 맡고 있던 나에게 새로 창간되는 『한겨레신문』에 여성 담당 기자로 와달라는 스카웃 제의는 꽤나 매력적이었다.

당시 명목은 『여성신문』 편집장이었지만 언론인으로서의 정체성보다는 여성 문화 운동가로서의 정체성을 더 많이 갖고 있었던 나에게 더 넓은 장에서 여성 문화 운동을 펼 수 있다는 『한겨레신문』이 주는 매력은 컸다. 그래서 들어온 『한겨레신문』에서 생활 과학부에 배치됐고 '여성 문제'를 열심히 취재했다.

　그런데 한참 지나서야 언론사 내에서 여성이라는 분야가 얼마나 '비주류'로 치부되고 있는가를 깨달았다. 하지만 다른 부서로 옮기는 일은 생각만큼 쉽지 않았다. 항상 갖가지 이유가 따라붙었다. 어떻게 여성면을 꾸려나갈 수 있겠느냐, 1년 후에 보내 주겠다… 오랫동안 여성, 소비자, 건강, 과학 등의 분야를 맡았지만 다른 부서로의 진출은 어려웠다. 더 적극적으로 로비를 하면서까지 진출을 꾀할 수도 있었지만 그것도 쉽지 않았다. 결국 입사 11년째 계속 생활 과학부의 기자로 남았다. 그리고 나는 이 분야에 적합한 인력이다 어쩌구 하면서 스스로를 자위하고 있다.

　사실 사회부나 정치부를 꼭 가야 한다는 생각은 없다. 하지만 늘 편집국 권력 핵심부에서 비켜나 있다는, 말 그대로 '비주류'라는 데서 오는 허탈감과 한 부서에서 전문 역량을 쌓았다는 자신감 사이에서 오락가락해야 하는 고달픔이 있다. 정치부 사회부로 가기 위해 로비도 하고, 폼잡는 기자가 되고 싶기도 하고, 솔직히 마음속으로는 기자들이 괜히 대접받는 부서로 가려는 속물 근성을 비웃기도 하고. 그러면서 '비주류의 힘'이라는 새로운 논리를 만들어 내기도 하고.

2009-2 후배 편집국장 출마 작전

요즘 10년 후배와 같은 팀에서 일하고 있다. 10년 전 나보다 훨씬 기사도 잘 쓰고 다부지다. 야심도 대단하다. 내가 보기에 진짜 편집국장감이라는 생각이 들 정도로 일에 대한 애착도 기사 감각도 뛰어나다.

　"ㅇㅇㅇ씨, 편집국장 한번 해라. 내가 팍팍 밀어줄게."

　"선배 먼저 하고."

　웃는다. 아! 정말 편집국에 여기자들이 반 정도 돼서 편집국장 선거에서도 여자들끼리 막 경쟁이 붙는 그런 날이 왔으면 좋겠다. 그리고 정치부와 경제부와 생활 과학부와 모든 부서가 우열 관계가 아니라 정보전에서 선의의 경쟁이 불붙는 편집국, 더 자신의 적성에 맞는 부서를 택하고 거기서 경쟁을 하는 편집국, 여기자라고 문화부, 생활 과학부에만 있어야 하는 시대는 갔지만 숫자가 적으니 여기자는 정치부에 가면 날고 뛰어야 인정을 받을 수 있는 슈퍼우먼이어야만 하는 그런 세상은 아니었으면 좋겠다.

여성 담당 기자, 과학 담당 기자가 '물 먹은' '비주류'의 기자가 아니라 각 분야의 기자가 누가 먼저 더 새로운 비전을 제시하는지를 두고 경쟁하는 그런 회사말이다. 여기자들이 숨쉴 수 있는 미래는 바로 그곳이다. 그리고 덜 고달픈.

○○야! 편집국장 한번 해봐라! 내가 팍팍 밀어줄게!

■ 김미경 — 이화여대 여성학과 대학원을 졸업하고, 『한겨레신문』 생활 과학부 기자로 11년째 일하다가 지금은 뉴미디어국 뉴스 부장으로 있다.
한국 기자 협회 여성 특별 위원회 http://www.jak.or.kr/f_m/start.html

나는 이런 일을 할 거예요

P여고 학생들

스크린에 담긴 삶과 꿈과 희망

나는 영화 비평가 일을 할 것이다.

나는 영화를 좋아한다. 큰 스크린 안에

우리의 삶과 꿈과 희망이 담겨 있기 때문이다.

세상에 한번 태어나 자신이 하고 싶은 일을

한다는 건 얼마나 멋진가? 아마도 영화 비평이라는

직업을 백수라고 생각하는 사람이 많을지도

모른다. 하지만 문화 전쟁이라는 21세기에

영화 비평가라는 직업은 더욱 체계화될 것이라고

믿는다. 지금도 나는 영화 비평가가 되기 위해서 영화 비평 동호회에서 열심히 활동중이다. 글쓰기와 영화를 좋아하는 나에게 영화 비평이야말로 적당한 일이라고 생각한다. 또 나중에 돈을 많이 벌면 영화 기획자가 되어 사람들에게 잔잔하면서도 여운이 남는 아름다운 영화를 보여줄 것이다. 그러기 위해서 아주 열심히 살고 싶다. ― 조혜진

조용한 자연 속에서 글을 쓰며 민박집 경영

나에게는 어느 정도 나이가 들었을 때 하고 싶은 소중한 꿈이 하나 있다. 고등학교 입학 초기에 우연히 TV를 보다가 모 아나운서의 꿈 이야기를 들은 적이 있다. 그 당시에 나는 아나운서나 기자 등 방송직 쪽으로 진로를 계획하고 있던 터라 그 아나운서의 이야기를 귀를 쫑긋 세우고 들었다. "전 오십대 정도가 되면 민박집을 하고 싶어요. 들러 가는 평범한 사람들의 이야기도 듣고 대화도 나누며 지내고 싶어요." 처음에는 그렇게 화려한 직업을 가진 사람의 꿈이 왜 그런가 좀 우스운 마음이 들었다. 하지만 이제는 이해가 된다. 평소에 글쓰는 걸 좋아하는 나는 나중에 커서 책을 써보고 싶다. 그러려면 한적한 시골 어귀에서 거쳐 가는 사람들에게 차 한잔씩을 대접하며 진솔한 삶의 이야기를 들어보는 것이 참 많은 도움이 될 것 같다. 이제 조용한 자연 속에서 글을 쓰며 민박집을 경영해 보는 것이 내 인생의 큰 꿈으로 자리잡게 되었다. 삶 속에서의 작은 기쁨을 발견하며 사는 것; 난 꼭 이 소중한 꿈을 이루고 싶다. — 양근영

장애인의 친구

난 나중에 사회 복지에 관련된 일을 할 거다. 이런 쪽에 관심을 가지기 시작한 건 중학교 일학년 때부터였다. 학기 초에 CA를 정하는 날이었는데, RCY(Red Cross Young)라는 청소년 적십자가 눈에 들어왔다. 그 후 삼 년 동안 RCY 활동을 하면서 나중에 이런 쪽의 일을 해봐야겠다는 생각이 들었다. 한번은 시립 요양원에 가서 할머니, 할아버지를 돌봐드리는 일을 한 적이 있다. 거기에 계신 할머니, 할아버지들은 가족에 의해 버려졌거나 혼자서는 자신의 일을 하나도 못하는 분들이 대다수였다. 식당에서 어떤 할아버지께 식사를 갖다 드렸는데, 그 할아버지께선 너무 고맙다며 내게 인사를 하셨다. 맘이 착하신 할아버지였다. 그 후로는 정작 이웃에 계신 노인들을 위해 봉사

한 적이 그리 많지 않다. 용기가 생기지 않아서였다. 한편 어린아이들에게도 자꾸 관심이 간다. 태어나자마자 버림받은 불쌍한 아이들. 이런 아이들은 대부분 해외로 입양된다고 하는데, 이런 고아들이 함께 모여 지낼 수 있도록 돌보고 싶다. 요즘 TV 드라마 「종이학」을 보더라도 고아들이 모두 밝게 살아가지 않는가? 모든 아이들이 이렇게 밝고 명랑하게 그리고 이 사회에서 무시당하지 않고 당당하게 살아갈 수 있도록 복지 시설을 만들어 주고 싶다. 또 몸이 불편한 사람들, 장애인들의 친구가 되고 싶기도 하다. 나는 죽을 때까지 사회 복지 일을 하고 싶다. ― 이숙진

나만의 메이크업 형식 창출

나는 꾸미고 치장하는 것을 매우 좋아하고 관심이 많기 때문에 그런 분야 중의 하나인 메이크업 아티스트를 할 것이다. 메이크업 아티스트 중에서도 탤런트, 가수 등의 연예인을 통하여 자신의 메이크업 방식을 널리 알리고 유행시키는 사람들이 있는데, 나 또한 나만의 개성이 뚜렷한 메이크업 형식 을 창출하여 인정받고 싶다. 여자들은 대개 이십대가 되면 화장을 시작하게 되는데, 좀더 예뻐 보이려고만 하는 화장이 아닌, 단계도 적고 간단하면서도 자신의 장점을 살릴 수 있는 화장을 선보이고 싶다. 또한 자신의 얼굴에 자신없어 하는 사람들에게도 메이크업을 통해 자신감을 주고 싶다. 한마디 로 미술과 같은 메이크업을 쉽게 할 수 있는 방법을 창조해서 보급하고 싶은 것이다. ― 서미선

동서양을 넘나드는 퓨전 요리사

옛날부터 우리 음식은 손끝에서 맛이 난다고 했다. 그만큼 만드는 사람의 눈대중, 맛대중이 강하게 영향을 미치는 요리라고 할 수 있는데, 그 때문에 우리 음식이 세계로 뻗어가지 못한다고 해석할 수도 있다. 예전에 유럽 여행

을 하고 온 주부의 수기를 읽은 적이 있는데, 그 분은 여행을 할 때 쌀과 기초 양념을 가지고 가서 신세진 집에서 우리 음식을 선보였다고 한다. 우리 문화를 조금이라도 알리려는 마음에서 시작한 것인데, 그때마다 외국인들의 반응이 매우 좋았고, 우리 요리를 배워 보겠다고 요리법과 용량, 조리 시간 등을 물었다고 한다. 하지만 그들이 원하는 대답을 한마디도 해줄 수 없었는데, 이유는 오로지 '감'으로 조리를 해왔기 때문이었다. 나는 바로 이런 문제를 해결하고 싶다. 한국 음식의 맛과 멋을 충분히 살리면서 조리법을 규격화, 단순화시켜 세계인의 입맛에 맞는 우리 음식을 널리 퍼뜨리는 게 내 소망이다. 더불어 선조들의 지혜가 녹아 있는 우리 전통 요리와 서양의 요리를 크로스오버하는 퓨전 요리 전문가가 되고 싶다. — 김소영

생활에 필요한 식물

나는 원예에 관계된 일을 하고 싶다. 나는 식물을 좋아한다. 식물을 하나하

나 사모으다 보니 여러 개 모였고 그것들 모두에 정이 간다. 그리고 식물들을 보며 행복함을 느끼게 되었다. 그래서 원예에 관계된 일을 꼭 하고 싶다. 가장 하고 싶은 일은 포마토를 만들었던 것처럼 여러 식물을 접합한다거나 우리 생활에 필요한 식물을 만들고 싶다. 물론 처음에는 돈도 많이 들고 한동안 성과도 없겠지만 끊임없는 노력과 사랑으로 일을 한다면 분명 좋은 일이 있을 것이다. 또 많은 식물들을 값싸게 재배하는 방법을 연구해서 세계의 모든 사람들이 식물들을 필수품처럼 늘 가지고 있게 하고 싶다. 그리고 사람들이 식물의 소중함을 느낄 수 있도록 할 것이다. 내 꿈이 너무 크고 포괄적일지도 모른다. 하지만 난 노력할 거다. '꿈은 크게, 이상은 높게'.

— 이화용

음악 치료와 뮤지컬

나는 음악 치료사가 될 것이다. 그렇다고 해서 음치 교정을 해주자는 게 아니다. 정신적으로 문제가 있는 사람들에게 여러 장르의 음악을 들려줌으로써 정신적 안정을 찾아 주는 것이다. 정신이 불안정하다고 해서 미친 사람 취급을 하고 동물처럼 가둬 두는 것은 별로 좋은 방법이 아니라고 생각한다. 사람들은 음악을 들으며 잘 동화된다. 그러므로 음악을 들려줌으로써 그 사람의 심리도 파악하게 될 것이다. 아직 이런 직업을 가진 사람들이 많지는 않지만 나는 그런 일을 하고 싶다. 그리고 이 일을 짜여진 시간표처럼 하지는 않을 것이다. 낮에는 음악 치료사로 일하고 남는 시간을 이용해서는 뮤지컬 배우를 할 것이다. 난 무슨 일을 하든지 틀에 박힌 일보다는 자유롭게 살고 싶다. 물론 내가 얼굴이 예쁘다든지 그런 건 아니지만 이영자도 하는데 나라고 못할 게 뭔가? 노래와 연기력이 좋으면 그만이지. 아마 내가 어른이 되었을 때는 과학이 더욱 발달하여 인간들이 거의 기계처럼 살아갈 테니 정신적인 스트레스나 병이 더 많이 생길지 모르겠다. 그때 나는 음악 치료사를 하면서 더욱 연구하여 정신적인 치료뿐 아니라 여러 면에서 인간을 치료해 줄 수도 있을 것이다. ― 송혜영

유행을 미리 내다보는 패션 감각

내가 가장 하고 싶은 일은 패션 바이어다. 패션 바이어란 말 그대로 물건을 외국에서 사들여오는 사람인데 의류, 즉 옷이나 신발 악세사리 등 우리나라에서 유행할 만한 것들을 미리 짐작해서 신중한 선택 뒤에 계약을 맺는 것이다. 그 중에서도 나는 옷에 관심이 많으므로 옷에 관련된 일을 하고 싶다. 패션 바이어에게는 어느 정도의 외국어 실력과 유행을 미리 내다보는 패션 감각, 계산 능력 등이 요구된다. 항상 남들보다 앞서야 하고 발로 뛰면서 시장 조사도 해야 하는데, 내 적성과 꼭 맞는 것 같다. 한번쯤 도전하고픈 직업이다. ― 문지혜

화려한 사운드의 컴퓨터 음악

내가 하고 싶은 일은 미디 음악가이다. 내가 이 일을 선택하게 된 동기는 원래 작곡을 하고 싶었는데, 그 중에서도 손으로 쓰고 짓는 곡보다는 화려한 사운드의 컴퓨터 음악이 나에게 더 잘맞을 거라는 생각을 했다. 매스미디어와 대중 매체가 각광받는 시대에 가장 잘 맞는 일이 아닌가 싶다. 내가 알고 있는 상식으로는 노래뿐만 아니라 영화의 음향 효과나 CF, TV 등의 여러 가지 음악들이 미디 음악가가 만들어 낸 것이라 한다. 여러 가지 컴퓨터, 키보드 등 기계들을 복합적으로 사용해야 하기 때문에 기계 구입 비용이 부담스럽지만, 잘 나가는 작곡가들의 보수는 일반 직장에 다니는 것보다 훨씬 좋다고 한다. 그리고 특별한 연령 제한이 없기 때문에 나이가 들어서도 할 수 있어 미래성이 돋보이는 직업이다. 그리고 내 욕심이지만 이 일을 하면서 다른 일을 병행할 수 있는 장점도 있다. 아직은 이 일에 대해 잘 모르지만 좀더 공부를 해서 나중에 내가 지은 곡들이 대중 매체를 통해 사람들에게 널리 알려졌으면 좋겠다. ― 송은성

내가 만든 선물의 집

난 나중에 커서 하고 싶은 일이 많다. 매우 소박한 것들이다. 그 중에 제일 하고 싶은 일은 내가 만든 선물을 파는 것이다. 이름도 지어 놨다. '내가 만든 선물의 집'이다. 우선 내가 전문적으로 선물을 만들려면 기초를 배워야 할 것이다. 그래서 금속 공예과에 들어 가려고 한다. 금속 공예과를 졸업한 뒤, 몇 년 동안 아이디어를 내서 창조적인 선물 만들기를 구상할 것이다. 목걸이, 반지, 귀걸이, 액자… 등등. 이런 흔한 것들뿐만 아니라 재활용품을 이용한 선물, 과자로 만든 선물 등 나만이 할 수 있는 선물을 만들 것이다. '내가 만든 선물의 집'에서는 내가 만든 선물을 팔 뿐만 아니라, 누군가에게 흔한 선물을 사서 주기보다 자기의 손때가 묻은 자기의 정성과 노력을 들여

선물하고픈 사람들에게, 만드는 법과 멋지게 선물 전달하는 방법 등 작은 강좌나 이벤트도 준비할 것이다. '내가 만든 선물의 집'에서는 모든 것을 내가 직접 만들고, 꾸미고, 내 손이 닿은 흔적이 있을 것이다. 돈을 벌기 위한 목적만이 아닌, 나만의 공간이 될 수도 있고, 때로는 찾아온 손님에게도 도움이 되는 공간, 또한 아이들에게는 신기한 쇼핑 공간이 되는…
— 지선미

동그란 창문에 세모난 건물

평소에 미술에 관심이 많은 나는 컴퓨터로서 작업하는 건축 디자이너가 되고 싶다. 길을 걷다 보면 멋있는 건물을 자주 본다. 그런 건물을 볼 때마다 나 역시 저런 건물을 만들고 싶다는 생각을 하게 된다. 더 아름답고 실용적인 건물을 지을 수 있을 것 같다. 특히 지금 우리가 생활하고 있는 학교란 건물은 네모반듯하고 우중충한 오래된 창고 같은 이미지가 든다. 나는 이런 학교를 젊고 생동감 넘치는 건물로 디자인하고 싶다. 네모난 건물이 아닌 동그란 창문에 세모난 모양으로 만들 것이다. 앞으로 열심히 노력해서 훌륭한 건축 아티스트가 되고 싶다. — 서하연

웃음 주는 빵집

난 누구나가 좋아하는 빵을 연구하고, 나만의 빵집을 만들고 싶다. 사람들에게 기쁨을 줄 수 있는 빵 모양을 만들고 싶다. 기존의 빵은 몇 년 동안 같은 모양, 누구나가 알고 있는 맛이다. 둥근 모양, 사각 모양, 너무 재미없고 지겹다. 조각을 만드는 것이 예술이면, 빵 만드는 것도 하나의 예술이다. 사과 모양, 연필 모양, 인형 모양 등의 특이한 모양에 만든 사람의 사랑과 정성이 담겨져 있다면 사람들에게 만족감을 주지 않을까? 빵을 먹고 잠시나마 웃을 수 있다면 나의 목표는 달성한 것이다. 사람들에게 웃음을 줄 수 있는 그런

빵집, 나는 그 빵집에서 어렸을 때부터의 꿈을 차곡차곡 쌓아갈 것이다.
― 박선미

청소년만을 위한 놀이, 문화 공간

나는 청소년을 위한 사업이 가장 하고 싶다. 지금 우리 나라에는 청소년을 위한 시설과 제도가 너무 마땅치 않을 뿐만 아니라, 어른들이 벌여 놓은 모든 것들을 청소년들에게 금지하고 벌하기만 한다. 청소년들이 갈 만한 곳에는 항상 '미성년자' '18세 미만'이라는 딱지가 따라다니고, 그걸 어기면 '문제아'라는 호칭이 붙는다. 이렇게 틀에 처박혀 놀이다운 놀이를 즐겨 보지 못한 불쌍한 청소년들을 위해 나는 '청소년만을 위한 놀이, 문화 공간'을 만들고 싶다. 하루라도 빨리 청소년만을 위한 공간들이 많이 생겨 났으면 좋겠고, 내 힘으로 부족하다면 동업을 해서라도 꼬옥 해보고 싶은 일이다.
― 이미지

존경받고 신뢰받는 당당한 국회의원

나는 국회의원이 될 것이다. 국회의원이 되는 길은 멀고도 험난한 줄 알지만, 나는 꼭 국회의원이 되어서 정치를 하고 싶다. 이유는 요즘 국회의원들의 모습이 답답하기 때문이다. 나이도 어린 것이 뭘 알겠냐고 하겠지만 우리 나라 국회의원은 잘못하는 점이 너무 많다. 그 중 가장 큰 문제는 국회의원들이 너무 돈이 많다는 것이다. 우리 나라 국회의원들 중에는 달러를 소유하고 외제차를 타고 다니며 남들은 엄두도 못 내는 고액 과외를 자녀에게 시키는 사람도 많다. 일본의 경우 국회의원은 가장 가난한 직업이라고 하는데, 우리 나라 국회의원들은 너무 부자이다. 우리가 내는 세금을 올바로 쓴다면 월급을 많이 받을 수 없을 텐데 어디서 그렇게 많은 돈이 생기는지 의문스럽기만 하다. 이런 모순을 고치기 위해 나는 국회의원이 되고 싶다. 뇌물을 받거나 비리를 저지르지 않고 공정한 국정 운영을 할 것이다. 여야간에 밥그 릇 싸움만 일삼지 않고 나라를 발전시키는 일에 힘쓸 것이다. 나는 국민에게 존경받고 신뢰받는 당당한 국회의원이 되도록 노력할 것이다. — 신영인

■ P여고 2학년 학생들이 화법 시간에 발표한 글로, 김길동 선생님이 골라 주셨고, 김혜련 선생님 이 도와주셨다.

구로동에서
여자 치과 의사로 살기

이주연

요즘 내 직함은 원장이다. 내 병원을 찾아오는 사람들은 누구나 나를 원장이라고 부른다. 간혹 누구의 엄마나 누구의 부인을 찾는 전화가 오기도 하지만 남편이나 시부모님조차도 나를 찾을 땐 "원장님 좀 바꿔 달라"고 한다. 이원장, 얼마나 공적이고 카리스마적인 직함인가. 병원 운영의 전반을 스스로 결정하고 관리하며 환자를 치료하는 개인 병원의 원장은 자율적이고도 전문적인 직함임에 분명하다.

치과 간판을 걸다

모의원 개원 예정 현수막을 내걸 때부터 사람들이 원장이란 직함을 그럴듯하게 여기는 것은 아니다. 그저 길을 지나가다가 "아, 여기 병원 하나가 더 생기는구나" 할 뿐이다. 환자들이 절실한 필요에 의해 찾아오고, 지역 사회에서 꼭 있어야 하는 존재가 될 때까지 새로 문을 연 병원장의 자리는 환자가 와주기를 기다려야 하는 타율적인 자리이기도 하다.

따라서 사업자 등록증을 신청하고 치과 간판을 내건 것은 나로서는 용기

를 내어 세상에 던진 도전장 같은 것이었다. 떡이나 기념품을 돌리는 개원식
을 생략하고 곧바로 진료를 시작했다. 환자들에게 양질의 진료와 상담을 제
공하는 것만이 그 지역에 자리잡는 지름길이라고 생각했기 때문이다.

환자들

진료를 시작한 지 얼마 되지 않아 점잖게 차려입은 중년의 신사가 치과 문을
열고 들어왔다. 그는 나를 보고 물었다. "원장님 안 계십니까?" 간호사가
대답했다. "이분이 원장님이신데요."

　그는 진료 의자에 앉는다. 그의 입 안에는 무면허 치과 업자로부터 대학
병원에 이르기까지 다양한 이력이 붙어 있다. 나는 그에게 근본적인 치료를
위해서는 이전의 보철물을 뜯고, 잇몸과 신경 치료를 받은 후 그 인접 치아
까지 보철물을 연장하셔야 한다고 설명한다. 그는 우선 아픈 것만 없애 달라
고 한다. 난 지금은 당장 아픔이 가시더라도 단계적으로 치료받지 않으면
곧 재발할 수 있다고 설명한다. 나는 그가 원하는 것을 안다. 그는 나에게
응급 치료를 받은 뒤 통증이 사라지는지 시험해 볼 것이다. 아픔이 좀 가시
면 다시 와서 보험이 적용되는 치료를 받을 것이다. 그 후 내가 자신을 치료
할 충분한 자격이 있다는 것이 증명되면 보험이 적용되지 않는 보철 치료를
받을 것이다. 보철 치료가 시작될 쯤이면 그는 한결 친근해진 표정으로 자신
이 이 지역에서 이십 년 가까이 산 유지임을 은근히 과시할 것이다. 그는
교회 장로이거나 동사무소 직원, 아니면 친목회 회장일 것이다. 그는 자신의
영향력을 내세워 치료비를 깍거나 브이아이피 대접을 받으려 할 것이다. 우
리 간호사는 치료비는 절대로 깍을 수 없으며, 다만 치료 후 상당 기간 동안
구강 건강을 관리해줄 것이라고 대답할 것이다. 그 지점에서 그는 대화가
통하지 않는군 하고 돌아가거나 그럼 어디 한번 잘해봐 하는 표정으로 얼마
쯤의 현찰을 주고 갈 것이다.

치과 원장으로 환자들을 치료하기 시작하면서 나는 월급 의사 때보다 환자들의 라이프 스타일과 태도에 민감해졌다. 그들의 덴탈 아이큐와 만족도는 어느 정도이며 누구와 함께 치과에 오는지, 치료비는 누가 대는지 등에 대한 소재 파악이 빨라진 것이다. 나는 개업 전 몇몇 치과에서 월급 의사를 하고 의무 공무원으로 일한 적이 있다. 치과가 위치한 지역적 특성과 원장의 경력과 성격에 따라 환자층이 달랐다. 어떤 치과에서는 주로 고위 공무원이나 장성, 교수들이 박사님의 치료를 받으러 왔다. 그곳에서는 월급 의사인 내가 먼저 기본적인 진단 과정을 밟고 나서도, 간호사들이 "원장님, 진료 좀 해주세요" 하고 몇 번을 부르러 가야 했다. 그러면 그제서야 남자 원장 선생님이 "어이구, 요즘 치과 의사 협회 일과 학회 일이 너무 바쁘군요. 그동안 잘 지내셨습니까?" 하는 인사로 진료를 시작했다. 그들은 사교적이었고 진료 외 시간에 만나 골프를 치거나 서로가 계획하고 있는 사업을 협의하기도 했다. 그러나 치과를 방문하는 대부분의 환자들은 인근 지역에 있는 직장에 다니거나 가정을 꾸리고 사는 사람들이다.

특히 개원 초기의 젊은 여자 치과 원장을 찾아오는 환자들은 매우 바쁘고 생활에 지친 사람들이 많다. 작은아이는 업고 큰아이는 손을 잡고 치과 문을 들어서는 젊은 엄마들은 산후 조리를 받는 듯한 표정으로 치과 의자에 앉는다. 동네 아주머니들은 은행이나 시장에 갔다 오는 길에 치과를 방문한다. 그녀들은 "난 아픈 건 딱 질색이야" 하다가도 입술과 뺨이 마취되는 사이 꾸벅꾸벅 존다. 졸다가 깨서 자신의 입 안을 치료하는 치과 의사의 손놀림이 부드럽고 야무지다고 생각되면 무슨 수다거리라도 생긴 듯 득의양양한 표정으로 집으로 돌아간다. 새로 생긴 치과의 젊은 여자 원장이 꼼꼼하고 친절하게 치료를 잘한다는 소문을 내주는 사람들은 바로 그 여자들이다. 그들의 소개에 의해서 그 여자들의 남편과 친척들과 옆집 여자들이 우리 치과를 방문한다.

　남자 중고등학생들은 머리에 무스를 바르고 담배를 피다가 가글린을 하고 찾아오고, 여고생들은 몸에 착 달라붙는 교복을 입고 수업 시간중에 아프다고 달려온다. 노총각들은 여성의 부드러운 위안을 받고 싶은 표정으로 엄살을 떨고, 결혼한 남자들은 간호사들에게 자기 마누라를 대하듯이 허세를 부리고 사라진다. 실직자들은 술냄새를 풍기며 치과에 들어오고, 밤일을 하는 여자들은 이가 부러지거나 잇몸이 퉁퉁 부어 찾아온다. 젊은 여자 원장인 나에게 선뜻 큰 치료를 받기로 결정하는 장년의 남자들은 이미 어디선가 이를 해넣고 잘못된 경험이 있거나, 너무 오랫동안 치통으로 고생한 사람들이다. 이들은 오랜 고생 끝에야 나의 의학적인 견해에 귀를 기울이고, 성실한 자세에 마음을 연다. 나는 이들의 주치의가 되기 위해 그들의 입 안에 나의 지식과 정성을 쏟아붓는다. 그들이 나의 환자들이다.

치과 의사란 마스크 쓰기

나는 환자들에게 좋은 치과 의사가 되기 위해 다분히 자기 암시적인 마스크를 꺼내 쓴다. 물론 환자를 볼 때 종종 튀어오르는 침이나 피, 공기 중에 떠다니는 세균들로부터 자신을 보호하고 감염을 막기 위해 마스크만이 아니라 보안경도 쓰고 소독 장갑도 껴야 한다. 그러나 내가 마스크를 쓰는 이유는 술자로서 좀더 객관적인 거리를 두고 환자의 상태를 체크하기 위한 것이다. 환자에게 믿음과 만족을 주기 위해서는 신속하고 정확한 진단과 설득력 있는 언어 선택이 필요하다. 그런 면에서 꾸밀 줄 모르고 고지식하며 상대방과의 마찰을 두려워하는 나는 상당한 핸디캡을 가지고 있다. 종종 치과 의사로서의 직분을 수행하는 나로부터 분열되어 망설이고 고심하며 상처를 받을 때가 있다. 그래서 자연인으로서의 내 삶은 실수 투성이다. 하지만 치과 의사로서의 내 삶은 통계학적으로 5% 이하의 유의 수준에서 완벽해야 한다고 자기 암시를 한다. 이러한 자기 암시는 집요하고도 처절한 자기 방어 장치이기도 하다.

자기 암시의 내용은 이러하다. 난 양심적이고 전문적인 실력을 갖춘 치과 의사가 되려고 노력하고 있다. 나이 또한 삼십대 중반에 접어들어 세상 물정을 어느 정도 꿰뚫게 되었으니 누구와도 적절한 의사 소통을 할 수 있을 것이다. 또 내가 여자라고 해서 전문적인 노력을 게을리한다거나 이를 빼는 데 힘에 부친다거나 하는 등의 일은 없으리라는 생각들이다. 하지만 충분히 검증되지 못한 자기 암시는 착각일 경우가 더 많다. 착각은 어느 정도의 자아 도취와 연민, 그리고 혐오감을 동반한다. 어쩌면 이 글을 쓰는 지금의 나 역시 뭔가 커다란 착각 속에 빠져 있는지도 모른다. 이러한 착각과 자기 암시는 어느 순간 또 다른 현실 속에서 뼈저린 시행 착오를 겪을 수 있다. 삼십대 중반에 접어들면서 난 사실 두려움이 많아졌다. 이 세상에서 확실한 것은 아무것도 없어졌다. 또 질병은 반드시 극복되거나 예방할 수 있는 것이 아니라 더불어 사는 것, 끊임없이 조절하며 사는 것이라는 생각이 든다. 하지만 몸과 마음으로 체험된 시행 착오를 통해 나는 세계와 자신에 대한 통찰력과 면역 능력을 길러 오지 않았는가?

원장실에서

내가 일하는 병원의 출입문은 반투명한 막이 덮인 유리문이다. 바닥은 나무 타일로 마감했는데 개원 당시 고심 끝에 병원에 들어오는 모든 환자들이 실내화로 갈아신도록 책장 하나를 신발장으로 바꿔 놓았다. 하지만 대부분의 환자들은 자신들이 벗어놓은 신발을 발깔개 위에 벗어놓은 채 대기실 소파에 앉아 버렸다. 그래서 아침에 출근할 때마다 현관에 신발이 몇 켤레나 벗겨져 있는지 살펴보는 것이 병원 일과의 시작이다. 현관에 몇 켤레의 신발이 놓여 있는가에 따라 내가 가운으로 갈아입고 모닝커피를 마시면서 하루를 계획할 시간적 여유가 결정된다.

원장실은 두 평 남짓한 크기에 책상과 책장, 컴퓨터가 놓여 있고, 달력과 옷걸이, 상담용 의자 하나가 있다. 창문이 없어 대낮에도 불을 켜놓는 사설 독서실같이 좁은 방이지만 그곳은 나만의 작은 공간이기도 하다. 환자가 많은 날에는 원장실에 앉아 있을 시간이 없지만, 환자들이 약속을 지키지 않거나 바람소리만이 현관 종소리를 울릴 때면, 나는 원장실의 고요에 휩싸이곤 한다. 그 고요함 속에서 잠시 일기를 쓰기도 하고, 소설책을 읽거나, 그저 떠오르는 생각들을 음미하면서 한적한 시간을 즐기고 싶어한다. 하지만 개원의인 내게 오늘 요구되는 일들은 매우 현실적인 것들이며 그 부피 또한 상당하다. 그래서 당장 필요한 일들을 먼저 하기로 결정한다. 밀린 의료 보험을 청구하고, 환자 차트와 약속 장부를 체크하고, 최신 저널을 리뷰하고, 우편물들을 뜯어서 분류한다. 그것들은 그 시간이 지나면 낡은 영수증처럼 효용 가치가 없어지는 것들이다. 하지만 개원의로서의 현실을 헤쳐나가기 위해서는 쫀쫀하게 챙겨야 하는 것들이다. 그러나 현실적인 삶의 무게에 눌려 자기를 쏟아부어야만 하고 어느 한 군데에서도 자신을 충전시킬 수 없을 때 삶에 대한 짜증과 혐오감이 생긴다. 도무지 이 직업을 가지고 자아 성취를 할 수 있으리라 기대할 수가 없다. 그런 혐오감은 내게 치과 의사 노릇을 하는 것에 대해 무감각하게 만들기도 한다. 치과 의사라는 명찰을 단 무감각한 기능인, 구로동 사람들에게 서구적인 치과 의료의 잣대를 들이대는 젊은 여자인 나는 치과로 올라오는 통로만큼 좁은 삶 속에 갇혀 버릴까봐 두려운 것이다.

시행 착오

환자들과 마주 대할 때에는 잠시 나를 잊는다. 그들의 입 안에 고개를 들이박고, 그들의 입과 몸 안에서 일어나는 미세한 변화에 주목하면서 치과적 술식을 행할 때 그러하다. 그 시간 나는 그 동안 배우고 익힌 치의학적 지식과 경험의 지시를 받는다. 치의학적 지식과 기술들은 많은 환자들의 구강내 통증을 해소하고 구강 건강을 복구해 주는 데 상당한 효력을 발휘한다. 하지만 치료 후에도 계속되는 그 환자만의 독특한 통증을 유발시키는 심리적 회로를 발견하고 해소하기란 생각보다 쉽지 않다. 최신 서구 치의학의 발달 속도로도, 합리적인 의사 소통 방법론으로도 완전히 가 닿을 수 없는 것이 환자들의 마음이며, 그 마음이 깃든 육체이다. 환자들과의 크고 작은 불협화음이 때때로 나에게 치명적인 상처가 되기도 하고, 나의 아파오는 허리와 어깨에 찬바람이 돌게 한다.

언젠가 대기실에 환자들이 꽉 차 몇 명은 서서 기다리거나 몇 명은 약속을 다시 잡고 돌아가려 할 때였다. 한 남자가 현관문을 박차고 들어와 "이 치과에서 마취를 한 뒤부터 해병대까지 잘 다녀온 내 아들이 입맛을 잃었어. 어떻게 보상할 거야" 하며 소리를 질렀다. 난 그 남자의 아들을 떠올리고, 올 것이 왔구나 생각했다. 그 환자는 얼마 전 나에게 간단한 치과 치료를 받은 뒤부터 입맛이 짜게 느껴진다고 했었다. 난 환자의 상태를 자세히 살펴 진료 기록부를 작성한 후 치대 및 의대 교수진들에게 환자의 상태에 대해 문의를 했었다. 관련 분야 교수들은 이제까지 그런 경우는 세계적으로 보고된 바 없었으므로 좀더 관찰해 보라고 했다. 그래서 난 환자에게 좀더 기다려 보든지, 삼차 의료 기관에서 더 정밀한 진단과 치료를 받을 수 있도록 주선해 주겠다고 했었다. 그리곤 몇 개월 동안 환자에게 소식이 없다가 그의 아버지가 들이닥친 것이다. 나는 그의 아버지에게 환자가 바쁘더라도 직접 병원에 와서 객관적인 검증 절차를 받으셔야 문제를 해결할 수 있지 않겠느냐고 간곡히 호소했다.

그날 대기실에 앉아 있던 환자들 중 일부는 마취를 받기를 꺼려했다. 마취가 된 후에도 기계 소리에 눈살을 찡그리곤 했다. 그날 밤 난 치과 의사가운이 아니라 죄수복을 입고 법정에 서 있는 꿈을 꿨다. 법관은 함무라비

법전에 의거해 '이에는 이, 눈에는 눈'이라는 논리로 내 혀를 자르라고 명령을 하고, 간수들이 달려와 '너의 유아적인 결벽증이 문제를 증폭시키고 있어, 어서 자백해' 하고 속삭여 댔다. 새벽녘 잠에서 깬 나는 입이 바짝 말라와서 물을 연거푸 석 잔을 마셨다. 그 후 그 환자는 다른 과 전문 병원에서 괜찮다는 판정을 받고 나서도 어떠냐고 물으면 "그저 그렇다"고 하기도 하고, "미안하다"고도 한다. 하지만 난 그 자신만이 느끼는 통증의 진실을 알고 싶다. 내가 마취했던 수천 명의 환자들과 이후에 마취될 환자들을 위해서도. 아직까지 의학적으로 검증해 내지 못하는 통증들도 많고, 정상이라는 제3의 판정이 날 때까지도 의사에 대한 환자들의 불신은 계속될 수 있다. 물론 의사의 실수로 야기되는 의료 사고는 미연에 방지되어야 하고, 환자와 그 가족들이 겪는 정신적 육체적 고통에는 반드시 정당한 대가가 치러져야 한다. 환자와 의사, 모두 피하고 싶은 것이 의료 사고이다. 하지만 전문적인 치의학 지식과 기술을 습득하고 신중을 기한다고 해서 문제를 백 퍼센트 없앨 수는 없다. 복잡하고 어려운 환자를 많이 대하는 의료계의 대가들일수록 경계선에 있는 환자들을 치료하기 위해 노력하다가 실패하는 확률도 상당하기 때문이다. 문제는 의사와 환자 간의 의사 소통과 합리적이고도 윤리적인 문제 해결 방식이다. 피치못할 상황에서 벌어져 버린 사고와 갈등은 환자와 의사 모두를 존재의 위기 상황에 몰아넣고, 자괴감을 일으킨다. 그것을 책임있게 껴안고 도의적으로 최선을 다하기가 힘이 들더라도 나는 미래에 또 생길지도 모를 그들과 기꺼이 화해하고 싶다.

여자 치과 의사의 하루, 그 하루 동안의 만남들

인생은 하루살이와 같다는 말에 나는 전적으로 동감한다. 그리고 누구나 조금쯤은 억울하게 생각하는 삶의 모습들도 냉정히 따져보면 스스로 선택해 온 것들이라고 생각한다. 살기 위해선 돈도 필요하고, 남편이나 친구 같은 동반자도 필요하고, 직업도 필요하다. 보험 회사 직원들은 죽을 때까지 내게 필요한 돈을 시간대별로 그래프를 그려 가지고 와서 나를 설득하려 했다. 하지만 자신의 삶을 보험금으로 바꾸고 싶은 사람은 아무도 없을 것이다. 나는 단지 치과 의사로 살아가는 중년의 시간들을 아껴 쓰고 싶을 뿐이다.

치과 의사가 되기까지 비싸고 오랜 시간이 걸리는 교육 과정을 거쳐 왔다. 그렇지만 어떠한 치과 의사로 살아가야 할지를 배우지는 못했던 것 같다. 특히 가정을 갖고, 개원을 하고, 나이가 먹어가면서 말이다. 지금 생각해 보면 치과 의사 교육 과정이 '산 너머 산'인 삶의 풍경들을 조망하기 위해 거쳐야 했던 일종의 고속도로 건설 사업 같은 것이 아니었을까 생각된다. 나는 오랫동안 소식이 끊겼던 치과대 선후배들을 '치과 의사 보수 교육' 같은 곳에서 만나곤 한다. 졸업 후 십여 년이 지난 지금 교수나 종합 병원 치과 과장직을 꿈꾸는 몇 명을 제외하곤 거의 모두가 치과 원장님이 되어 있다. 그런 우리들에게는 '군대 기간 삼년'이나 '시집살이 삼년'보다 긴 치과 의사 양성 기간을 거쳤지만 아직도 배워야 할 것들이 많다.

하루가 다르게 새로운 치과 재료와 장비들이 개발되어 나오고, 육천 개가 넘는 치과를 찾아오는 환자들의 요구도 달라지고 있다. 학창 시절에 배운 지식과 개념들은 이미 낡고 오래된 국도처럼 노면이 불규칙해져서 계속해서 보수 확장 공사를 하거나 새 길을 뚫어야만 치과 의사직을 유지할 수 있는 것이다. 이러한 치과 의사 소프트웨어 프로그램 개발 비용은 컴퓨터 본체를 바꾸는 것과 마찬가지로 전적으로 치과 의사들의 개인적 부담이다. 이렇게 해서 백화점에서부터 아파트 상가까지 네온사인을 단 치과 간판들이 늘어 가고, 원장님들은 야간 스터디 그룹에서 계속해서 보수 교육을 받고, 환자들은 이 치과 저 치과를 쇼핑한 뒤 가장 믿음직한 곳에서 입을 벌린다.

이러한 상호 경쟁과 자기 개발 원칙은 어느 직종에나 있게 마련이다. 그래도 사람들은 불확정한 시대에 확실한 면허나 자격이 주어지는 전문직들을 선호한다. 또 전문가들은 고유한 업무에서의 독점권을 확보하기 위해 여러 가지 환상들을 제공한다. 아마 전문가가 된다는 것은 여러 환상적인 정보들 중에서 어떤 것들이 가장 인간들에게 실질적으로 도움이 되는 것인지를 판단해낼 수 있는 통찰력을 기르는 것이리라 생각한다.

나의 친정 부모님은 딸들은 반드시 교사나 의사 등의 자격증이나 면허증이 부여되는 전문직을 가져야 한다고 생각하셨다. 하지만 그 딸들이 전문직을 갖고 있으면서도 전혀 전문화되지 못한 가정 생활과 자의식 속에서 고뇌하고 있다고는 생각하지 않으신다. 자본주의 사회에서 사업자 등록을 해본 사람들은 돈을 번다는 것이 쓰는 것보다 비장한 일이고, 치과 하나를 꾸려나가는 것이 중소 기업 하나를 운영하는 것만큼 힘이 들 수도 있다는 것을 충분히 알 것이다. 그럼에도 불구하고 가까운 사람들은 물론이고 나 자신조차도 그 부분을 머리 속에서 지우려 한다. 어차피 적응이란 타협 속에서 이루어지고, 나는 비타협적인 성장 욕구를 아이에게 불러주는 자장가 속에 조용히 잠재워 버리는 연습을 많이 해왔으니까. 그래도 내가 보험 설계사보다도 내 삶을 제대로 설계하지 못한다는 생각이 들 때면 주위의 사람들을 만나 내 삶을 다시 한번 되돌아보게 된다.

치과 대학 여자 친구들

우리 치과대 동기들은 한 달에 한 번 여동기 모임을 하고, 일 년에 한 번 동기 모임을 갖는다. 여동기 모임 때에는 주로 병원 운영에 관한 이야기나 육아 정보, 시댁 이야기 등을 주고받는다. 학교 때부터 공주였던 친구는 명절 때 물 한방울 손에 안 묻힐 수 있었던 비법을 공개한다. 남편이 의사인 친구는 모델 같은 다른 의사 사모님들을 부러워한다. 병원에서는 환자, 아니면 기공사, 간호사들이 번갈아 속을 썩이고 집에 가면 파출부 아주머니들로는 해결되지 않는 가사 노동이 기다리고 있다. 환자를 많이 보면 허리와 어깨가 끊어질 듯 아프고, 환자가 없으면 초조하고 지루하다. 남편들은 너무 살찌거나 말라가는 아내들의 몸매를 탓하고, 아이들은 엄마가 돌아올 때까지 숙제를 하지 않는다. 아파트촌에선 전업 주부들이 맞벌이 부부의 아이들은 드세거나 정서가 불안하다고 슬며시 왕따를 시키고, 유치원이나 학교에서는 자주 학부모 면담을 요구한다. 시어머니들은 곧잘 며느리의 살림을 탐방하고 친정어머니들은 힘들어도 참고 살라고 한다.

그런데 과연 누가, 어떤 사람들이 바람을 피는가? 물론 자신들의 남편만 빼고 많은 남자들이 다른 여자들과 바람을 핀다. 바람을 피는 사람들은 욕심이 많거나 삶이 공허한 사람들이다. 아니다. 그건 정말 알 수 없다. 바람이라도 피는 사람들은 그래도 열심히 살아보려는 사람들이다. 배신은 가장 가깝게 믿었던 사람들이 때리는 것이다. 어제까지 잘 나가던 사람들이 빚보증을 서게 하곤 사라지고, 빚은 갚아도 또 생긴다. 그래도 이혼은 하지 말아야 한다. 글쎄, 네가 그 상황이면 자존심이 허락하겠니? 그 자존심, 그게 자기 발목을 묶는 족쇄 아니야? 고등학교 때 기초 영문법과 수학 정석에 통달하고, 대학교 내내 수석만 하더니 가정 생활도 만점 받고 싶은 거지? 아니야, 우리 나라 치과 대학 통틀어 여자 교수가 몇이나 된다고 그러니, 괜히 아까운 시간만 낭비한 거지. 요즘은 아이들과 같이 지내면서 남편 월급으로 산다 생각하니 마음이 편해. 시어머니 분부로 집에서 아이를 보고 있는 친구가 깔끔한 웃음으로 이야기를 마무리한다.

모두들 슬금슬금 시계를 훔쳐볼 때쯤 모임 장소로 뛰어들어 오는 친구, 오늘은 그애의 생일이다. 야, 주인공이 이렇게 늦게 오면 어떡하니? 오늘 못 만나면 나중에 온라인으로 생일 축하비를 보내려 했지, 여동기 회장이 반가움 반 짜증 반 섞어서 소리지른다. 미안해, 갑자기 아프다고 뛰어 온 환자를 어떻게 취소하니? 차는 내가 살게. 그런데 너 왜 야간 진료까지 하고 그러니? 아이엠에프라 직장에서 빠져나올 수 없는 사람들 치료해야 하니까,

요즘은 웬만한 병원은 다 야간 진료를 하잖아. 난 야간 진료하니까 눈만 침침하고 환자도 별로 오지 않던데. 너희 리셉션 리스트를 좀 바꿔 보질 그래, 환자 약속을 잡는 데 서투른가 보지. 그래도, 넌 정말 대단하다. 야간 진료를 하면서 새벽에는 수영도 한다면서, 난 이소라의 살빼기용 비디오테이프를 따라할 시간도 없는데. 넌 원래 몸놀림이 좀 둔했잖아. 그리고 남자 애들은 골프들도 많이 치는데 우리라고 못할 게 뭐야. 난 단순히 수영을 하는 게 아니라 헬스 클럽에서 근육 강화 훈련도 한다고.

육 년 이상을 좁은 공간에서 맞부딪쳐 온 친구들이라 우리는 서로의 성격이나 생체 리듬에 대해서까지도 너무나 잘 알고 있다. 그래서 서로에게 예민한 부분을 쑤셔 대기보다는 수다를 떨면서 스트레스를 푸는 것이다. 연신 하품을 해대던 나도 내달에는 꼭 수영이나 헬스 클럽을 끊어야겠다고 생각한다. 이어 생일인 친구에게 돈을 걷어 주고, 축하의 말을 전하면서 핸드백을 챙기곤 모두들 황급히 사라진다. 모두들 집에서 엄마와 아내, 가정 주부의 손길을 기다리고 있기 때문이다.

집

집, 결혼 후부터 집은 나에게 휴식처가 되어 주지 못했다. 아이는 깜깜할 때 들어오는 엄마에게 잠투정을 하기 위해 기다리고 있고, 남편의 억양은 인내심이 한계치에 도달한 듯 부자연스럽다. 나는 그들이 다 잠이 든 뒤에 잠을 자고, 그들보다 먼저 일어난다. 그래야 차버린 이불을 덮어 줄 수 있을 뿐만 아니라, 아주 잠시 동안이지만 나만의, 나 혼자만의 시간을 가질 수 있기 때문이다. 아이와 남편의 잠자는 숨소리를 들으면서 잠시 명상을 하는 것, 이것이 내가 생각하기 때문에 존재하는 시간이다. 다시 아침이 오면 아이는 감기에 걸려서 구역질을 하듯 가래를 뱉어내고, 나는 아이의 유치원복을 갈아입히다가 남편 양말을 꺼내 주고 그 사이에 드라이를 켜서 젖은 머리를 대충 말린다. 이들을 무사히 출근시키는 것이 내가 안심하고 출근할 수 있는 조건이 된다.

일을 마치고 집에 돌아갈 때에는 되도록 치과에서 있던 일들은 말끔히 지워 버린다. 아이를 만나는 시간이 적으므로 더욱 애틋하게 사랑해 주어야 한다. 복사본이 아닌 원본 영어 비디오테이프를 사줄 수 있지만, 아이의 잠재 의식 속에 쌓인 불만을 모두 끌어내어 들어줄 수는 없기 때문이다.

주중에는 아파트 상가에서 싱싱한 야채와 과일, 갓 구운 빵과 두부를 사고, 일주일에 한 번씩 백화점 지하1층 식품 코너나 대형 농수산물 상점에서 시장을 본다. 아이는 엄마가 요리할 때 도와주고 싶어하고, 그 사이 옆집 아이가 놀러오고, 남편이 들어온다. 남편은 "아빠다" 하고 현관문에 소리를 지르면서 달려나가는 아이와 아내를 보고 싶어하고, 아내가 끓인 된장찌개 냄새를 맡고 싶어한다. 남편은 내가 합당한 이유로 늦는 것에 대해 흔쾌히 동의하는 편이다. 그것은 평균 일주일에 한두 번 가량이다. 남편은 내가 논문을 쓰거나 공부를 하기 위해 석달 동안 밤 12시에 들어오고, 새벽 6시에 나가는 것을 도와준 적이 있다. 하지만 평상시에는 내가 남편보다 일찍 들어와 주기를 바란다. 9시 뉴스가 끝날 무렵 저녁 설거지가 끝나면, 아이와 놀아주거나 남편이 틀어 놓은 비디오테이프를 되는 대로 본다. 하지만 아침과 마찬가지로 아들과 남편 두 사람을 동시에 만족시키긴 어렵다. 그리고 이들을 배려하는 것이 항상 나의 행복이 되지는 못한다.

삶은 항상 심술궂은 모순덩어리이다. 행복의 사정거리 안에는 많은 위험과 불행들이 포복해 있다. 특히 의지와는 상관없이 찾아오는 불행들에 대해서는 더욱 그러하다. 세상을 다 돌아다니지 않아도 많은 사람들과 친하지 않아도 한두 사람을 깊이 사랑하고 같이 사는 결혼 생활 속에서도 배울 점들은 많다. 하지만 결혼의 플라시보 효과(가짜 약으로 치유 효과를 보는 것) 속에서도 위기는 찾아온다. 결혼에 성공한 치과 대학 여자 선배들은 흔히 말한다.

결혼 생활이 너에게 요구하는 일에 충실하라고. 넌 자의식이 약하고, 너에게 꿈은 따로 없다고 말이다. 넌 나중에 의사나 변호사가 될 아이를 키우고, 남편을 출세시키고, 직업적으로도 성공한 신여성이 되야 해, 그게 바로 너야, 하고 말이다.

여자 치과 의사의 남편들은 같은 직종이 아니면 주로 쥐꼬리만한 봉급자일 경우가 많다. 하지만 그럴수록 남편의 직업에 더 높은 정신적 가치를 두어야 한다. 여자가 가정보다 자기 일을 우선시하는 순간부터 결혼 생활이 덜컹거리기 시작하고, 더 싸울 가치가 없어지면 형식적 부부 관계를 유지하거나 이혼하게 된다. 그러니까 결혼 생활은 고도의 인내력을 요구한다. 언젠가 한두 번쯤은 상대방의 외도를 용서하고, 카드 빚을 적금을 해약해 청산해 주고, 침묵할 수 있는 참을성이 있어야 한다.

하지만 내가 결혼 생활에서 가장 두려운 것은 같이 살므로써 언젠가 두 사람 다 삶의 의미와 감각들을 잃어버리게 되지 않을까 하는 점이다. 남편은 언젠가 내게 꼭 하고 싶은 선물이 있다고 했다. 그것은 나 혼자 며칠간 떠날 수 있는 여행 티켓이라고. 그때 난 대답했다. 난 그것보다 더 오래 혼자 있고 싶을 때가 있어, 하고 말이다. 그건 남편도 역시 혼자 여행을 떠나고 싶어서일 것이다.

극장과 놀이터

장난감도 건전지가 다 돌면 멈추듯이 해야 할 의무들로 가득찬 내 삶도 충전될 시간이 필요하다. 나는 가끔 토요일 오후 진료가 끝나는 즉시 지하철을 타고 시내에 나가 영화를 본다. 상영 시간이 임박해도 누군가 데이트 상대가 나타나지 않아 되물린 표가 한 장쯤은 있게 마련이다. 막 시작한 영화 자막 속에 투명 인간처럼 스며들어가 작중 인물들의 표정과 심기를 살핀다. 그들의 불행해 하거나 괴로워하는 표정을 눈여겨보면서 그들이 너무 쉽게 행복을 찾고 늙어 간다고 생각한다. 내 삶이 과연 십 분짜리 영화라도 될 수 있을까 의아하기도 하지만 두어 시간 동안 몰입할 수 있다는 것이 행복하다.

서점에 가서 새로 나온 책들을 뒤적이기도 하고, 카페에 앉아 안주 없이 맥주 한두 병을 마시기도 한다. 토요일 거리로 쏟아지는 인파 속에서 그 누구와도 부딪치지 않고, 누구의 방해도 받지 않는다. 잠시 나 자신과의 데이트를 즐기다가 마감 시간이 임박한 택시 기사처럼 택시를 타고 집으로 돌아간다. 아이도 토요일을 좋아한다. 월요일에도 엄마, 오늘이 토요일이지, 토요일엔 환할 때 올 거지, 몇 번씩 되묻곤 한다. 더 어둡기 전에 집에 돌아가 아이의 세발 자전거를 밀어주고 어린이 놀이터에서 흙장난을 해야 한다. 아이의 자전거를 밀어주면서, 슬픔은 자전거로 달린다고 생각한다.

놀이터 벤치에 앉아 노는 아이들을 바라보면서 커피를 마신다. 노는 아이들이 성장을 멈춘 채 했던 말을 또 하고 같은 일들을 되풀이하는 어른들보다 변화무쌍하다. 하지만 자세히 살펴보면 그들에게도 천진난만한 아이다운 면모와 잔인하고 비도덕적인 아이들 집단 간의 갈등이 존재한다. 같은 평수의 아파트 아이들 간에도 집단적인 아이들이 한 아이를 왕따시킨다. 잘사는 집 아이들은 이기적이고 못사는 집 아이들은 순박하다가 비뚤어지기 시작한다. 하지만 이 아이들은 일찍부터 섞여서 자라 친구가 되야 한다.

또 집에 있는 엄마들의 지나친 교육열은 아이들을 마마보이와 마마걸로 만들기 쉽다. 낮에 집에 있는 엄마들은 다른 아이를 괴롭히는 자기 아이를 야단칠 수 있어야 한다. 이런 생각들은 직장을 나가고 가끔씩 늦기까지 하는 엄마인 내가 갖고 있는 열등감이 빚어낸 편견들일지도 모른다. 하지만 아직까지 우리 아파트에선 자기 아이를 편드는 엄마가 직장에 나가는 엄마 수보다 더 많다. 나는 늦은 밤 놀이터에 나가 아이들의 놀이터가 싸움터로 변하는 것을 가끔씩 목격한다. 그럴 때 아이를 두고 감히 혼자 외출할 엄두가 나지 않는다.

노스승님

내가 존경하는 노스승님은 정월 초 세배를 올리러 간 제자와 맞절을 하신 후 이런 말씀을 하시곤 했다. 무릇 의사란 직분은 흰 가운을 입고 뭇사람들에게 봉사하는 직업이다. 너의 판단만으로 환자에게 지시할 것이 아니라 그들과 치료 전과정에 대해 상의해야 한다. 그들의 고통을 돈으로 환산하지 말고, 너의 과학적 지식과 윤리적 태도를 고양할 지표로 삼아라.

나는 스승님께 반론을 제기한다. 선생님, 요즘 의술은 인술이 아니라 환자와의 계약 관계에서 출발합니다. 의료도 국가 정책과 개인적인 경영 방식으로 전환한 시점에서 소수의 장애인이나 실업자들에게 해주는 봉사 활동이 무슨 의미가 있습니까? 스승님은 대답한다. 그럴수록 너라도 해야 하지 않느냐? 여자 치과 의사는 사회적으로 혜택받은 위치에 있으니, 자신과 가족의 안일에만 몰두하지 말고 자신을 키워준 사회에 환원하는 것이 옳다. 선생님, 선생님은 평생을 학문에 대한 집념과 열정으로 살아오셨는데 과연 여자들에게도 그런 기회가 동등하게 주어진다고 생각하십니까? 저는 찾아갈 여자 선생님이 거의 없습니다. 그런 소리 하지 말고 애를 재우고 난 뒤에 공부를 해라. 그러면 선생님, 한 가지만 더 묻겠습니다. 오십여 년을 치과 의사로 사는 것이 행복하셨나요? 노스승은 난처한 표정을 지으며 망설이신다. 나는 그의 망설임이 좋다. 나 자신의 삶은 부끄럽지만, 한번도 타인의 삶을 흠모한 적이 없다. 먼저 너 자신에 대한 연민에서 벗어나거라. 그리고 무슨 일을 하든지 열심히 하거라.

그때 노스승님은 암투병중이셨다. 난 선생님께 환자를 그만 보고 쉬시라고 권했다. 쉬시면서 곧 출간될 책 원고도 정리하시고, 선생님이 살아오신 삶도 정리하실 시간이 필요하지 않으시냐고. 하지만 선생님은 난 스케일링이라도 하는 게 기분이 좋아, 그리고 내 약값이라도 좀 벌어야 할 거 아니야 하셨다. 난 그런 선생님이 잘 이해가 되지 않았다. 하지만 요즘 나는 스케일

링을 하면서 이런 생각을 한다. 사람들은 누구나 습관적으로 하던 사소한 일들을 사랑하게 된다는 것을. 치과 의사는 환자들의 입 안에 자신의 삶의 일부를 기록하게 되는 거라고. 하지만 난 할머니가 되어서까지 치과 일을 하고 있을 자신을 쉽게 상상할 수 없다. 늙은 여자의 사회 활동이나 학문 활동을 그다지 많이 보지 못해서일까?

여자 치과 의사의 기원

우리 나라에서 처음으로 서양식 여자 의사가 된 사람은 김점동(박 에스더)이고, 여자 치과 의사는 1928년 동양치전을 졸업한 이순이로 기록되어 있다. 그러나 『조선왕조실록』을 살펴보면 가씨, 장덕, 귀금, 옥해라는 중세 동양에서 가장 오래되고도 유일했던 치과 의녀들을 만날 수 있다.

태종 6년(1406년), 조정에서는 병관의 나이 어린 종년을 뽑아 의서를 가르쳐 의녀라 이름하고 이들로 하여금 부인의 병을 고치게 하는 의녀 제도를 마련하였다. 그 중 제주의 가씨는 선비들의 집에 드나들면서 치충을 잡았는데 효험이 있었다고 전해진다. 가씨는 죽기 전에 의녀 장덕에게 치통과 콧병, 눈병에서 벌레를 잡아내는 술법을 가르쳤다. 장덕은 이가 아픈 사람의 얼굴을 위로 하여 입을 벌리게 하고 은으로 만든 숟가락으로 이에서 조그마한 벌레를 꺼냈다고 한다. 따라서 이가 아픈 사람은 누구나 장덕을 다투어 맞아들이거나 장덕의 집 앞에서 문전성시를 이루게 되었다. 곧 장덕은 대궐로 불려들어가 여의가 되었다. 장덕이 죽게 되자 그녀의 종으로 있던 옥해와 귀금이 그 의술을 전수케 하였다. 그러나 귀금이는 그 의술을 숨기고 전수하지 않자 관에 불려가 의술의 이득을 독점하려는 것이 아닌지 문초를 당하게 된다. 그때 귀금이 말하기를 "저는 7세부터 이 의술을 배워 16세가 되어 그 전부를 배웠습니다. 이제부터 제가 제 마음을 다해서 가르치지 않으면 그들이 배우지 못할 줄 압니다"라고 대답하였다. 그러나 귀금이의 대답과는 달리 치과 의녀들에 의한 의술은 더이상 전해지지 않는다.

조선 후기에 이르러 연산군은 의녀들에게 가무와 관기의 임무를 부과시키게 되어 그 사회적 신분이 하락하게 되었다. 일제 시대에 이르러 비록 소수이지만 여성들을 위한 서양식 의료 교육 제도가 마련되고 서양식 여자 간호사와 여자 의사들이 배출되기 시작했다. 이렇게 의학 분야에서 여자들이 일하게 된 것은 사회적으로 여성의 힘을 인정받을 수 있는 좋은 기회였다. 의학 분야에 들어선 여자들은 끊임없는 자기 개발을 통해 인간애를 실천할 수 있는 능력을 부여받았다.

하지만 의업에 종사하고 있는 나 역시 선배 여자 의료인들의 삶의 궤적들을 잘 알지 못한다. 의료 단체에서 여성들이 활동한 기록이나 여성 의료인 스스로 남긴 사적인 기록조차 매우 적기 때문이다. 몇 안 되는 여성 의료인들의 이름을 졸업생 명부 같은 데서 확인하게 될 때면 그래서 그 세대의 신여성들은 동창회를 그렇게 소중히 여기는가, 하는 생각이 들곤 한다. 하지만 그녀들이 장덕과 같이 치과 의업에 뛰어난 사람들이었는지, 아니면 나르시시즘과 자기 연민에 빠져 귀금이처럼 전문가적인 소양을 독식해 버렸는지, 아니면 돈을 벌어 남편에게 큰 뜻을 실천할 기회를 줬었는지 도무지 알 수가 없다. 게다가 아직도 일을 하는 여자들은 팔자가 거세 보이는가, 많은 여대생들이 스스로 의사나 교수가 되기보다는 그들의 부인이 되고 싶어한다는 기사가 실리곤 한다.

요즈음 나는 학교에 갈 때마다 교수님들에게 이야기를 듣곤 한다. 요즘의 여학생들은 점점 영악하고 무서워져 가고 있지. 이전처럼 공부만 열심히 하는 게 아니라 자기 주장도 강해지고 있어. 나 역시 그녀들이 우리 세대보다 이해가 빠르고, 영리한 자기 암시를 하리라 생각한다. 하지만 그들의 미래가 결코 투명하지만은 않다는 것이 기성 세대가 된 우리의 공통된 우려이기도 하다. 날이 갈수록 경쟁은 치열해지고 사람들은 살기 어려워진다. 이제 막

수련을 마친 후배들은 "언니, 어디 취직할 데 없을까요?" 하고 묻는다. 그리고 "왜 비싼 등록금 내고 십여 년을 공부했는데, 할 수 있는 것이 별로 없을까요?" 하고 혼잣말을 하기도 한다.

나는 그들에게 뚜렷이 해줄 말도 도와줄 수 있는 것도 별로 없어 미안하다. 어차피 치과 의사로 살아간다고 해서 삶이 항상 우호적인 것은 아니라는 것을 그들도 알게 될 테니까. 그럼에도 여자 치과 의사로 살아가면서 해야할 일들도 있을 것 같다. 아직까지 여자 치과 의사들의 각각의 삶의 스타일이 조금씩 다름에도 개인적인 병원 운영이 지역 사회에는 여자 의사들의 활동으로 인식되는 경험을 갖게 된다. 또 여자 치과 의사들은 비교적 수입이 많고 생활의 여유를 즐길 수 있는 직업이라는 사회적 인식 속에서도 업무의 하중은 높고 시간적 여유는 적은 직업임에는 분명하다.

그러한 현실 속에서 여자 치과 의사로 살아가기 위해서는 더 전문적이고 투철한 자기 훈련 과정이 필요하고, 사회적으로도 지역 사회의 문제들에 동참할 수 있는 열린 시각도 더욱 필요한 것 같다. 나 역시 이 업무에 종사하면서 인간의 질병에 대한 이해와 극복 노력을 더 하게 되고, 자신과 타인의 삶의 질에 대해 더 많이 고민하게 되는 것 같다. 그러므로 여자 치과 의사로 살아간다는 것은 무력감에 빠지기보다는 부딪쳐서 헤쳐 나가야 할 일이 더 많은, 많은 사람들의 몸과 직접 부딪쳐 쾌유를 이끌어 내는 활기에 찬 직업임에는 분명한 것 같다.

■ 이주연 — 67년에 태어나 연세대 치과 대학을 졸업하고, 현재 예방 치과학 박사 과정중에 있다. 문학에도 관심이 많다.

나는 방송 구성 작가다

주혜영

나는 방송 구성 작가다. 흔히 다큐멘터리로 대표되는 교양 프로그램을 만드는 육년차 작가다. 내가 '언니'라고 부르는 사람보다 나를 '언니'라고 부르는 작가들이 많을 때, 아, 이 동네서 나도 세월깨나 보냈구나 하는 생각에 문득문득 놀라곤 한다.

작가 생활의 시작

다 그렇겠지만, 내 작가 생활의 시작은 물론 미미하였다. 대작가가 되겠다는 사명감이 있던 것도 아니고, 텔레비전을 너무나 좋아해서 TV 프로에 관한 한 인류학 학위 하나쯤은 거뜬히 딸 수 있다고 호언할 처지도 못 되었고, 그 누구보다 이 일을 잘할 수 있으리라는 자신감이 있던 것은 더더구나 아니었다.

내가 일을 쉬고, 집에서 난생 처음 백수라는 걸 할 때였다. 펑펑 남은 시간을 뭘 하고 지내나… 방안에 있는 책을 몽땅 정리하고, 가구점에 가서 집어

오면 그만인 책꽂이를 굳이 짜서 맞추고, 오디오를 보러 며칠이나 돌아다니고 그러면서 내가 뭐가 되려나 그런 생각을 하고 있었다.

그때 나는 세상에 무서운 게 없었다. 세상 모든 거에 다 실망했으니까 이제는 더이상 실망할 게 없다고, 뭐가 내 앞에 와도 놀래나 봐라, 어떤 가치 있는 것에도 내가 기대를 하나 봐라, 그런 오기들이 나를 둘러싸고 있었다.

9월쯤이었을 거다. 하루는 아침 나절에 TV를 보는데, 방송 작가를 공모한다는 광고가 나오는 게 아닌가. 시험 과목도 프로그램 모니터와 새 프로 기획안이라고 했다. 전에 일을 그만두면서 뭘 할까 했을 때 잠시 방송 작가라는 걸 해볼까 하는 생각이 들긴 했지만, 시험이 이렇게까지 부담 없을 줄이야… 나는 대학 시절의 리포트 정도로 생각하고 냉큼 자료를 준비해서 방송국으로 보냈다. 내 기억에 아마 A4 서른 장이 넘었던 거 같다. 며칠쯤 지났나, 1차를 통과했으니 면접과 2차 필기 시험을 보러 오라는 연락을 받았다. 다음날, 나름대로 정장을 차려입고 방송국이라는 데를 처음 가봤다.

내 기억에, 그때 모인 사람들이 모두 서른세 명이었는데 그 중에 남자는 딱 두 명이었다. 나를 빼고 나머지 서른 명의 여자들 중 반은 한눈에도 '선배, 또는 경력자'로서의 면모가 보이는 느긋한 사람들이었다. 나중에 안 사실이지만, 그들은 방송사나 케이블 텔레비전, 프로덕션에서 이미 작가로 활동하고 있는 사람들이었다. 이미 작가인데, 작가가 되기 위해서 또 시험을 본다고 하니까 잘 이해가 안될 텐데, 무슨 말이냐 하면 방송 작가, 적어도 교양 작가에는 세 단계가 있다.

제1단계 '자료 조사'. 말 그대로 프로그램에 필요한 자료를 조사하는 작가다. 이 일을 할 수 있는 기회는 방송국 아카데미 구성 작가반에서 수학중인 작가 지망생들에게 주어지는 게 보통이다.(방송 아카데미는 운영하는 방송국마다 차이가 있는데, 한 학기 그러니까 6개월에 200만 원 정도의 등록금을 낸다고 한다). 그 다음 단계는 서브 작가 단계다. 프로그램의 섭외와 취재, 구성을 보조하면서, 프로그램에 따라서는 때때로 한 꼭지(코너)를 담당해서 직접 쓰기도 하기 때문에, 전혀 '쓰지 못하는' 자료 조사와는 질적으로 다른 단계다. 서브 작가를 하면서 나름대로 인정을 받으면 '드디어' 메인 작가가 되는 거다. 이 메인 작가들이 보통 사람들이 떠올리는 '방송 작가'다.

이 중에 자료 조사와 군소업체의 서브들이 공중파 방송국의 공채 작가에 응시하는 것이다. 공채 작가가 되면, '서브'로 발령을 받으니, 자료 조사에게는 한 단계 승진(?)이요, 군소업체 작가들에게는 큰물에서 놀 수 있는 기회가 생기는 것이다. 내가 시험을 본 해에는 총 아홉 명이 작가 공채를 통해 뽑혔는데, 자료 조사나 서브 작가로 이미 방송 일을 하고 있던 사람 넷, 아카데미에서 수업을 받고 있던 학생들이 셋, 그리고 방송국 근처엔 얼씬도 안 했던 사람이 둘이었다.

여기서 잠깐! 그렇다면, 시험 보고 발령(?)을 받은 공채 작가들은 방송국 사원일까요? 천만의 말씀 만만의 콩떡! 프리랜서 초년생, 그날부터 준비된 산업 예비군의 길로 들어서는 것이다. 잘하면 길이길이 살아남아, 대작가에 왕언니가 될 수도 있지만, 아니다 싶으면 당장 보따리를 싸야 한다.(처음에 작가가 돼서 하는 일이 짐작과는 너무나 다르기 때문에 스스로 알아서 일주일만에 보따리를 싸는 사람도 있고, 보기에는 일 잘할 것 같았는데 시켜 보니 영 개념이 없어, 외압으로 내보내는 사람도 있다.) 실제로 공채 첫학기(방송국에는 일 년에 두 번의 개편이 있는데 그 기간을 가리켜 '학기'라고 부른다)를 마치기도 전에 짤려서 집에 간 사람도 있었다.

사람들이 무슨 일을 하냐고 물어보면, "방송국에서 시다 해요" 하고 대답을 했던 서브 시절, 선배들이 제일 먼저 해준 말은 "이 동네는 말이 참 많은 동네다, 입 조심해라"였다. 서브 시절의 나는 귀머거리 삼년, 벙어리 삼년, 장님 삼년을 한꺼번에 치르고 있었다.

그렇게 방송국에서 서브 작가로 네번째 학기가 끝나갈 무렵, 안면 있던

모 피디가 메인 작가로 자기와 함께 일할 생각이 없냐고 물었고, 나는 그 피디와 함께 드디어 '작가'로 첫 학기를 시작하게 되었다. 그때 나와 함께 입봉한(조연출이 연출이 되는 것도 입봉이라고 하고, 서브가 메인이 되는 것도 입봉이라고 한다) 동기는 한 명. 이년 전 함께 공채에 합격한 아홉 명 중에 두 명만 메인이 되었다.

지금도 나를 입봉시킨 피디를 만나면, "그때 대체 나의 뭘 보고 입봉을 시켰느냐"고 물어본다. 그러면 그 피디는 자신도 뭘 믿고 그랬는지 모르겠다는 투로, 항상 신나게 일하는 모습이 좋았다는, 엉뚱한 얘기를 대답이랍시고 한다. 그땐 내 실력도 거품에 가렸던 모양이다.

어디나 그렇겠지만, 작가 세계는 거품이 많다. 말하자면 "저이는 잘하는 작가야" 혹은 "한번 일해 보고 싶은 작가야" 했을 때, 그런 평가의 기준에는, 작가의 실력도 물론 있겠지만, 실력을 확대하고, 축소시키는 다른 인자들이 분명히 있다는 거다. 예를 들자면, 가장 큰 영향력은 함께 일했던 피디의 실력이다. 정말 끝내주는 피디와 일을 하는 작가는, 덩달아 그 가치가 높아진다. 특히나 그 피디가 특정 작가와 오랫동안 파트너로 일을 계속할 경우, 그 실력은 피디의 것인 동시에 작가의 것이 되기도 한다. 이런 작가의 경우, 그 피디와 헤어지고 프로그램을 했을 때, 말하자면 거품이 걷혔을 때도, 대박을 터뜨린다면, 정말 잘하는 작가로 인정을 받게 된다. 또 다른 거품은 정치력이다. 프로그램만으로는 최고의 점수를 받지 못하지만 피디들, 특히 팀장 이상의 데스크들과는 아삼륙인 작가들. 그런 작가들은 어쨌거나 안정적인 기반을 구축하고 끊임없이 새로운 제안을 받는다. 비중 있는 프로그램의 작가가 되고, 이름도 날리게 된다. 가장 미미한 거품으로는 '인상'이라는 게 있을 거다. 의욕적인 '듯' 보이고, 성격도 원만한 '듯' 보이고, 일도 잘할 '듯' 보이는. 이거야말로 한번 일해 보면 단박에 거품이 걷히는 거지만. 이것이 아마 나를 입봉시킨 거품이었을 것이다.

긴 휴가를 끝내고

메인이 되어 두번째 학기를 지날 무렵이었다. 버스를 타고 방송국으로 가는 중에 문득 내가 이 똑같은 길을, 똑같은 시간에 벌써 삼 년이나 다니고 있다는 생각이 들었다.(방송 작가가 프리랜서다 그러면, 출퇴근 시간도 자유롭고, 심지어 출근이라는 개념이 없지 않을까 생각하겠지만, 천만의 말씀이다. 특히 자료 조사와 서브 작가는 '시간외 수당' '특근 수당' 등 수당이 없는 직원이라고 생각하면 된다.) 방송국에 '너무 익숙해진' 나를 발견했다고 해야 하나… 아무튼 어디를 가나 반쯤 적응한 상태가 좋다고, 그래야 그 판 전체가 보이고, 나도 목소리를 제대로 낼 수 있다고 생각하는 나에게, 익숙해진다는 것은 좀 비굴하고, 눈치 보고, 알아서 하고… 뭐 그런 단어랑 통하는 데가 있는 말이었다.

그 학기가 끝날 때, 드디어 나는 '뜨고' 말았다.(방송국에서 '뜬다'는 단어는 두 가지 의미가 있다. 하나는 잘 아시다시피, 인기가 폭발할 때, 또 하나는, 어느 프로그램에도 소속되지 못하고 공중에 붕 떴을 때, 나의 경우는 후자다.) 새 학기 새판을 짜고 있는데, 나에게 함께 일하자고 말을 건네는 피디가 없었던 것이다. 아, 이런 게 바로 짤리는 거로구나, 혼자 그러고 있을 때, 모 피디가 나를 위로한답시고 따로 불러내어 얘기하기를, 내가 능력이 없어서 짤리는 게 아니라 데스크에 밉보여서 떴다는 것이다. 나도 별로 데스크를 이뻐하지 않던 터라, 그 사람이 날 안 이뻐하는 거야 하등 섭섭할 일이 아니었는데, 그 피디가 얘기한대로 그 때문에 다른 피디들이 나한테 일하자는 얘길 못한다면, 정말 비방용으로 '유치뽕이다' 비웃으면서 나는 기꺼이 보따리를 쌌다.

비참하거나 그러지는 않았다. 그러지 않으려 무의식적으로 노력도 했다. 주변에서 함께 일하던 사람들이 괜히 나에게 미안해 하는 것도 썩 보기 좋지는 않았다. 외국에서 공부하는 친구한테 놀러갈 계획을 세우고 웃으면서 방송국을 나왔다. 누가 곧 땡기겠지(땡긴다는 것은 일하자고 부르는 것, 데려가려고 하는 것), 이번 학기 지나면 괜찮아지겠지, 그땐 그런 생각은 하지 못했다.

여행은 역시 좋았다. 공부하는 친구라 나랑 놀아줄 수 없는 게 너무 다행이었다. 아침부터 출근하는 마음으로 집을 나서서, 다리가 아프도록 돌아다니고, 아무 곳이나 내가 가고 싶은 데는 다 들어가서 말도 안 되는 영어로 얘길 나눴다. 사람들에 부대끼지 않고, 일에 쫓기지도 않는 휴가, 머리 속에 잔디가 깔리는 느낌이었다.

돌아오는 길에, 앞으로는 이 년에 한 번씩 나에게 휴가를 줘야겠다고 생각했다. 사람은 죽는 그날까지 사는 거고, 어느 나이든지 앞으로 올 미래에 대한 담보만은 아니다. 그렇다면 나는 열심히 일을 할 거다, 그리고 열심히 쉴 거다. 그런 생각을 하면서 돌아왔다.

돌아와 보니, 예전에 함께 일한 조연출이 입봉을 했으니 함께 일하자며 연락을 해왔다. 바로 그 일을 시작했다. 그리고 오늘까지 계속 일을 하고 있다. 이 년마다 스스로에게 긴 휴가를 주겠다는 약속은 벌써부터 깨지고 말았다.

요즘 나는 거짓말 조금 보태면 일주일에 한 이틀은 밤을 새는 것 같다. 평균적으로 그렇다는 거고, 몰아서 밤을 새니까 연달아 사흘씩 새는 경우도 있다. 밤새고 아침에 들어가서 씻고 누웠다가 점심 때 나오기를 연달아 사흘씩. 모든 일이 그런 거는 아니다. 일주일에 한 번씩 규칙적으로 밤을 새는 일도 있고, 한 달에 한 번 몰아서 며칠을 새는 경우도 있다. 동시에 프로그램 두세 개를 맡으면 밤샘은 그만큼 더 자주 온다. 나이 사십이 넘어도 밤을 꼴딱꼴딱 새워야 하니 사주에 물이 많은 사람(사주에 물이 많으면 밤을 잘 샌다고 한다)이 아니고는 참 버티기 힘든 일이긴 한가 보다.

공급 과잉 시대의 작가들

'방송 작가' 하면 글을 쓰는 일'만' 하는 사람이라고 생각하는 방송국 물정 모르는 사람들이 아직 있을는지 모르겠다. 절대 아니다. 오죽하면 이런 말이

한편의 방송이 막을 내릴 때. 이 글의 내용과 상관 없음.

다 생겼겠는가, "방송 작가가 작가면, 장의사도 의사다."

작가는 아이템을 고르고, 내용을 구성하고, 그에 맞는 취재원을 찾고, 촬영의 틀을 짜고, 편집 구성을 하고, 대본을 쓰는 일을 한다. 때로는 피디의 곁에 앉아서 밤을 새면서 며칠씩 편집을 함께 하기도 한다. 편집기를 잡고 있는 것은 피디고 작가는 그 옆에 앉아서 필요한 테이프를 찾아주고, 다음에 붙일 컷에 대해서 의견도 내고, 때로는 그 자리에서 구성도 바꾼다. 편집 구성안을 쓰고, 그걸 가지고 피디와 의견을 교환했으면, 피디 나름대로 붙이고, 나중에 파인 커팅(가편집을 최종 편집으로 고치는 것)을 작가와 함께 하는 게 일반적인 코스인데 왜 편집하는 피디 옆에 앉아 며칠씩 밤을 새는 '오버'를 하는 것일까. 프로그램마다 조금씩 사정이 다르긴 하지만, 이에 대해 선배들은 참 할말이 많은 듯싶다.

방송 작가, 그러니까 구성 작가라는 직업이 생겨난 초창기는 지금과 사뭇 달랐다고 한다. 10년차씩 된 선배들의 얘기를 들어보면, 그때는 지금보다 작가의 영역이 훨씬 확실했고(작가가 이렇게 프로그램 전 과정에 발을 담그고 있는 게 아니라, 그 중 몇 단계를 책임지고 했다는 것이고, 그 중에는 물론 편집 과정은 없었다는 얘기다), 작가가 지금보다는 훨씬 더 권위가 있었다고 한다. 명시된 규칙이 있었던 것은 아니지만, 암묵적인 합의로, 한동안 이런 작가의 영역과 권위가 지켜져 나갔다고 한다.

그런데 어느 날, 이 룰을 위반하는 일단의 인류가 방송국에 상륙했다. 방송 작가가 '여성' 인기 직종의 하나로 여기저기 소개되면서, 청운의 꿈을 안은 여성들이 대거 방송국에 들어올 그 즈음이었다고 한다. 갑자기 경쟁자는 많아졌고, 그 안에서 살아남으려면 남보다 튀어야 했는데, 그 튀는 방식이 다양했던 게 문제다. 자신이 있던 사람들은 물론 실력으로 튀었다. 하지만 그들 중에는 더 낮은 서비스로 승부하려는 사람들이 있었고, 그러다 보니 상도덕에 어긋나는 행위를 하는 사람들이 생겨난 거다. 그때까지 피디나 다른 스탭들의 영역에 있었던 일들을 하나씩 자발적으로 대신해 주기 시작했고, 세월이 흐르다 보니, 그것이 관행으로 굳어졌다는 것이다. 그렇게 육칠 년이 지나 오늘날에 이르자, 작가는 프로그램의 자막 글자 하나에서부터 큐시트(방송의 순서를 시간대별로 그린 표를 말하는 건데 이건 전통적으로 피디의 일이었다. 그런데 지금은 이걸 그리는 피디가 반이나 되려나)까지 모든 제작 과정에 참여하게 된 것이다. 노동 강도는 무지하게 높아졌고, 전문성은 그만큼 떨어져 권위는 예전 작가들의 발꿈치에도 못 간다. 절대적으로 많은 일을 하면서도, 극소수를 제외하곤 대부분의 작가들은 어떤 권위도 갖지 못하는 처지가 된 것이다.

일반인들은 어쩌면 잘 이해가 되지 않을 편집 얘기를, 그것도 모든 방송사 모든 프로그램에 해당되지도 않는 특수한 얘기를 이렇게 장황하게 늘어놓은 것은, 대량 공급, 대량 소비 시대의 작가들이 어떻게 자신의 입지를 다져 왔고, 그것이 어떻게 무덤이 되었는지를 보여 주고 싶어서였다. 작가가 편집 작업에 참여하는 것도 멀리서 보면 이런 과정의 하나일 수 있다.

방송 작가의 조건

방송 작가는 여자가 압도적으로 많다. 아니, 남자가 거의 없다고 봐야 한다. 특히 구성 프로그램에서는 그렇다. 반대로 피디는 남자가 압도적으로 많다. 해마다 공채를 통해 들어오는 피디를 보면 남자가 몇 명이건 간에 여자는 한 명, 많아야 두 명이다.

여자 피디가 드문 건, 이 사회 어디를 가나 여자에게 일자리를 주는 데 인색하니 별로 새로울 것도 없다. 그럼 여자 작가가 많은 건? 내가 방송 일을 처음 시작할 때부터 그랬고, 내 선배들이 일을 시작할 때도 여자 작가들이 압도적으로 많았으니 아마 작가는 처음부터 여자들이 많았나 보다.

왜 그랬을까?

방송국에 작가라는 직업이 등장한 게 80년대 초반, 방송 장비 중에 ENG 카메라라고 하는 들고 찍는 카메라가 대량 보급되면서부터라고 한다. 이전까지는 모든 프로그램이 스튜디오 녹화, 혹은 생방송이어서 심지어 드라마도 생방송으로 하고 CM도 스튜디오에서 생방송으로 했다고 한다. 그러던 것이 ENG 카메라의 보급과 함께 대량 녹화가 시작되고, 그에 따른 편집, 그리고 대본 작업이 이전에 비해 양적으로 늘어나게 된 것이다. 이때쯤 방송국에 교양 프로그램을 전담하는 파트가 생겼다고 한다. 이전까지는 피디 혼자서 해온 제작 영역이 이때부터 분화되기 시작했고, 방송 작가가 생긴 것도 이 무렵의 일이라고 한다. 그 후 88올림픽을 거치고, 방송 시간이 늘어나면서, 제작 분량도 기하 급수적으로 늘었고, 방송사에서는 알음알음으로 데려다 쓰던 방송 작가 시스템을 벗어나 작가 공채라는 것을 시작하게 된다. 얼마 전 한 방송사에서 낸 책자를 보니 방송 작가 공채 1기 작가가 올해로 경력이 10년이 되었다고 한다.

처음에 작가를 고를 때, 보통 남자보다는 여자가 '글'과 더 친하다고 생각했을 것이다. 준비된 산업 예비군으로서 불안정한 수입에도 불구하고 의욕적으로 일을 할 수 있기로는, 가장으로서 가정을 책임져야 하는 남자보다 여자가 훨씬 적합하다고 여겼을 것이다. 또 최종 결정자가 따로 정해져 있는 일의 성격상, 작가는 보조적인 성격이 강했고, 엄밀히 따지자면 수평 관계보다는 수직 관계에 가깝기 때문에, 피디는 남자, 작가는 여자라는 성별 분업이 생겼을 것이다. 또 작가를 지망하는 여성들의 입장에서는 이 사회 다른 어느 분야보다, 성적인 차별이 덜한 곳이고, 성취도도 높은 곳이라, 비교적 덜 밑지는 직업이라고 생각했을 것이다.

피디는 방송사에서 뽑지만, 작가는 방송국 피디들과 메인 작가가 함께 뽑는 경우가 많다. 물론 비정규 채용의 경우를 말한다. 공채는 일 년에 한 번 있고, 그것도 열 명 안쪽이고, 게다가 해마다 뽑을지 안 뽑을지도 사실 불투명하다. 그러다 보니, 현실적으로는 공채보다 비정규 채용을 통해 수시로 들어오는 인력이 더 많다. 그만큼 학기 도중에 그만두고 나가는 사람이 많다는 얘기기도 하다.

이럴 때 방송국에서 취하는 방법은 먼저 방송 아카데미로 전화를 하는 방법이 있고, 그 다음에는 대학으로 공문을 보내는 방법이 있다. 후자의 경우는 물론 서울 시내의 모든 대학에 보내는 건 아니다. 특정한 학교, 그것도 특정 과에만 보낸다. 여대의 경우가 많다. 어느 과에 보내냐 하면, 국문과나 신방과다. 그렇다면 방송국 일을 하려면 신방과나 국문과를 나와야 하느냐. 천만의 말씀이다. 물론 국문과나 신방과 출신들이 타과에 비해 많기는 하지만 실제로는 공대, 음대, 미대, 법대… 없는 과가 없다.

나도 아카데미를 통해서 '서브 작가'를 뽑은 적이 있다.(요즘 IMF 이후에는 방송국에 자료 조사가 많이 없어졌다. 그래서 애초부터 서브 작가를 구하는 경우가 많다. 그러면 자료 조사가 했던 그 일들은 누가 하냐, 서브 작가나 메인이 나눠서 한다. 그러면서 돈은 이전과 같거나, 혹은 훨씬 줄었다.) 네 명을 면접했다. 물론 다 여자였고, 학교를 졸업하고 일 년, 혹은 이 년이 다 돼가는 백수들이었다. 그 중에 한 명을 뽑았다.

좋은 작가란 '통찰력'이 있으며 '경우의 수'를 많이 가지고 있는 작가라고 한다. 하나의 아이템이 있을 때 그것을 끌고 나가는 방향을 수없이 많이 가지고 있는 사람, 그런 사람이 되려면 왕성한 호기심을 가지고 지식에 탐욕스러우면 된다고 생각한다. 하지만 그건 메인 작가가 되고 나서지, 작가를 처음 시작하는 자료 조사나 서브 시절(우리는 두 시절을 통칭해 새끼 작가라고 부른다)에는 그런 능력이 보이지도 않고, 드러낼 기회도 많지 않다. 그러면 새끼 작가는 뭘 보고 뽑았느냐, 그건 우리 피디 말을 인용해 '아이디어도 있고, 끈질긴 맛이 있는 사람'이라고 해두자. 간단한 말이지만 이것이 정확한 표현이다. 거기에 성실함이 보태져야 하는 건 물론이다. 묵묵하게 자기 앞에 떨어진 일은 무슨 일이 있어도 해낸다는 믿음을 줄 수 있고, 심지어는 시킨 일보다 하나를 더 해오는 사람. 그러면 거기서 더 무엇을 바랄까. 새끼 작가가 하는 일은 섭외랑 취재뿐만 아니라 프리뷰라는 것이 있다. 찍어온 테이프를 다 보고, 어디엔 무슨 그림이 들어 있고, 어디에서 누가 어떤 말을 했는지, 정확한 지점과 정확한 내용을, 그대로 받아쓰는 일을 한다. 그게 테이프가 한두 권 혹은 네 권일 때는 별일이 아니지만, 장기 기획하는 프로 그램일 경우는 오십 권이 넘고 칠십 권이 넘는 경우도 있다. 그러면 테이프 하나에 30분씩, 칠십 권이면 시간이 얼마야… 어쨌든 그걸 다 하는 거다. 그러니까 성실하지 않으면 절대 못하는 일이다.

방송국에도 '요즘 애들'이 있다, 많다. 끈질기게 남자 친구 얘길 묻는 피디 앞에서 웃으며 받으면서도 "한번만 더 그렇게 말하면 성희롱으로 고발하겠 다"고 얘기하기도 하고, 싫은 건 싫다고 똑 부러지게 말하고, 때로는 그 말대 답이 너무 과해서 좌중을 일순 썰렁하게 하기도 한다. 하지만 그래도 여기서 꽤 일하고 있는 아이들은 '요즘 애들 같지 않은 요즘 애들'이다. 기본적으로 묵묵히 받아들이고 성실하지 않으면 할 수 없는 일이기 때문이다. 아무리 빛나는 아이디어도, 성실함과 묵묵함을 이기지 못한다.

나를 마주하는 경험

얼마 전에 한 후배가 나를 잡고 진지하게 묻기를 "언니, 언니는 다시 육 년 전으로 돌아가면, 그때도 작가를 선택했을 거예요?" 한다. 나는 쉽게 대 답했다. "응. 그랬을 거야." 그때 내가 할 수 있는 최선의 선택이었다고 지금 도 생각한다. 다시 그 상황이 되어도 나는 작가를 했을 거다. 물론 지나고 나서 생각하면 운이 좋았다고 얘기할 수 있는 일들이, 그렇지 않은 일보다 많아서 쉽게 대답할 수 있을지도 모른다. 하지만 나라고 없었겠는가. '참을 수 없는 존재의 가벼움' 때문에 토할 것 같은 순간들, 화장실에 가서 울던 일들, 이상한 피디를 만나서 말도 안되게 무시당한 일들, 지금도 절대 존경할 수 없는 선배들. 새롭게 얻은 사람들이 있는가 하면, 버려야만 하는 것들이 있기 마련이다. 나는 여기서 이십대를 다 보냈지만, 그래도 잘한 선택이었다고 생각한다.

이미 이 길로 접어든 지 오래됐고 다른 선택의 기회가 없어서라고 할지도 모르겠다. 그럴지도 모른다. 선배들은 그렇게 얘기했었다.

"어느 날 생각해 보니 이 일 말구는 내가 나가서 할 일이 없드라구."

그리고 사십이 넘은 한 선배는 말한다.

"내 나이가 정년 아니니? 앞으로 일이 년이면 이 일을 그만둬야 할 텐데. 뭐할까 그러고 있다니까 지금."

이 선배는 왕언니 중에 왕언니다. 선배와 함께 일을 했던 피디들은 이제 하나둘씩 데스크가 되어 제작에서 손을 떼고 있고, 앞으로 몇 년이 지나면 그 선배는 현업의 피디들보다 나이가 많은, 그래서 모시고 일해야 하는 작가가 될 것이다. 그때가 정년이라고 말하는 것이다. 물론 피디보다 나이가 한참이나 많은데도, 젊은 피디들과 일하는 작가도 있다, 정년이 없는 작가들. 그런 사람들은 방송 3사를 통틀어 정말 다섯 손가락 안에 꼽을 만큼, 한줌도 안 되는 숫자다. 작가와 피디의 역학 구조상 그렇게 되기는 어려운 일이라는 것이다. 내일 모레가 정년이라는 그 선배는 지금도 후배들이 "언니, 나 그만 둘래" 하면 "그래 잘 생각했다"고 한단다. 그 선배가 이삼 년 후를 두고, 나는 뭘 할까를 생각하는 것은, 정말 할 일이 없어서가 아니다. 찾으면 할 일이야 없겠나, 지금처럼 여기저기서 가르치는 것도 계속할 수 있다. 다만 그것에 인생을 걸고 매진할 수 있을까, 그만큼 그 일이 재밌을까 생각하고 있는 것이다. 그래서 '뭘 해야 하나' 생각하는 것이다.

나는 아직은, 뻔뻔스럽게도 이 일을 그만두고도 할 일은 많다고 생각한다. 물론 작가 일을 그대로 경력으로 인정받을 일은 없을 것이다, 방송 일이 아닌 다음에야. 하지만 여기서 일하면서 얻은 것을 바탕으로 일을 찾는다면, 세상에 재미없는 일은 많아도, 못할 일은 없을 것이다.

나는 아직까지는 이 일이 재미있다. 보람을 느낀다고 얘기는 못하겠지만, 정답이 없으니까 이렇게도 해보고, 저렇게도 해볼 수 있는 것이 마음에 든다. 물론 스트레스는 엄청 받지만, 그렇게 해서 뭐가 하나, 프로그램이 나오는데, 그건 희안하게도 나와 너무나 닮아 있다. 나라는 사람이 이런 사람이구나, 때로는 실망도 하고, 때로는 대견스럽기도 하다.

매번 다른 아이템을 다루면서도 나는, 나를 마주하는 똑같은 경험을 반복하고 있다. 쓰고 보니 너무나 방송 작가 같지 않은 글이 되어 버렸지만, 내가 작가로서 느끼는 보람은 이것이 전부다. 딱 한 줄 "매번 다른 아이템을 다루면서도 나를 마주하는 똑같은 경험을 반복한다."

여기저기 발표된 글을 보면 방송 작가가 고되기는 하지만 얼마나 훌륭하고 성취감이 대단한 직업인지를 누누히 강조하는데, 만일 그런 기대를 강화시켜 주길 원하고 내 얘기를 읽었다면 전혀 그렇지 못해, 미안하다. 나는 그런 글들을 썼던 선배들과는 다른 세대다. 그러니 느끼는 기쁨과 성취감도 그들과는 다른 종류, 다른 깊이다.

그들이 말하는 작가로서의 기쁨 중에는

"원하면 대통령부터 마라도 초등학생까지 누구나 만날 수 있고, 그들을 통해서 수업료 한푼 안 내고 인생 수업을 한다,"

"하나의 삶을 살면서 얼마나 다양한 삶을 살 수 있느냐,"

"자신을 표현할 수 있는 채널을 가지고 있다,"

"대한민국 여자치고, 이렇게 자신의 의견을 당당하게 드러낼 수 있는 직업이 있는 줄 아느냐. 스무 살 위까지는 능력으로 커버할 수 있지 않느냐,"

"끊임없이 자극에 노출되어 있고, 그 자극을 포용할 수 있는 토대가 있다,"

뭐 이런 것들이 있다. 선배들의 시대에 그것은 맞는 말이었고, 그 중에 일부는 여전히 '작가라는 직업의 미덕'으로 내려오는 것이 있다.

하지만 나는 공급 과잉 시대의 작가다. 작가 지망생이 널린 시대, 한번 쓰고 버려지는 작가가 많고 많은 대량 생산 시대의 작가다. 원했든 그렇지 않든 상관없이 방송 작가의 첫시대를 개척해, 이제는 나름대로 일가를 이룬 선배들과는 다르다. 나는 그저 하나의 직업으로서, 재미있을 것 같아서 작가를 선택한 세대다. 그런 나에게 끊임없이 스스로를 반성할 수 있다는 것은, 삶으로 선택한 직업에서 얻을 수 있는 최고의 보람이 아닐까.

여자로, 방송 작가로, 삼십대로 지금 나는 스스로를 열심히 테스트하고 있다. 나는 어떤 사람인가, 열심히 하면 도대체 얼마나 어디까지 할 수 있는 사람인가, 정말 작가를 계속해도 되는 사람인가? 내가 만들어 내는 프로그램 속에서 그 답을 얻으려고 노력하면서…

■ 주혜영 —'모범생의 탈을 쓴 날라리'로 중고등학생 시절을 지냈고, '호기심'과 '양심의 가책' 사이에서 줄타기를 하면서 대학 시절을 보냈다. 어느 쪽에도 온전히 양발을 담그지 않는 기회주의적인 생활 태도 덕분에, 대학교 4학년 가을에 일찌감치 취직이 되어, 소위 '사회 생활'이라는 걸 시작했다. 두번째 직업마저 때려치우고 백수로 지내던 중, 어느 날 깨달은 바 있어 방송 작가로 전업, 어느새 중견(?)이 되었다. 여기 쓴 글은 순전히 내 개인적인 이야기이다. 사적인 이야기, '나'라는 사람의 특수한 상황에 대한 대단히 구체적이지만, 어쩌면 일반적이지 못한 이야기다.

컴맹이 IP사업을 하기까지

오선희

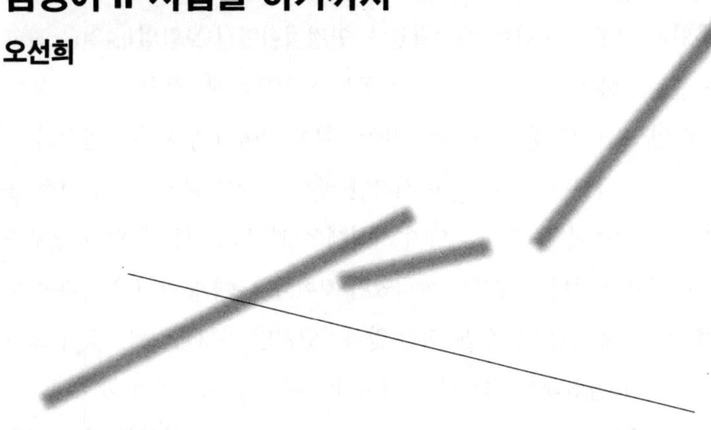

"치명적인 오류가 발생하였습니다." "컴퓨터를 만진 지 얼마 되지 않았는데 다시 사야 하다니…" "컴퓨터 바이러스란 어떻게 감염되는 거지? 손과 자판기를 깨끗하게 해야 하는 것인가?'라는 엉뚱한 생각을 가졌던 것이 바로 1년 전의 나의 모습이다. 지금 생각하면 헛웃음이 나오지만 평소 기계치에다 삼십대가 넘어서 컴퓨터를 만지니 얼마나 두려웠던지… 이런 내가 지금은 컴퓨터가 필수인 IP(Information Provider) 사업을 하고 있으니 참으로 놀라운 변신이다.

안정적이고 보람있는 일을 찾아서

80년대 중반 대학교를 다녔던 사람들과 마찬가지로 나 역시 시대의 흐름에 고민하면서 대학을 다녔다. 졸업 후 자그마한 회사에 취업했으나 결혼하면 당연히 그만두어야 한다는 무언의 압력과 중요한 회의에 여자들은 참석하지 않는 분위기에 더이상의 발전을 기대할 수 없었기에 미련없이 그만두었다.

은행에 취업이 결정되기도 했지만 사회로의 진출 준비 자세가 안 되어 있었기 때문인지 방황의 순간이 계속되었다. 안정적이면서 보람있는 일을 하고 싶다는 생각 때문에 결국 행정 고시 공부를 선택하게 되었다.

새로운 인생을 시작하고 싶다는 열망이 힘이 되어서 무척이나 열심히 공부하였다. 그러나 3년을 예상하고 시작한 공부 기간이 길어지면서 점점 몸과 마음이 쇠약해졌다. 단순한 암기 사항에 쩔쩔매고, 새롭게 영어 공부를 하자니 이래저래 만만한 공부는 아니었던 것이다. 나에게 맞지 않는다는 사실을 깨달은 것은 그다지 오래 되지 않아서였지만 마약과 같은 것이 고시 공부라 어느새 삼십대에 다다랐던 것이다.

나의 삼십대는 좀더 안정적이고 내가 하고 싶은 일을 열심히 하고 있을 것이라 예상했었는데 말이다. 네 번의 시험에서 실패한 후 더 늦기 전에 고시를 그만두기로 결심하고 새로운 일을 하기로 마음을 굳혔다. 이런 노력으로 다른 것을 한다면 뭐든지 할 수 있을 것도 같았다.

그러나 사회가 어디 만만한가? 갓 졸업한 여대생들도 취업하기가 힘든데 삼십대에 아무런 경력도, 경험도 없는 여자를 오라는 데는 없었다. 그나마 우리 사회에서 고학력 여성들이 할 수 있는 학생들을 가르치는 일로 경제적인 도움을 받았다. 어차피 취업하기 힘든 조건이라 천천히 미래를 모색하기로 생각하고, 나이가 들어서도 잘할 수 있는 것, 21세기를 살아가는 데 필요한 것을 집중적으로 찾았다.

'컴퓨터'와 '고시'가 만나다

이리저리 사람들을 만나면서 일거리를 찾고 있을 때 컴퓨터 전문가인 선배와의 우연한 만남은 신선한 충격이었다. 선배 역시 뭔가 새로운 일들을 하고 싶어하는 상황이었고, 나를 만남으로써 컴퓨터(화면 문화)와 고시(문자 위주 문화)라는 어울리지 않는 아이템의 결합을 모색하게 되었다. 먼저 사업성이 있는 것인지 사실 자신이 없었다. 두꺼운 책을 3회독 이상, 줄을 그어가면서 해야 하는 것이 고시 공부의 기본이었기 때문이었다. 그러나 이미 개설되어 있던 IP를 검토해본 결과 적어도 초보자들을 위한 공간으로 자리매김하면 충분히 승산이 있다는 결론을 내리게 되었다.

선뜻 같이 하기로 마음을 먹었지만 당시 난 가나다도 칠 수 없는 완전 컴맹 상태였다. 자판을 익히면서 매일 진도표를 작성했고, 강제성을 위해서 옆 사람의 점검까지 받았다. 자판 연습하랴, 인터넷 세계 돌아다니랴, 컴퓨터 기본 기능 익히랴, 오히려 고시 관련 자료는 깜박할 때가 많았다. 어쩌면 고시는 별로 생각하고 싶지 않다는 심리가 있었던 것도 같다. 사람들을 만나야 하는데 고시에 관련된 사람들을 만나기에는 솔직히 내 자신을 드러내기가 자존심이 좀 상했던 것이다.

과연 고시 아이템이 성공할 것인가?

어쨌든 이왕 하기로 결심한 일. 스스로 얼굴이 두꺼워지기로 결심하였다. 처음에는 컴퓨터로 작업을 할 수 없어서 종이에 원고를 써서 하나하나 두들겨낼 때 나의 한계를 절감했고, 두 배의 시간을 들이는 비효율성은 한동안 계속되었다. 기껏 쓴 글이 논문 투의 원고라 완전히 새로 쓰라는 주문에 얼마나 허탈했는지? 하긴 통신의 소프트한 글은 읽어본 적도 없었으니 무리가 아니었다. 채팅방에 들어갔다 나오는 것을 몰라 그냥 접속을 끊어 버리는 초보자의 무례함을 드러내며 통신 마인드를 익히느라 여기저기 돌아다녔다.

설명을 제대로 이해하지 못하는 나를 몇 번이나 반복해 가르쳐 주면서 선배는 무척이나 답답했을 것이다. 혼자서 모든 정보를 만든다는 것이 불가능해 학교 고시반에 찾아가 후배들과 함께 원고 작업을 했다. 고시반에서 밤샘 작업을 하면서 다시 아침에 사무실에 나가서 원고 교정하고, 학원들을 섭외했다. 그래도 시간과 전문성이 부족해서 결국 국제 자격증 부분은 유학원에 있는 친구의 긴급 도움을 받기도 하였다.

기계란 반복적인 훈련으로 어느 정도 극복된다는 게 운전 면허증을 따면서 내린 결론이었다.(6번 도전 끝에 합격!) 차는 위험하지만, 컴퓨터는 적어도 나에게 육체적인 위해는 가하지 않는 기계이므로 차 운전보다는 더 부담이 없는 것이다. 어차피 카레이서도 아니고, 프로그래머 같은 전문가도 아니니까 기본적인 것들만 익히면 되는 것이다.

물론 컴퓨터 업계에서 일하는 사람들과는 기본적인 정서가 틀려서 힘든 점도 있었다. 스터디나 공동 작업, 한가지 정답에 익숙해 있던 나에게는 자기한테 맞는 방법을 선택해서 혼자서 해결하는 모습이 조금 낯설었고, 만만한 환경이 아니었던 것도 사실이었다. 그러나 고시계와 또 다른 형태의 성실함과 열정은 많은 자극이 되었다. 위계 질서가 그다지 중요하지 않은 분위기도 도움이 되었다. 단축키 공모 때에도 얼마나 기발한 아이디어가 많이 나왔는지? 결국 사업 이름은 유망고시 길라잡이(go umang)로 평범하게 낙착을 봤지만 말이다.

시행 착오가 계속되고 오픈이 될지 안될지도 모르는 상황이 지속되다 드디어 나우누리로부터 「유망고시 길라잡이」는 개설이 되었다. 개설되던 날 얼마나 감격했던지? 정말 춤이라도 출 기분이었지만, 갑자기 긴장이 풀려 몹시도 피곤하였다. 하지만 막상 개설되고 나니까 많은 허점이 보이고 그것을 다시 보완하는 작업을 해야 했다.

처음에 기획했던 안과는 다른 형태로 완성되는 것을 보면서 각기 다른 개성을 지닌 사람들의 결합이 일하는 데는 필요한 것이라는 생각이 들었다. 혼자서 모든 것을 다할 수는 없다. 각자의 장점이 적재 적소에 배치되어 조화를 이루는 것이 일을 하는 데는 필수라는 생각이다. 참신한 기획력, 정확한 기술력, 원만한 교섭력이 각각 장점이었던 우리 팀은 일하는 데는 환상의 콤비였다는 생각이다.

게시판에 바로 올라온 질문에 답하면서 통신 문화의 신속성과 익명성도 참으로 신기했다. 오늘은 몇 명이 들어왔나? 어떻게 홍보하나를 고민하면서 무료 온라인 신문을 만들고, 회원도 모집하고, 무료 수험서 증정 같은 이벤트도 기획하고, 책을 얻기 위해 각종 출판사를 섭외했다. 그러다 신림동이라는 고시촌으로 아예 사무실을 이전하는 대결단도 내려 버렸다. 이는 모두 일이 진행되면서 변화가 되었던 것이다. 끊임없이 토론하면서 갈등도 많았지만 결론을 도출하여 합의하는 과정은 늘 한 단계씩 업그레이드되었던 것이다.

신림동에 와서는 아예 원룸을 얻어서 숙식까지 해결해 가면서 정보를 만들었다. 결국 천리안, 유니텔, 하이텔까지 모두 개설되기까지는 약 6개월이 걸린 셈이다. 그때까지는 돈이 나오지도 않고, 오픈이 되더라도 2 - 3개월 뒤부터 현금이 들어오기 시작했고, IMF로 모 통신사는 한동안 돈을 주지 않는 상황까지 되었으니 무척 궁핍하게 생활했던 기간이었다. 예상보다 지출은 더욱 많아지고 있었다. 처음에 기대가 너무나 컸기 때문에 실망도 많이 했지만, 이는 결국 아이템 자체가 갖는 한계일 수도 있다는 생각이다. 나중에 알게 된 사실이지만 기관을 끼고 있지 않은 많은 IP들의 경우 수입이 50만 원 이하가 많다는 것을 알게 되었다. 우리 아이템은 그래도 최상위 그룹에 있었던 것이다. 이렇게 해서 드디어 보이지 않는 대상과 정보와 서비스로서 승부하는 사이버 가게를 4개 갖게 되었다.

통신 사업의 장점

여러 과정을 거치면서 고시계에서 전문가가 되는 것이 훨씬 현실적이라는 판단에 지금은 혼자서 사업을 운영하게 되었다. 다행히 신문사에 고시 담당 칼럼을 쓰게 되었다. 통신의 특성을 백분 활용하여 이용자와 바로 채팅도 하고 메일을 주고받으면서 관계를 확장시키고 있다. 처음에는 기계처라는 점 때문에 이 일을 계속할지 의문이었지만 지금은 오히려 너무 잘 맞는 것을 선택한 행운이라는 생각이다.

고시 공부할 때 너무 많이 아파 의사가 공부를 하지 말라고까지 했을 정도 였는데 IP사업을 하면서부터는 거짓말처럼 단 한번도 병원 신세를 지지 않았다. 그렇다고 육체적인 강도가 결코 약한 것도 아니다. 지금도 가끔 밤새워 작업을 하는데 이전에는 상상조차 할 수 없는 에너지가 샘솟아 나조차도 놀라고 있다. 가장 빨리 정보를 찾아냈을 때의 희열, 도움을 요청하는 사람들에게 무엇인가 할 수 있는 기쁨 등 감히 일을 하면서 행복하다고 할 수 있을 정도가 된 것이다.

통신 사업의 장점은 다른 사업과는 달리 비교적 성이나 인맥 같은 요소가 영향을 크게 미치지 않는다. 따라서 우리 사회에서 소위 영업 능력이 뒤진다는 여성들에게는 적절한 사업처가 될 수 있을 것이다. 취미와 사업과 경험을 살릴 수 있는 아이템은 얼마든지 있으니까.

가정 주부가 운영하는 부부 문제나 육아 IP의 경우도 그 모든 것을 살려 고소득을 올리고 있기도 하다. 패션에 관심이 많은 젊은 여성의 경우도 스타들의 패션을 아이템으로 삼아 좋은 반응을 보이고 있다. 이는 컴퓨터를 이용한 사업도 결국은 기계 자체의 기술적인 측면보다는 아이템과 틈새 전략이 훨씬 중요하다는 사실을 말하는 것이기도 하다.

IP사업의 노하우 몇 가지

IP사업에서 주의해야 할 점이 몇 가지 있다. 컴퓨터라는 매개체가 대상이지만, 일반 사업에서의 노하우들이 그대로 적용된다는 점을 기억해야 한다. 오히려 서비스 정신은 투철해야 하고, 최신 정보로 무장해야 한다. 경쟁 업체들의 장단점도 정확하게 파악하고 있어야 한다. 신규 정보가 개설되면 항상 긴장하면서 상대의 정보를 분석하게 되는데, 신문사에 썼던 내 글을 무단 도용해서 항의한 적이 있었다. 신문사를 통해 연락하게 했더니 당장 통신사 담당자들의 조치가 취해졌다. 결국 베끼기나 짜깁기는 스스로의 생명력을 단축시키는 것이라는 점을 항상 명심해야 할 것이다. 네티즌 사이에서 좋은 정보라는 인정을 받아 고정 고객 확보를 할 수 있도록 끊임없이 정보 갱신도 해야 하고, 무료 정보도 많이 줘야 한다. 또 한번 신뢰가 떨어지면 회복하기가 쉽지 않다는 점을 늘 기억해야 한다. 고객의 입장에서 생각하는 자세가 무엇보다도 필요하다.

또 하나는 정보 노하우는 너무 쉽게 노출시키지 않아야 한다는 점이다. 나 역시 이런저런 사람들을 만나서 나의 영업 노하우를 쉽게 노출해 경쟁을 하게 되는 상황이 되었다. 내가 아는 분은 개설을 쉽게 하기 위해 공신력 있는 기관을 찾아서 같이 일하자고 했다가 나중에는 그쪽에서 아예 자체적으로 개설을 추진해서 큰 곤경에 빠진 적이 있다. 공과 사는 철저히 구별해야 하고 동업을 하게 되는 경우라도 수고료 문제와 주도권은 미리 합리적으로 결정하고 항상 일의 중심에 서서 말썽의 여지를 없애는 것이 좋다.

그리고 거절을 두려워하지 말아야 한다는 점을 기억해야 한다. 사실 초기에 고시 관련 학원들을 섭외하면서 원장 자체를 만나는 일도 쉽지가 않았고, 거의 모든 곳에서 문전박대를 당한 설움이 있었다. 여러 사람들을 통해 겨우 만나게 되었는데 호의를 가진 사람들은 꼭 있기 마련이다. 거절당하는 게 당연할 수 있음을 기억해야 한다.

마지막으로 혼자서 모든 것을 다하려고 하지 말라는 것이다. 사람마다 장점과 단점, 관심 영역이 다르기 때문에 혼자서 무엇을 완벽하게 한다는 것은 애초부터 불가능하다. 내가 가진 장점을 정확하게 파악하여 부족한 부분이 있다면 그 점을 메울 수 있는 방안을 찾는 것이 필요하다. 기술적인 면이 부족하다면 컴퓨터 전문가에게 일시적으로 도움을 받을 수도 있고, 이리저리 뛰어다니기가 힘든 조건이면 아르바이트생을 둘 수도 있다. 공부하는 수험생들을 정보 제공자로 활용하여 더욱 빠른 정보들에 대해 가치를 지불하고 있다.

IP가 하나의 직업군으로 주목을 받기 시작한 것은 얼마 되지 않는다. 현재는 너무나 많은 제안서들이 올라와서 예전보다 훨씬 개설되기가 쉽지는 않은 상황이기도 하다. 그러나 틈새는 분명히 있는 것이니 도전해 볼 만한 분야라는 생각이다. 컴퓨터를 상대로 **PD**가 되어볼 수 있는 매력적인 직업이니까… 기계에 접먹을 필요도, 개설을 위해 담당자와 대면을 할 필요도, 세금 문제로 너무 고민을 할 필요도 없는 투명한 사업에 빠른 정보력과 최신 감각으로 무장해 도전해 보자! 거절과 경쟁을 두려워하지 말고, 컴퓨터라는 매개체를 통해 일할 수 있는 분야를 찾아보면 자신에게 맞는 것과 잘할 수 있는 것은 분명히 있을 것이다. 21세기라는 정보의 바다에서 멋지게 직업을 일궈내 보자!

■ 오선희 — 66년생으로 고려대 정치외교학과를 졸업하였다. 몇 해 동안의 고시 준비 경험을 바탕으로 현재 「유망고시 길라잡이」라는 **IP** 사업을 하고 있다.

여성 출판 영업자로 서기까지

고진숙

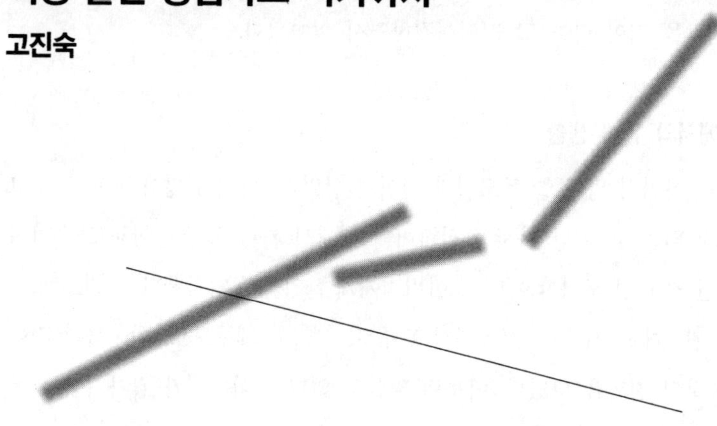

나는 한 달에 한 번은 서울을 떠난다. 조치원, 대전, 전주, 군산, 광주, 순천, 진주, 마산, 부산, 울산, 대구, 청주, 충주 등. 한 번에 4-5일 동안. 두 달에 한 번 들르는 곳도 있지만 대도시들은 한 달도 거르지 않는다. 여행에 주린 사람들은 내게 "참 좋겠다"고 한다. 매연에다 복잡한 서울을 떠난다는 사실 하나만으로도. 진짜 여행이라면 얼마나 좋겠는가?

하긴 좋기도 하다. 일 때문에 다니는 행선지이지만 방방곡곡 사람들 살아가는 모습을 보는 것이 즐겁다. 계절마다 풍성한 과일들을 구경할 수 있거나, 또 억척스럽게 일을 하는 아주머니들을 만나면 그들의 엄청난 힘, 노동의 힘을 느낄 수 있어 좋다. 며칠씩 지방에서 지내야 하니 항상 가방이 무겁고 일이 제대로 풀리지 않아 가슴이 답답할 때 그들을 보는 것은 위안이 된다.

가끔 한 번씩 내 자신을 뒤돌아 볼 때가 종종 있다. "분명 나는 일을 하고 있는 거야." 자신에게 마술을 걸 듯 확인한다. 남들은 자연스럽게 갖게 된 일들이 나에게는 시험을 당하듯 많은 어려운 고비를 넘긴 후에야 주어졌기 때문이다. 나는 내 일을 가져야만 한다고 생각하고 흔히들 하는 "엄마처럼 살지 않을 거야"라는 말을 되새김하면서 살아왔다.

고향에서의 유배 생활

군인인 아버지 덕에 늘 부모님과 떨어져 살았다. 형제가 많아서(칠 남매) 그랬는지 나는 늘 일만 하시는 외할머니 댁에서 자랐다. 초등학교도 수업이 시작된 지 한참 후에야 어느 날 아버지에게 끌려가듯 입학했다. 그리고 느닷없이 원주에서 서울로, 서울에서 광주로, 그리고 제주도로, 친구들과 정이 들만 하면 전학을 다녔다. 아무런 말씀도 없다가 아버지가 갑자기 통보를 하면 우리 식구들은 작은 로보트가 되어 아버지가 시키는 대로 움직였다. 식구들 중 누구도 아버지에게 아무 말도 못했다. 물론 늘 떨어져 살아서 그렇게 불편함을 못 느꼈다. 다른 친구들 모두 다 그렇게 사는 줄 알았다. 그러나 조금씩 성장하면서 친구들과는 다르다고 느꼈다. 가끔 뵙는 아버지는 보이지 않는 절대적인 힘을 지니고 있었고 그 힘 앞에서는 어머니조차 굴욕적일 정도였다. 그 절대적인 힘을 가질 수 있는 이유 중에 하나가 많은 자식들을 거느려야 하는 가장으로서의 책임감 곧 경제적인 힘도 작용했을 것이다.

아버지보다 더 똑똑하고 야무지다는 소리를 듣던 어머니는 아버지와 결혼을 함으로써 아무런 힘을 가질 수 없는 무력한 존재가 되었다. 내 할머니 또한 십일 남매의 맏며느리로 1년에 13번을 넘게 제사를 지내시며, '나'는 없고 오직 가족을 위해 존재하는 삶을 사셨다. 나는 당신들처럼 살고 싶지 않았다.

그러나 나 역시 그렇게 주저앉을 수밖에 없는 현실이었다. 칠남매 중 둘째인 나는 어린 동생들 돌보랴, 집안 살림하랴 여고 졸업 후 10여 년을, 나의 청춘 20대를 그렇게 보냈다. 당시 분위기가 그랬다. 어려서는 부모를 의지하고, 어른이 되어서는 남편을 믿고, 나이 들어서는 아들을 의지하고 사는 것이 여자의 최고 행복이라고 귀가 닳도록 말씀하시는 어른들 천지였다. 여고 동창 가운데 몇 명만이 육지로 대학 공부를 하러 갔다. 고향 제주도에 남아 있는 동창들은 현재 상황에서 벗어날 수 있는 유일한 대안은 결혼이라고 생각들을 했다. 실제 맞선을 보고 결혼한 친구들이 많았다. 요즈음 동창들을 만나 보면 잘사는 친구들도 있지만 이혼했다는 소식도 더러 들린다.

참 암울했다. 사방을 둘러보아도 바늘구멍 같은 틈도 안 보였다. 틈틈이 책을 읽으면서 그럴수록 무엇인가 해야 한다는 압박감은 늘어갔고, 현실의 벽은 두텁기만 했다. 분노하면서, 방황하면서 지낸 20대였다. 남들은 공부하거나, 결혼하여 아이를 낳고 기를 때 무엇을 위해 생존을 하고 어떻게 하면 인간답게 살 수 있는가에 대한 고민 속에서 절망하며 지냈다.

제주도라는 한정된 공간은 늘 내 행동을 제약했다. 바다를 바라보면서 바다 너머 미지의 세계를 꿈꿨다. 가만 주저앉아 있어서는 안 되었다. 지금보다 나은 세상이 있을 거라는 믿음은 어릴 때부터 길들여진 "여자니까, 계집애, 누이니까, 늘 양보해야 한다"는 생각에서 벗어나게 했다.

섬을 탈출하기로 마음 먹었다. 단돈 3,000원을 들고 식구들 몰래 제주 발 목포 행 가야호를 탔다. 가방에는 속옷 몇 벌과 시몬느 드 보부아르의 『제2의 성』을 넣었다. 당시 문학 작품을 탐독하면서 고향에서의 유배 생활을 달랬는데, 그 중 감동 깊게 읽은 것이 바로 시몬느 드 보부아르의 책들이다.

꿈에 그리던 서울에 올라와

막상 꿈에 그리던 서울에 왔지만 제주도와 다른 것은 별로 없어 보였다. 그렇지만 무엇이든 시도할 수 있는 기회와 다른 사람들을 의식하지 않아도 되는 것이 좋았다. 고향에서는 조그만 일에도 소문이 무성하고 말도 많았다. 아버지의 체면을 생각해서 늘 행동에 제약받는 일이 한두 가지가 아니었다.

좋은 자리가 있으니 맞선 보라는 친척들을 만나지 않아도 되었다. 지금 다시
생각해도 고향을 떠난 것은 최선의 선택이었다.

서울에 올라와 처음 구한 직장은 개인이 운영하는 작은 용역 회사였다.
전화를 받고 일을 연결해 주는 일이었는데, 전화를 받는 틈틈이 책을 읽을
시간도 있었다. 쥐꼬리만한 보수를 받았지만, 꿈을 키우듯 돈을 조금씩 모으
는 재미도 처음 맛보았다. 이 시절 헌 책방을 들락거리며 좋아하는 책을
값싸게 구입하여 시간을 죽이는 일이 유일한 낙이기도 했다. 책에서 좋은
부분을 찾게 되면 아껴가면서 읽곤 했다. 책을 읽다 보니 책을 만드는 사람
들이 대단해 보였고, 무엇인가 쓰고 싶다는 욕구가 일었다. 그래서 문학을
공부하는 모임을 기웃거리기도 했다.

그 모임에서 같이 공부하던 사람의 소개로, B 출판사에 취직이 되었다.
그렇게 좋아하던 책을 만드는 곳에서 일을 하게 되다니 매우 기뻤다. 사장님
은 큰 학습서 출판사에서 편집과 번역을 하다 독립한 여성이었는데 직원은
아르바이트 여대생 한 명이었다. 편집 일을 배우면서 일을 하는 조건이었는
데 영업 일을 부탁해 왔다. 참 생소했다. 그러나 설명을 듣고 나니 재미있을
것 같았다. 헌 책방만 다니다 큰 서점에 당당히 명함을 들이밀고 다닐 수
있다니 꿈만 같았다. 이렇게 해서 처음으로 출판 영업일을 시작하게 되었다.

몇 군데 출판사를 거쳐 지금의 「도서출판 또 하나의 문화」에서 일하게
되었고, 그 동안 일한 경험을 후배 여성들에게 나누는 글을 쓰라는 압력(?)을
받고 이 글을 쓰고 있다.

출판 영업이란

출판 영업은 책이란 상품을 홍보하고 팔아서 돈을 만들어 다시 책을 만들
수 있는 토대를 만드는 일이다.

책만 잘 만들면 되지 않느냐고들 하지만 실제로 이 분야에서 일을 하다

보니 현실은 그렇지 않다. 워낙 여러 종의 책이 쏟아져 나오고 책을 전시할 매장은 한정되어 있다 보니, 무엇보다 먼저 서점 담당자에게 이 책이 '좋은 책'임을 설명하고 납득시켜야 한다. 그래야 독자가 서점에 들렀을 때 책을 쉽게 접할 수 있는 위치에 자리잡을 수 있다. 이를 가리켜 보통 책을 좋은 매대에 '깔아 놓는다'고 한다. 물론 신문에 서평이 실리고 광고를 하는 것도 손님들의 눈을 끌고 귀를 끄는 일이다. 그러나 서점 담당자가 머리 속에 해당 책에 대한 정보를 저장하고 있지 않으면 광고나 서평을 읽고 서점을 찾아온 독자들이 그들에게서 질 좋은 서비스를 기대하기 어렵다.

　서점에 따라서는 일손이 부족하거나, 담당자의 인식 부족으로 영업하는 책이 한구석으로 밀쳐져 있거나 책이 구색이 갖추어져 있지 않을 때도 많다. 없는 책을 가려 주문을 받고 먼지 쌓여 있으면 털어내고 잘 보일 수 있도록 정리를 하는 것도 영업자의 몫이다. 물론 그 일은 일차적으로 서점 담당자의 몫이므로 그들의 상황을 보아 가면서 일을 거들어야 한다. 그들 고유의 영역을 침해해서는 안 되기 때문이다. 우리 책만 좋다고 판단해서 형편없는 내용의, 다른 출판사의 책들을 밀어내 버릴 수도 없는 노릇이다.

'여자' 영업자에서 여성 '영업자'로

요즘 서점을 다니다 보면 여성 영업자들을 많이 만난다. 이제는 출판사나 서점에서 여성이 영업을 하면 더 섬세하고 꼼꼼하게 일하고, 소위 '딴짓' — 더러 영업이라는 업무의 성격상 돈을 다루다 보니 금전적 사고가 일어나는 경우도 있고, 시간 관리가 전적으로 영업자에게 달려 있는 것을 이용하여 남자들의 경우 업무 시간에 당구를 치거나 사우나를 한다든가 하는 경우가 없지 않다 — 하지 않고 열심히 한다는 인식을 갖게 되었다. 출판 영업을 한 지 오래된 여성이라는 이유로 내게 여성 영업자를 구해 달라는 부탁을 하는 경우가 종종 있다. 이제는 단순한 밥벌이 수단의 차원에서가 아닌, 성

서점 담당자에게 새로 펴낸 책이 좋은 책임을 설명하고 납득시키는 것은 영업자의 역할 중의 하나이다.

취 욕구를 지닌 프로 기질을 가지고 열심히 노력하는 여성 영업자들을 많이 본다. 내가 처음 이 일을 시작할 때와는 달리 많이 긍정적으로 변화한 모습들이다.

처음 서점 영업을 시작했을 때는 서점 직원들이 정작 영업 사원으로보다는 '여자' 영업자에 대한 호기심으로 대했기 때문에 일을 하기가 무척 힘이 들었다. 내가 하는 일은 책을 홍보하고 파는 일인데, 내가 홍보하는 책보다 내 개인 신상에 대한 관심이 더 많았다. 물론 개중에 친절한 서점 사람들도 있었지만 일단은 낯선 표정들이었다. 날마다 서점에 들러 서점 직원들을 만나는 것이 일인데 큰 도매상의 젊은 남자 직원들이 "응, 너, 왔니" 하는 시선으로 쳐다볼 때면 내가 오지 말아야 할 곳을 온 것 같은 착각이 들 때도 많았다. 무슨 이야기를 해도 "알았어요." 그러나 알긴 뭘 알아, 그냥 그러고 마는 것이었다.

또 처음 지방 출장을 다닐 때다. 지역에서 꽤 큰 도매 서점을 운영하는 사장님과 저녁 식사를 함께 할 기회가 있었다. 물론 다른 출판사 남자 영업자들도 같이 있었다. 저녁을 맛있게 먹고 있는데 "여자가 지방 출장을 다니면 되나, 출장 다니는 일은 여자에게 어울리지가 않아" 하고 말했다. 당시에 가장 흔하게 듣던 이야기다. 단지 '여자'라는 이유만으로 이런 이야기들을 들어야 했다. '일하는 여성으로서의 나'를 대놓고 무시하는 이야기였다.

사실 지방에서, 그것도 한 곳도 아니고 여러 곳에서, 하루도 아니고, 며칠 동안 숙식을 해결해야 하는 일이 쉬운 일은 아니었다. 가는 곳마다 단골로 정하여 가는 숙소도 있고, 인사를 나누고 식사를 같이 할 영업자도 많은 요즈음에도 일에 쫓기다 보면 식사 때를 놓칠 때도 많고, 컨디션이라도 안 좋을 경우에는 만사가 귀찮아 주저앉고 싶을 때도 있다. 그럴 때면 밤늦게 서울에 도착해 다음날 새벽에 다시 출발하는 한이 있더라도 집에 들러 잠을 잔다. 대다수의 출판사 규모가 빤하므로 쾌적한 호텔에서 잠을 자고, 비행기를 타고 다니며 지방 출장을 다니는 영업자는 얼마 되지 않는다.

여자 영업자에 익숙하지 않은 서점 사람들에게 나를 알리고, 내가 다니는 출판사에서 만드는 책을 제대로 알리는 데는 많은 시간이 필요했다. 그들의 반응을 아랑곳하지 않고 꾸준히 서점의 문지방이 닳도록 드나들었고 때로는 마음에 내키지 않는 농담도 하면서 그들과 대화를 하려고 노력했다. 사귀고 보니 모두 이야기가 통하는 사람들이다. 이제는 '왕언니' '대모' 그런 호칭까지 듣고 있고 그것이 그리 싫지 않다.

영업을 하면서 같은 일을 하는 사람과 결혼을 했다. 남들보다 좀 늦은 결혼이었는데도 결혼을 하고 나니 "집안에서 살림이나 하지 무슨 영업을 하냐?" "결혼한 여자가 며칠씩 집을 비워도 돼?" 하는 소리도 종종 듣는다.

그들이 남편에게는 또 무슨 소리를 늘어놓는지 모르지만, 우리 부부는 같은 일을 하는 탓에 집안에서의 화제도 일과 떨어져 있지 않다. 남들이 뭐라건 이제 나의 일에 그 어느 것도 장애가 되지 않는다. 내가 활동함으로써 그런 고정 관념은 점차 깨어지리라고 믿는다.

한 살씩 나이를 먹을수록 한 달에 거의 일주일씩 가방을 챙겨들고 지방 출장을 가는 것이 남들에게 어떻게 비추어질까 생각해 볼 때도 있다. 내 나이에 돌아다니는 일이 걸맞지 않는 것이 아닐까 하고. 그러나 일이 좋아 일을 하고 있고, 여자 후배들이 열심히 하고 있으니 내가 할 수 있을 때까지 는 열심히 발 품을 팔아야 한다고 생각한다.

나의 영업 활동은 곧 여성 운동

출판을 하는 것이 점점 힘이 든다고들 한다. 책은 점점 안 팔리고 동네의 작은 서점들은 문을 닫는 곳도 늘어간다. IMF가 터지면서 큰 도매상들이 줄줄이 부도를 맞고 나서 더 힘이 들어졌다.

한때는 영화 텔레비전 등 영상 매체에 밀려 책이 죽는다는 소리가 들리더 니 요즘에는 인터넷에게 책이 자리를 빼앗길 것이라는 이야기다. 더군다나 경기가 좋지 않아 책을 사는 수요도 많이 줄어들었다. 영업 형태 또한 많이 변하고 있다. 몇 백만 부씩 공급하는 밀어 내기식 영업, 베스트 셀러를 만들 어 내는 영업, 아무렇게나 책을 만들어 내고 공급율을 낮추어서 팔아먹는 영업은 이제 통하지 않는다.

일반 물류 유통 센터들이 대형화되면서 서점들도 대형화 추세에 있다. 대 형 백화점들이 신도시를 중심으로 앞다투어 생기면서 상가의 작은 점포나 슈퍼들이 문을 닫듯이 동네의 작은 서점들은 이제 자기 자리를 찾지 못하고 있다. 동네의 작은 서점의 폐업은 도매상의 부도로 이어지고, 이는 다시 연 쇄적으로 출판사에게 어려움을 가중시켰다. 물론 대형 도매상의 연이은 부도로 출판, 서점계에 많은 거품이 빠지고 있는 긍정적인 측면도 없지 않지만, 후유증이 많았다. 그러다 보니 늘 노심초사다. 돌다리도 한 번이 아니라여러 번 두드려 보고 나서야 마치 살얼음 위를 걷듯 조심스럽게 건너는 형국이다.

새로운 달을 맞이할 때마다 "이번 달은 어떻게 살아야 하나?"를 두고 늘긴장한다. 지방 출장을 갈 즈음이 되면 머리는 더 복잡해진다. 영업한 지몇 년이 지나도 변함이 없다. 내가 수금해 오는 돈으로 나를 포함한 출판사의 여러 식구들의 한 달 생활이 달려 있다. 내가 속해 있는 출판사가 그냥보통의 개인 회사가 아니기에 나의 일은 여성 단체의 재정적인 뒷받침으로이어지고 더 나아가 나를 포함한 여자들의 더 나은 삶과 연결되어 있다.단순히 돈을 버는 문제에 그치지 않는 것이다.

나와의 약속

가야호를 타고 제주도를 떠나오던 것이 엊그제 같은데 이제는 서울 생활에많이 익숙해졌다. 서울에 막 올라와 청바지에 신문을 항상 들고 다니니까직장을 구하는 처녀로 보았는지 책에서만 보던 포주 같은 이상한 아주머니들이 "아가씨 직장 구해요? 나를 따라와요" 하던 생각이 난다. 그때마다 도망가 버리곤 했지만 참 겁이 난 일이었다. 그런 무서운 서울에서 내 스스로서 있기 위해, 때론 밥 한 끼를 해결하기 위해 애를 쓰던 일이 엊그제 같다.

그러나 제주도를 떠나오면서 한, 나와의 약속을 저버린 적은 한번도 없다.그래서 내 몸뚱이는 늘 딱딱하게 굳어 있다는 소리를 듣는다. 그러고 보니한시도 긴장을 늦춘 적이 없던 것 같다.

엊그제 한약을 한 제 지었다. 한의사가 진맥을 하더니 신경성이라고 한다.이제는 서울 생활에 긴장을 풀 때도 되었건만 아직 내 마음과 몸은 아니라고한다.

■ 고진숙 — 제주도에서 태어남. 서울에 올라와 여러 일을 거쳐, 출판 영업을 한 지 10년 되었다.
현재 도서출판 또 하나의 문화의 영업을 맡고 있다.

슈퍼 우먼의 변명

홍미희

새벽 5시. 혹시나 시부모님의 잠을 깨게 하진 않을까 염려하며 살짝 집을 빠져나와 코 끝에 닿는 상큼한 공기를 느끼며 새로운 하루를 맞는다.

마을버스, 전철 4호선 그리고 2호선, 다시 마을버스로 1시간 반을 꼬박 출근길에 투자하여 용역업체가 있는 논현동에 도착. 먼저 출근해 있는 직원들과 간단한 인사 후 이메일을 확인한다. 인터넷 검색, 신문, 관리하고 있는 홈페이지, 그리고 업계 사이트를 두루 검색하고 일정을 확인하면서 하루 일이 시작된다.

주로 앉아서 하는 일이 많지만 간혹 밖으로 다니며 해야 하는 일일 때는 단단한 마음의 준비를 하고는 행선지로 출발한다. 일행과 점심 시간을 같이 하게 되는 날이 아니면 나는 주로 혼자 점심 식사를 한다. 체력에 대한 걱정이나 보상 심리 때문인지 점심 식사만큼은 좀 값이 비싸더라도 맛있는 것으로 선택한다.

점심 식사가 끝나면 커피 한잔 제대로 마실 여유도 없이 5 - 7군데의 업체를 방문하고 사람들을 만난다. 이때도 역시 지하철과 버스, 힘에 부칠 때면 가끔 택시를 타면서 무더운 날씨에 오기로 버틴다. 그렇게 하루를 거의 보내고 창업 센터 사무실이 있는 한양여대로 향하게 된다.

내 일이 있는 사무실. 주인이 나라는 이유에서인지 이 공간만은 아늑하다. 하루 일과를 되돌아보며 다시금 이메일을 확인하고 직원들과 회의, 내일 일정 확인을 끝내면 바빴던 하루가 끝난다.

혜화동의 골목대장

서울, 지금은 대학로라고 불리는 혜화동에서 태어나 자랐다. 집안의 대를 굳이 아들로 이으려 하셨던 아버지의 신조 때문에 줄줄이 딸 여섯을 낳으셨지만 끝내 그렇게 원하셨던 아들은 얻지 못하고 대신 여섯 중 넷째인 나를 남장 차림으로 해입히고 마실을 다니곤 하셨다. 그래서인지 남자들을 제치고 골목대장을 한 기억도 난다. 그다지 유복한 살림은 아니었지만 무리없는 유년 시절을 경험하며 자랐다.

초등학교 시절, 전형적인 한국 여성 — 자기 주장 한번 제대로 표현 못하고 그저 남편에게 순종하고 자식들에게 정성을 다하는 어머니의 모습이 못마땅했던 게 사실이다 — 인 어머니를 보며 주체적인 삶의 주인공이 되려는 꿈의 싹을 틔웠는지도 모르겠다. 그래서인지 공부나 놀이, 심지어는 야심한 밤에 남자아이들과 담력 시험을 한답시고 깜깜한 산중턱을 한바퀴 돌아와야 했을 만큼 무엇이든 다른 아이들보다 잘하려 했고 나름대로 작은 성취감을 이루며 남몰래 흐뭇해 하기도 했다.

단발머리에 헐렁한 교복을 입고 지낸 중학교 시절도 별반 다르지 않았지만 여자아이들과 지내면서 조금씩 조용한 여학생으로 변해 가고 있었다. 하지만 지금 생각해 보면 나이답지 않게, 장래를 생각하고 뭔가 뚜렷한 것을 찾으려 했던 시발점이었던 것 같다.

고등학교를 진학할 무렵 난 평준화된 인문계 고등학교보다는 높은 점수를 얻어야만 입학할 수 있다는 일류 상업학교를 지원했다. 인문계 고등학교를 거쳐 대학에 진학하는 과정보다는 우선 남들보다 앞서야 한다는 경쟁심에서 오만한 오기가 발동했던 것이다. 결과는 낙방. 특별히 잘난 것도 없었으면서 그때는 왜 그리 실망이 컸던지… 하는 수 없이 추첨을 통해 배정받은 학교에 입학했다. 잘룩하게 허리를 동여맨 교복. 아직도 내겐 그것만으로도 아름다운 추억이다. 그 시절, 아버지의 사업 실패로 우리 집안은 수난을 겪어야 했다. 더군다나 목돈이 들어가야 하는 세 언니의 대학 등록금이 가정 형편을 더욱 어렵게 했다. 누구나 그렇듯 사춘기의 자존심 때문이었는지 그런 형편을 내색하기 싫어했고 그런 내 자존심을 지켜 주기라도 하듯 학교에 내야 하는 납부금 고지서가 발부될 때마다 아버지의 형편이 괜찮았었다. 그런 경제적 어려움을 경험하면서 대학은 나 자신의 힘으로 다녀야겠다는 모진 각오를 하게 되었다.

자위적이긴 하지만 용의 꼬리보다는 뱀의 머리가 낫다는 생각과 우선은 4년제 대학보다 등록금이 싸다는 이유로 여자 전문 대학을 선택했다. 모질게 다짐을 하고 입학을 했지만 현실은 그렇게 만만치가 않았다. 지금처럼 아르바이트 자리가 많았던 시절도 아니었던 터라 등록금이며 책값, 용돈을 스스로 마련하기란 여간 힘든 일이 아니었다.

그때 돈벌이로 했던 아르바이트가 세제 판매, 책 외판원과 양복과 와이셔츠를 주문받아 주는 일. 처음에야 안면이 있는 사람들에게 억지로 떠맡기다시피 해서 일이 쉬웠지만 문제는 그 다음이었다. 가가호호 대문을 두드리면서 하루종일 다리품을 팔아야 하는 날도 많았지만 걷는 만큼 성과가 있는 날이 드물었다. 그런 고생을 얼마 동안 하고 나서 이대로는 안되겠다 싶어 나름대로의 영업 전략을 세우기로 했다.

주문량이 많은 곳엔 내가 직접 마련한 선물을 보너스로 주거나 내게 돌아올 몫의 일부를 할애해 주문자에게 서비스하고, 고객들의 주소와 전화번호를 꼼꼼이 적어 먼저 전화를 걸어 물건의 하자 여부를 묻거나 불편함은 없는 가를 챙기는 등의 개인적인 사후 관리를 했다.

그런 서비스 제공은 생각 외로 반응이 좋았다. 시간이 지나면서 단골도 생기기 시작했고 나중에는 학생이 대견하다며 차비 정도의 돈을 손에 쥐어 주는 사람도 있었다. 매일 공부에, 아르바이트로 몸은 힘들었지만 그럴수록 자신의 노력으로 이룬다는 성취감에, 또 나와 모든 사람 앞에 당당해지기 위해 악착같이 공부와 돈벌이에 매달렸다.

지금 생각해 보면 그런 노력들이 사회 생활을 하면서 여러 가지 이점으로 작용했다. 어려울수록 더 당당해질 수 있고, 남들과는 다른 아이디어로 승부 해야 한다는 것, 그리고 대인 관계에 있어서도 적절하게 처신하는 솜씨들을 그때부터 터득했던 것이다.

그러면서도 학교에서는 장학금을 받았고 영어과인 만큼 영어를 잘해야겠 기에 회화를 열심히 배웠다. 덕분에 영어 회화에 자신감이 생겼고 그것이 후일 전문 대학의 졸업장으로 경쟁률이 치열한 외국인 회사에 당당하게 입 사할 수 있게 된 기반 구축이 되었다. 돌이켜보면 참 억척스럽게 지낸 대학 시절이었다.

직장 생활과 결혼 생활

첫 직장으로 외국인 회사에 입사를 하게 되었다. 외국인 회사라서 그랬는지 영어 실력이 우선이었던 만큼 내겐 좋은 점수를 얻을 수 있는 기회였고 일에 대한 감각, 정열, 그리고 신입 여사원다운 성실함과 능동적이고 적극적인 사교성과 궂은 일도 마다하지 않는 노력 등으로 윗사람들로부터 인정을 받 기 시작했다.

그 후로는 첫번째 직장에서의 경험을 바탕으로 줄곧 외국인 회사로만 이 직을 하였는데 직장을 옮길 때마다 월급이나 연봉의 조건보다는, 과연 내 능력을 발휘할 수 있는 곳인가를 먼저 생각하고 직장을 선택했다.

두 곳의 직장을 다니며 명문대 출신과 그렇지 못한 대학 출신, 또 4년제 대학 출신과 전문 대학 출신과의 보이지 않는 차별로 인해 난 공부를 계속해야 했다. 개인의 능력보다는 학력을 중시하는 사회, 선입견과 편견으로 실력은 나중인 사회. 부당하다고 스스로에게 항변해 보았지만 이겨내지 않으면 안 되었기에 두번째 직장으로 옮기면서 방송통신대 영어과에 편입했다.

이 무렵 지금은 연극 배우로 활동하고 있는 남편과 우여곡절의 10여 년 연애 시절을 끝내고 결혼했다. 남편과의 결혼을 결심한 이유도 지금 생각해 보면 참 도전적이었다.

어른들에게는 지금도 소위 '딴따라'라고 불리는 연극 배우. 가난과 빈곤의 1순위로 꼽히는 직업의 남자와 만나고 있다는 말에 가족은 물론 주위 사람들의 반대가 완강했다. 그런 상황에 도전이라도 하듯 내가 선택한 남자와의 결혼을 선포했다.

자유 분방한 성격의 남편과 살면서 일을 좋아하는 무뚝뚝한 내 성격과 맞는 점이 — 굳이 맞춘다면 — 많다고 느낀다. 가끔 일이나 직장 동료들과의 회식 때문에 늦는 날에도 이해하고 오히려 걱정해 주는 점이라든가 바빠서 처리 못하는 일들, 예를 들면 컴퓨터 작업이나 서식 작성 등을 대신 해주는 남편의 배려가 있기 때문이기도 하지만 가장 큰 이유는 하고 싶은 일을 서로에게 구애받지 않고 할 수 있다는 것이리라.

출산과 더불어 아이를 돌보는 일은 직장 생활을 병행해야 하는 나로서는 고된 일이 아닐 수 없었다. 생각해 보면 여자라는 신분이 사회 생활에서나 집안에서 어려운 위치에 있는 것만은 사실이다.

그러던 중 우리 부부의 어려운 일상 생활을 아신 시부모님과 함께 살게 되면서 두 아이의 뒷바라지는 자연히 시부모님의 몫이 되었는데 고맙게도 내 일을 이해해 주시고 소홀할 수밖에 없는 부모의 역할을 대신해 주고 계신다. 요즘도 거의 매일 파김치가 된 모습으로 집에 돌아오는 나를 반갑게 맞아 주시고 오히려 격려를 해주시는 시부모님을 뵐 때마다 내가 일을 계속해 나갈 수 있는 가장 든든한 버팀목이 바로 그분들이라고 생각한다.

결혼 후, 두 번째 직장에서보다 20% 정도 월급을 줄이면서 외국인 회사로 이직을 했다. 먼저 직장이 시스템에 의존하여 업무를 진행하는 진보된 직장이었기에 개인의 발전을 꾀할 기회가 적었던 것에 비해 새로운 직장은 상대적으로 시스템이 덜 체계적이고 개발 단계에 있었기에 나름대로 도전해 볼 만 했고, 또 경력 관리 측면에서 적어도 10년간 미국에서 꼽히는 반도체 업계 3대 기업에서 일하고자 했던 계획이 잘 맞아 떨어졌다.

또 내가 외국인 회사만을 선택한 이유는 따로 있었다. 앞서 있는 선진국의 기술과 노하우를 배우고 싶었고 새로운 유통 분야의 경험을 토대로 후일 혼자만의 힘으로 새로운 것을 시도해 보고 싶었기 때문이었다.

어언 10여 년을 근무하면서 반도체 유통 분야의 개발에 한계성을 느끼기 시작했다. 이때부터 그 동안 쌓아 두었던 나만의 독창적인 일을 해야겠다는 결심이 서서히 굳혀지기 시작했다.

세번째 직장에서 보수적인 사내 분위기와 경력자로서는 너무도 단순한 업무만을 처리하는 것에 성취욕을 얻지 못한 나는 새로운 직장에 도전하고자 다시 뛰어다녔다. 그 동안 쌓아 온 경력과 노하우 덕에 크지 않은 규모지만 내실이 튼튼한 직장에 대리라는 직함으로 출근을 하기에 이르렀다.

아직은 우리 나라의 직장 현실이라는 게 여자를 경시하는 관습 때문에 낙하산처럼 뚝 떨어진 대리, 그것도 여자라는 비하되기 쉬운 인물에 곱지 않은 시선이 느껴진 것도 사실이다. 하지만 난 보라는 듯 열심히 일했고 주어진 일 이상의 결과를 보이려 노력했다.

이렇게 업무를 수행해 가는 과정을 함께 공유하게 되자 상사들에게는 물론 직원들로부터 인정을 받으면서 따갑던 시선은 사라지고 있었다. 우선 해

보지 않았던 일이었기에 더 적극적일 수밖에 없었던 상황이 빠른 시간 안에 인정받게 한 원동력이었던 것 같다. 여기서 우리가 주목해야 할 부분은 많은 사람들이 앞으로 해야 하는 일보다는 과거에 해왔던 일에 연연해 하는 과오를 범하기 쉽다는 것이다. 지금의 지식 산업 사회는 우리에게 끊임없이 새로움을 요구하는데 구태의연한 경력, 기술들로 대응하고 있고 더 많은 것을 배우기보다는 이미 알고 있는 범주에 안주하려는 생각들이 자신을 낙후하게 만든다.

1인 3역

대리라는 직함으로 입사한 지 1년. 정말 억척스럽게 일했다. 그 결과 일 년 후, 인사 이동에서 나는 과장으로 승진했다.

1년 동안 내가 한 일은, 매출 실적 대비 이익 정산이 제대로 정리되어 있지 않은 것을 파악하여 공급처와의 끈질긴 업무 절차를 통해 상당액의 이익 누락분을 확인하여 받아낸 것이다. 또 외국인 회사에서의 경험을 바탕으로 영업 관리 시스템과 업무 절차를 체계적으로 정립, 효율적인 영업 관리를 하게 했다. 누구나 그렇듯 직급 승진에 욕심이 없었던 것은 아니지만 직장 내에서 인정받고 새로운 일을 해냈다는 성취감이 더 크게 작용했다.

과장으로 승진되고 6개월 뒤 새로 신설된 구매, 마케팅부의 부서장인 차장으로 다시금 임명되었다. 7 - 8명의 남자들로만 구성된 부서장들 사이에 여자 부서장으로 임명된 것이 획기적인 일이었지만 회사 간부들이 업무 능력을 인정해준 결과라 할 수 있다.

신설된 업무이니만큼 내게는 또 다른 도전거리가 생긴 것이었다. 그 동안 간과되어졌던 업무들을 하나 둘씩 새로 만들어 내면서, 시도되지 않았던 것들에 대한 반발도 만만치 않았지만, 같은 일을 해내야 하는 부서장들의 협조와 상사들의 후원으로 순조롭게 진행되었다. 사회 통념상 업무 처리에 있어서 한번 인정받으면 그 후에는 나름대로의 노하우를 인정해 준다는 억지(?)
가 조금은 작용했으리라.

그렇게 열심히 일하면서도 언젠가는 내 사업을 운영하겠다는 생각에는
변함이 없었다. 그러기 위해 틈틈이 후일을 기약하는 작업을 게을리하지 않
았다. 우선 새로운 정보를 얻기 위해 각종 교양 서적과 전문 서적을 탐독하
고 자신만의 이미지 연출을 위해 벤치마킹에도 심혈을 기울였다. 하지만 직
장에 매여 있는 몸이라 그러한 자료 수집은 당연히 일과 후에 해야 했기에
체력적으로 너무 힘들었다. 직장과 가정 그리고 정보 수집 등 1인 3역의
역할을 하려니 힘든 건 사실이었다. 때론 다리에 쥐가 날 정도로 걸었는가
하면 지하철에서 빈혈로 쓰러진 적도 한두 번이 아니었다.

이때 나를 더욱 힘겹게 한 것은 둘째 아이의 임신이었다. 생각지도 못한
임신에 처음에는 무척이나 갈등을 겪었다. 새로운 일을 시작하려는 시기에
임신은 내게 큰 걸림돌로 작용할 수 있었기 때문이었다. 직장 상사의 배려로
일일 2-3시간 근무와 격일 근무 등으로 출산까지의 시기를 버틸 수 있었다.

산후 조리중에도 나는 집에만 박혀 있는 게 못내 불안했다. 하다못해 동네
책방에 가서 관련 서적이라도 들춰봐야 했고 아니면 직장 동료나 거래처에
전화를 걸어 진행되는 상황이라도 알아야 속이 후련했다. 또 그렇게 해야만
내가 살아 있음을 느낄 수 있을 정도였다. 역시 난 일이 있어야 했다.

출산일이 가까웠을 무렵 45일의 출산 휴가를 얻었지만 한 달만에 다시
출근을 했다. 남들은 휴가 기간을 재충전의 기회로 삼는다지만 나는 그렇지
를 못했다. 나 혼자만 퇴보하고 있다는 생각에 우울증에 빠져 음식을 제대로
먹지 못해, 출산 후 다시 직장에 나섰을 때는 체중이 무려 10kg이나 빠져
있었다. 그렇게 빠진 몸무게가 직장을 다니면서 다시 회복된 것만 보더라도
내게는 일이 중요한 삶의 의미이자 존재의 이유였다.

출산 전 계획했던 일들을 다시 접하게 되자 상황은 더 나빠져 있었다. 직

장일과 집안일, 아이 돌보기, 계속되야 하는 새로운 업무 분야에 대한 자료 수집 등 별반 달라진 게 없었는데 이제는 두 아이의 엄마라는 부담이 더 크게 작용한 것이다. 내 스스로 선택한 길이지만 그렇게 힘든 나날이 계속되다 보니 늦어지는 계획 수행으로 인한 정신적 스트레스와 체력의 한계 때문에 무력감에 빠지기 시작했다. 과연 얼마나 버틸 수 있을까? 내가 해낼 수 있을까?

창업 일지

몇 개월 동안의 고민 끝에 과감한 결단을 내렸다. 심리적 부담, 육체적 한계, 그리고 비전공 분야(전자공학)의 성장 한계성에서 벗어나 지금의 내 환경에서 최적의 일을 찾아 보자는 것이었다. 다니던 직장을 그만두고 지금까지의 자료 수집과 정보를 가지고 무언가 새로운 것에 도전할 생각이었다. 그때쯤 한창 인터넷 비즈니스에 대한 관심이 높아가고 있었다. 시기에 발맞춰 직장에서 추진하는 인터넷 강좌에 참여할 수 있는 기회가 있었다. 10년 이상을 직장에 몸담고 있었지만 통신이나 인터넷 쪽의 분야는 다룰 기회가 없어 내겐 생소했다. 근무 후나 출근 전 한두 시간을 할애해야 하는 만만치 않은 공부였지만 호기심과 배워가는 재미, 그리고 도전할 것이 있다는 사실에 보람을 느끼는 사이 한달 여의 시간이 흘러갔다.

어렴풋이 인터넷에 대한 윤곽이 보이기 시작하면서 이것이 내가 해야 할 미래의 사업이라는 생각이 들기 시작했다. 발로 뛰어야만 하는 대인 관계, 유통업계의 거래 관행 등 모든 것을 극복할 수 있는 최적의 서비스라는 결론에 도달하자 다니던 직장에 사직서를 제출했다. 모험이었다. 넉넉하지 않은 살림에 불안정한 수입의 길.

준비를 했건만 막상 시작하려니 앞이 막막했다. 의욕만 앞서 있었다. 자본이 넉넉한 것도 아니었고 그렇다고 당장 옆에서 일을 같이 추진할 동료 한 사람 구하지 못한 실정이었다. 그러던 중 사직서를 낸 직장에서 계약직 사원으로 일할 것과 인터넷 홈페이지 기획 및 제작, 운용을 맡아 달라는 제안이 들어왔다. 첫번째 일이었다. 다행히 계약직 사원으로라도 일할 수 있어 고정적인 수입을 기반으로 창업 준비를 할 수 있었다.

우선 하루에 5-6시간씩 웹 서핑을 하면서 더 나은 홈페이지를 만들기 위해 인터넷을 뒤지고 다녔고 시중에 나온 관련 서적들을 구입, 탐독했다.

창업 아이템 선정에 대한 조사를 하면서 원칙에 충실한 창업을 한다는 것과 지금까지 내가 해왔던 일, 곧 내가 가장 잘 알고 자신있는 영역이라는 생각에 반도체 부품 전자 상거래 쪽으로 가닥을 잡았다. 소자본으로 해야 한다는, 그리고 틈새 시장을 겨냥해야 한다는 것을 전제로 컨텐츠를 잡고 기획안을 마련했다.

이어 홈페이지 제작 과정에 들어가면서 웹 프로그래머, 디자이너, 웹 호스팅 업체 등의 섭외와 홈페이지에 포함될 부가 정보 자료 수집 등 해야 할 일도 만만치 않았다. 그 동안 쌓아온 인맥의 덕으로 거의 무료로 웹사이트를 개설하고 영업 마케팅을 시작하기에 이르렀다.

마케팅은 대기업의 손길이 닿기 어려운 틈새 시장인 전자 중소 업체, 전자 공학과가 있는 대학, 연구소와 그곳에서 근무하는 교수와 연구원들을 대상으로 하였다. 소규모 반도체 유통업체들을 조사, 파악해서 이메일로 새로운 사이트의 존재를 알리며 주문을 유도했고, 전단을 제작하여 전자 신문의 삽지로 넣어 홍보를 하였다. 일의 특성상 홍보에 주력해야겠기에 신문사나 잡지사에 기사를 제보함으로써 무료로 광고 효과를 얻는 기회가 되기도 했다.

후일 들은 얘기지만 내 기사를 선뜻 선택해 주고 지면에 실어준 가장 큰 이유로는 IMF 이후 많은 창업인들이 있었지만 눈에 띄는 차별성과 여성이 오너라는 이유가 주효했다고 한다. 내 기사가 지면에 인쇄되기 시작하면서 의도했던 주문의 쇄도보다는 오히려 독특하고 잘된 아이디어이기에 창업

안내를 받고자 하는 것과 여성이 오너라는 것에 궁금증을 느껴 기사화하자
는 전화가 종종 걸려오곤 했다. 처음에는 이게 아니다 싶었지만 그런 전화들
조차도 내 일을 알리는 데 효과가 있겠다 싶어 홍보의 기회로 삼았다. 여러
곳의 지면에 내 얼굴과 기사가 나가기 시작하면서 본업과는 다른 강의 부탁
전화도 받게 되고 같이 일을 해보자는 동업 제의도 들어왔다. 겉으로는 일이
잘될 것도 같았다. 그러나 어떤 사업이든 처음은 힘든 법이다.

얼마 되지 않는 자본금으로 손익 분기점까지 버틴다는 건 어려운 일이었
다. 사장으로서 직원들 월급에 대한 부담이 가장 컸다. 근근히 강의나 영업,
용역을 통해 생긴 이익으로 최소의 수고비만을 지불하는 방법으로 유지해
나가야만 했다.

그러던 중 1차 도약을 할 수 있는 절호의 기회가 주어졌다. 모교인 한양여
대에 정보 통신부에서 지원하는 창업 센터가 생겨 그곳에 입주할 수 있는
기회가 생긴 것이다. 적기의 정보 입수와 교수님의 추천, 그리고 경영과 교
수로 재직중인 친구의 도움으로 정통부의 지원을 받을 수 있었다.

그 전까지는 계약직으로 있던 회사에서 개인 책상을 내주어 업무를 병행
하게 해주었지만 좌불안석이었기에 독립된 사무실을 갖게 된 내 심정은 말
로 표현할 수 없을 정도였다. 그곳을 사무실로 쓰면서 작업은 좀더 안정되게
자리잡아 갔다. 원래 계획했던 틈새 시장을 겨냥한 부품 유통은 성과가 기대
에 미치지 못하는 대신 인터넷 홈페이지 제작으로 균형을 잡아가기 시작한
것이다.

그러나 이 정도로 현상 유지에 급급할 수만은 없었다. 무언가 다른 일을
병행해야겠기에 사업 계획을 다시 세웠다. 벽에 부딪힐 때마다 도서관에서
대여섯 시간 동안을 아이디어와 씨름해야 했다. 그 동안 모아 두었던 자료를
근거로 아이디어를 재가공하여 새로운 계획을 만들어 내곤 했던 것이다.

고심 끝에 토탈 포탈 사이트(일반인을 대상으로 하는 사이트)에서 전문 세분화

되는 Ptroal 사이트(반도체 업계로의 전문화된 사이트)로 옮겨갈 시기라고 판단하고 또 다른 컨텐츠를 구성 또다시 자료를 수집하고 계획안을 마련했다. 곧바로 프로그램 개발에 착수하는 동시에 회원사 모집, 상가 순회 등, 모자라는 인력을 감당하기 위해 내 강의를 듣고 자원한 후배들을 동원해 아르바이트로 일거리를 맡겼다. 그러면서 부족한 부분을 보충하기 위해 투자 유치와 경영 지도를 받으며 새로운 아이디어와 아이템을 구상했다. 스톡 옵션, 코스닥, 회계, 세무 등의 세미나에도 참석하고 창업 자금, 육성 지원 등을 조사하여 신청하는 등 하루 24시간이 모자랄 정도로 뛰었다. 그러면서 알게 된 인맥이 직간접적으로 여러 방면에서 도움이 되었다.

내 삶의 주인이 되기 위해

바쁘게 돌아가는 하루 일과에 정신이 없어 느끼지 못했던 피곤함이 집에 돌아오면 거의 탈진 상태가 될 정도였다. 하지만 피곤함에도 불구하고 내일의 일 걱정에 잠을 제대로 이루지 못한다. 끊임없이 꼬리를 무는 아이디어, 계획… 지금도 새로 떠오르는 아이디어는 자다가 일어나 메모를 해두고 잘 정도다. 그래서 내 침대 머리맡에는 전화기와 메모지, 필기 도구가 항상 준비되어 있다.

미치지 않으면 좌절한다고 했던가? 혹독한 시련을 견딜 때 살아 있음을 느끼는 사람처럼 나는 내가 필요로 하는 일, 그 일을 즐기며 무언가에 미칠 수 있다는 것에 감사한다.

남들은 나를 보고 '슈퍼 우먼'이라고들 한다. 난 또다른 슈퍼 우먼들과의 만남을 통해 비즈니스로의 연계를 위해 여성 벤처 협회, 그리고 경제인 연합회 참여, IT-WOMEN을 결성하는 등 전문 여성 경영인으로서의 새로운 도약을 위한 준비를 하고 있다.

살면서 얼마나 많은 시간에 최선을 다할 수 있을까? 원하는 대로 다 얻을 수도 없고, 하고자 하는 것을 다할 수는 없겠지만, 최선을 다하는 시간이 많아진다면 눈감을 때의 후회는 덜하리라.

하나님은 한쪽 문을 닫으실 때 다른 문을 열어 주신다! 나는 오늘도 그 구절을 뇌이며 내일을 준비하는 오늘의 순간들을 헛되지 않게 보내려 노력한다. 당당한 내 일의, 내 삶의 주인이 되는 과정은 이러한 순간들이 쌓여야 이루어지는 것이므로…

■ **홍미희** —일에 대한 열정과 내일에 대한 비전, 그리고 결실에 대한 기대감으로 이어지는 하루하루를 즐기며 사는 여자.

사회로 나온 딸기는
얼마나 어른이 되었을까?

신딸기

인제 쫌! 학교는 그만 다니고 내 맘대로 살고 싶었다. 사실 대학 다닐 때부터 내 맘대로 산다고 엄마한테 맨날 핀잔을 들었다. 엄마는 모를 거다, 지 맘대로 사는 앤 줄 알던 내게도 스트레스라는 게 있었다는 걸 말이다. 유치원 1년, 초등학교 6년, 중학교 3년, 고등학교 3년, 재수 1년, 대학교 5년. 19년간 얼마나 지루하게만 살았던가. 고등학교만 졸업하면 어떻게 될 것마냥, 내게 금지된 모든 것을 주겠노라 엄마는 약속했었다.

　나름대로 나의 의견을 반영해 왔던 내 인생이라 생각하게끔 만들었지만, 정말 내 마음대로 할 수 있었던 게 몇 가지나 될까? 좀더 자유롭다는 대학에서도 학사 관리 받아서 사회로 나가도 된다는 인증을 받으려 했던 사실, 얼마나 눈치를 보았는지 모른다. 자연대 생물학과를 택했던 내가 어린 마음에 교수되겠다는 꿈을 꾼 것도 아무런 미련도 없이 대학원을 포기한 것도, 사실은 같은 맥락에서다. 어릴 적 나는 교수는 자기 하고 싶은 연구만 돈 받아가면서 평생을 할 수 있는 백수 같은 직업으로 알고 있었다. 마징가 제트니 태권 브이니 하는 만화에 나오는 박사만 본 까닭이고, 또 여성 사회 생물학자인 제인 굿달을 아는 까닭이다. 대학원을 포기한 것은, 이제 교수가 되는 것도, 교수 생활도, 대학원 생활도 그리 순탄치만은 않다는 것을 안 까닭이다. 게으르고 싶고, 뭐든 이젠 내 맘대로 해보고 싶다는 생각에서 나오는 어쩔 수 없는 결과들이다.

취직 공부 한번 한 적 없건만 나는 취직해야겠다고 생각했다. 취직 시험이 까다로운 대기업에 취직하지 않으면 되니까 하고 생각했다. 취직을 하면 대구에 사는 엄마의 도움 없이 생계를 이어갈 수 있을 테고 운이 좋으면 저축을 할 수 있어서 얼마간은 서울에서 놀면서 지낼 수 있을 거라 생각했기 때문이다.

딸기의 속마음

취직을 결심했을 때, 사실 믿는 구석이 전혀 없던 것은 아니다. 처음부터 끝까지 내가 취직하기가 얼마나 힘든지 이야기하려고 했는데, 아무래도 양심상 안 되겠다. 일단 고백부터 한다. 일단 내가 이런 메리트를 가지고 있었음에도 불구하고 얼마나 힘들었는가를 이야기하겠다. 나는 서울대를 다녔다. 에게~ 겨우 그 정도 가지고 잘난 척이냐? 이렇게 얘기해 주면 좋겠당~ — 사실 서울대를 지원하게 되면서 힘든(?) 재수 생활도 감내하고 그랬다. 집에서도 서울대라니까 당연히 대기업에 들어가겠지. 뭐 별다른 걱정 같은 건 하지 않았다. 그래도 난 그 정도는 아니었지만 서울대를 졸업하면 내가 아주 원하는 곳은 아니라도 갈 곳은 많을 거라고 생각했다.

그러고 보니 나는 취업 준비를 하는 친구들을 비웃었다. 대학은 취업 학원이 아니다고 말하면서 말이다. 하나 내세울 게 있다면, 성적이 썩 좋은 편은 아니지만, 취업 준비하고 성적 잘 나오는 과목만 듣는 그런 학생은 아니었다. 나름대로 진리를 탐구하려고 노력하는 학생이었다는 거다. 그래도 믿는

구석이 있으니까 진리 탐구니 뭐니 하는 데 기웃거릴 수 있었다는 거 인정한다. 사실 그런 거 없었으면 취직 준비를 하거나 대학원 공부했을 거라는 거 나도 알고 있다.

취직하는 걸 부업이라고 생각했단 말이지?

나는 서울대라는 거 하나 믿고 휴학도 두 학기나 했다. 졸업 전 한 학기는 여름 졸업이 아니라 겨울 졸업이 훨씬 폼 난다고 하시면서 딸내미의 여름 졸업을 부끄러워하시는 어머니를 표면적인 이유로 휴학을 했다. 그때 나는 친구들과 웹진을 만들기 시작했는데, 그게 '달나라딸세포'다. 달나라딸세포를 만들면서 생각했다. 우리 나중엔 문화 공간이 되자, 출판사를 만들어서 우리 책을 내자. '또 하나의 문화'처럼 해보는 거야. 다들 무언가 훌륭한 사람이 되어서 우리 이야기를 해보자. 그래, 이렇게 즐거운 일을 내 인생의 주로 삼고 그때까지의 생존을 위한 것은 부업으로 생각하자. 달나라딸세포만 해도 먹고살 수 있다면 좋겠지만 당장 그럴 형편은 안되니까 잠시 취직을 해야겠지? 직장 생활 몇 년 하는 것 다 경험이 될 거야.

취직은 그냥 부업이라고, 그게 내 인생에 주가 될 일은 없을 것이라고 다짐했다. 부업이니까 신경도 많이 쓰지 말고 아무데나 취직하자고 서울대 졸업 예정 증명서만 꼭 붙들고 그렇게 다짐했다, 멍청하게도 말이다.

나름대로 내 인생을 설계해 봤다. 다른 사람들이 일반적으로 생각하는 삶이라는 것도 같이 생각해 봤다. 생각해 본 결과, 재생산이라는 거, 생물학적으로 재생산이라고 하는 거만 안 하면, 크게 많은 돈이 필요할 거 같진 않았다. 누구나 자연스럽다고 여기는 4인 가족의 생활을 따라 가지만 않는다면 말이다.

모범적인 인생이란 무엇이냐? 나름대로 폐 끼치지 않을, 비난받지 않을 여자의 인생이란 무엇이냐. 재수 않고(나는 여기서부터 틀려먹었다) 4년제 대학에 가서, 열심히 공부한다. 좋은 학점을 받지만 여자라서 취직하기 힘드니까 어학 학원에 다녀서 토익 점수를 높인다. 100군데 원서 낸 곳 중에 하나 붙어서 2 - 3년 동안 모범적으로 일한다. 돈을 모아 결혼하고(결혼을 하고 나면 빈털터리가 될 게 분명하다) 이제 결혼을 했으니 아이를 낳을 때까지 집을 사기 위해 돈을 번다. 둘이 열심히 일해 아파트 하나를 분양 받고, 이제 아이 낳을 준비를 한다. 아이를 낳은 후, 사람에 따라 다르지만, 나 같으면 아마 일을 더 열심히 해서 좋은 옷 해입히고 만난 것 사다 먹일 거다. 좋은 것만 보게 하고 좋은 책에 아름다운 음악을 듣게 할 거 같다. 그러다 좋은 학교에 보내고 싶어질 거고, 그러다 보면 그 녀석들 학원비에, 과외비에 시달리다 대학 등록금에 등골이 빠질 게 분명하다. 그러다 그 녀석들 결혼까지 한다면, 그럼 엄청 돈이 필요할 거다. 사실, 나는 아이 기를 자신이 없다. 그냥 대충 혼자 먹고살 생각을 하면 그렇게 많은 돈은 필요하지 않을 거 같다.

그러나 어쨌든, 지금 취직하지 않으면 대구에 있는 울 엄마는 내려와서 선을 보라고 할 테고, 대학 졸업과 동시에 과외 아르바이트는 끝이니까, 게다가 나이가 이젠 찰 만큼 찼으니, 다음해엔 나이 제한에 걸려 신입 공채의 문을 뚫을 순 없을 것이니까. 그러니까 졸업과 동시에 나는 취직해야 하는 것이었다.

애타게 일터를 찾아서

나는 쉽게 생각했다. 부업인 걸 뭐. 하지만 그 부업이라는 생각 일주일도 못 되어 잊혀졌다. 일단 잘 안되니까, 자존심이 발동하고, 오기가 생겼다. 어디든 붙어야 하는 것이 아니겠냐고. 그렇게 생각했다. 근데 일단 원서를 넣기가 어려웠다. 대기업 같은 데는 원서 안 내야지 생각했는데 대기업은 아예 뽑지도 않았다. 그때 내가 그래도 자존심은 있어서 자본가에 도움만 되는 인턴 사원은 안 하리라 마음 먹었던지라 대기업은 근처에도 가지 않았다. 사실, 토익 성적표가 없었기 때문이기도 하다.

서울대면 뭘해. 원서를 낼 곳이 없었다. 내가 생물학과를 나왔기 때문인데다 여자이기 때문이었다. 생물학과를 나와서 할 수 있는 일이 있긴 했다. 제약회사 디테일 사원, 디테일 사원이란 병원 등지를 다니면서 약을 파는 영업 사원 같은 건데, 역시 영업 사원인지라 여성은 뽑는다는 이야기가 없다. 조건에 군필 남자라고 못 박혀 있었으니까. 여자인데다 자연 과학 전공자는 말이다, 어디도 취직하기 힘들다. 울 엄마는 그렇게 말한다, 차라리 사범대를 가서 선생질이라도 할 것이지. 우리 엄만 그게 얼마나 어려운 일인지 모른다. 가끔 교직 과목을 이수하지 않은 것이 천만 다행이라고 느꼈다.

정말 나쁜 놈들은 우리 학교 동문입네 하는 남자 어른들이다. 가끔 면접을 가면 물어보는 게 그거다. 서울대 출신들은 서로 밀어주고 끌어주고 하지 않나요? 가만 보니 그런 것도 같았다. 그래도 여자는 제외다. 여자는 동문 취급 안 하니깐 그럴 거다. 내가 왜 여대를 들어가지 못했나 생각해 본다. 고등학교 때까지만 해도 내가 특별히 여자라서 못할 것은 없다고 생각했었다. 여중, 여고가 싫고 자기들끼리만 뭉쳐 다니는 것 같은 여대가 싫었다. 생각해 보면 여대가 그렇다고 욕하는 건 다 남자들이었다. 그것뿐만 아니다, 다소곳한 여성이 되어야 한다고 여대를 추천한 것도 남자들이었다. 그러고 보니 참 신경질이 난다. 난 어디 가서는 서울대가 나라 망친다고 욕먹는데 정작 여자인 나는 서울대라는 간판으로도 얻는 편익이 별로 없기 때문이다.

하여튼, 중소 기업에서는 인력이 없다는 둥 하도 엄살이길래, 중소 기업이니 벤처니 하는 곳에서 뽑는 사원의 조건을 본다. 중소 기업에서 대졸 여성이 할 일은 별로 없다. 어떤 분야건 그렇다. 모두들 당연하다는 듯이 남자를 뽑는다. 아니다, 그러고 보니 여자는 인문계를 나오면 뽑아 준다고 했다. 영역들 몇 개로 나눠 놓고 조건을 써놓은 구인 광고를 본 적이 있을 것이다. 여자를 뽑는 사무직이나, 비서직 조건을 보면, 어학 관련과, 비서학과, 백보

양보해서 인문계. 그럴 거였으면, 첨부터 여자들은 자연계로 보내질 말았어야지. 도대체 자연계 여학생들은 뭘 하란 말이야? 아니다, 자연계 중에서도 전산학과를 나온 친구들은 취직을 곧잘 하는 편이었다. 여자가 자연계를 전공하려면 전산학과를 가라고. 그렇게 친절하게 가르쳐 주든지. 정말 짜증난다. 내가 그렇게 동경하던 그 전공이 아직도 사랑하는 내 전공이 사회에서는 이렇게도 쓸모 없는 것이란 말이야?

가끔 전공 불문이라고 쓰여 있기도 한다. 그러면 이력서는 쓸 수 있다. 나는 무조건 전공 불문이기만 하면 이력서를 썼다. 이력서를 쓰면서 나를 어떻게 소개할까 무지 고민하게 된다. 그것들은 주로 사무직 여성을 뽑는 것으로, 도대체 어떤 능력이 필요한지 알 수 없게 소개해 놓은 그런 직책이 대부분이기 때문이다. 그럴 땐 참 고민이다. 얌전하고 나긋나긋한 여사원을 뽑는 것이 분명한 듯한데, 어떻게 써야 할까? 나는 제일 먼저 화장을 떡칠해서 찍어 이상하게 된 사진을 이력서 왼쪽 위에다 붙여 놓고 시작한다. 아 저 사진 땜에 될 것도 안 될 거야. 좀 예쁘게 나온 사진 없나? 이런 생각하는 거 참 싫은데 이럴 때면 마치 내가 미스 코리아 선발 대회라도 나가게 된 듯한 기분이다. 그 다음에 쓰는 것은 신장과 몸무게란. 신장란을 쓸 때면 정말 가슴 아프다. 항상 2cm를 더 붙여서 160cm! 이렇게 쓰지만 항상 드는 기분은 좌절감이다. 163cm라고 한 번 써 볼까? 높은 굽을 신으면 별로 표시가 안 날 테니, 서류 전형이라도 통과하는 것이 좋지 않을까? 나는 좀 마른 편이어서 몸무게를 쓸 때도 2kg 정도 더해서 쓴다. 그나마 이건 하늘이 주신 축복이라고 생각했다. 그렇게 쓴 나의 이력서는 서울대가 걸림돌이었는지, 신장이 걸림돌이었는지 서류 전형을 통과한 적이 한번도 없었다.

통신의 구인란에 그래도 꽤 많이 올라온 여사원 모집 정보. 이만하면 워드도 잘하고 파워포인트도 좀 할 줄 알고, 웹 서핑은 기본 아니겠어. 자만심에 나는 눈이 멀었나 보다. 출력해서 본 그 구인 광고에는 나이 제한, 용모 제한,

인간성 제한이 있었다. 인간성 제한이라니!!!! 보통은 이렇게 되어 있다. 나는 어느 곳 하나 안 걸리는 곳이 없었다. 나이는 상한선을 두세 살 넘기 일쑤였고, 신장은 하한선에서 5cm 이상 모자랐으며, 얼굴은 더이상 말하지 말자. 그 다음, 인간성. 아, 인간성 제한까지 있을 줄은 몰랐다. 밝고 명랑한 혹은 붙임성 있는, 이런 단어들과는 전혀 어울리지 않는 성격에, 성격이 다 드러나는 외모에, 나는 대졸 신입 사원 채용보다 이 쪽이 훨씬 더 힘들다는 것을 알게 되었다.

어쩌다가 취직을 하게 되었는데

정말 어쩌다가 면접을 받으러 오라는 한 출판사의 삐삐를 받았다. 10명의 신입 사원이 뽑혔는데 그 중 여자가 7명이었고, 거의 다 명문대 출신이었다. 그에 비하면 남자 사원은 학벌이 좀 떨어졌는데, 그게 약간 문제가 되긴 했다. 이 명문대 출신의 자존심 강한 여사원들이 남자 동기들에게 절대로 지려고 하지 않았기 때문이다. 그들은 군대를 다녀와서 자기들이 여사원들보다 나이가 많다고 여사원들을 시켜먹으려고 했다. 그런데 실제로 가장 나이가 많은 사람은 여사원 중에 있었는데 이 사람에게도 그들은 뭐든지 시켰다. 뭐, 재주는 곰이 넘고 돈은 누가 번다는 속담처럼, 실무는 여사원들이 다 하고 걔네들은 상사 앞에서 재롱만 피워댔다. 참 붙임성도 좋은 사람들이었다.

일단 회사에 입사하게 된 나는 예전에 했던 생각이 실천하기 힘든 일이라는 것을 깨달았다. 달딸의 활동이 주가 되고 회사는 그저 생존을 위한 거라고 생각했는데 그렇게 사는 것이 참 힘들다는 것을 알았다. 한 달 정도 적응하면 괜찮을 것 같았지만, 쉽지 않았다. 회사에서 나의 일이 마음에 약간이라도 드는 경우, 나는 중학교 땐가 고등학교 땐가 배웠던 소명 의식이라는 단어를 떠올리게 되고 달딸 생각은 근무 시간 중 10분도 하기 힘들게 되었던 거다. 여기 출판사에서 오랫동안 일한 다음 친구들과 달딸 이름으로 출판사를 내겠다고 생각하는 것이 내가 하는 달딸 고민의 전부였다.

소명 의식에 휩싸인 직장에서의 나는 학교에서 배운 대로 내 주장 강하게 하고, 상사가 틀리면 자신이 틀렸다는 것을 인정하게 만들었다. 내게 주어진 임무는 내가 다 관리해야 한다고 생각했다. 그러나 사원들을 관리하는 사람들은 그렇게 생각하지 않는 것 같았다. 일은 시키면서 정작 중요한 것들은 가르쳐 주지 않는다. 내가 건의를 하고 내가 하자고 주장해서 하는 일이라고 할지라도 정작 중요한 정보는 절대 안 가르쳐 준다. 자기가 하기에 부담이 되는 일이라도 부하(정말 부하다! 군대도 아닌데 말이다) 여직원들이 하게끔 하지 않는다. 믿지 못하니까 그런 거다. 물론 남자 동기들에게는 조용히 따로 불러서 시키는 것 같았다. 그들은 우리의 입사 동기였지만 우리보다 무엇인가 더 알고 있는 듯했고, 그 기밀을 알고 있는 그들은 우리 위에 군림하려 했다. 한번도 생각하지 못했던 것들, 누구도 나에게 가르쳐 주지 않은 현상들이 우리 눈앞에서 벌어지고 있었다. 게다가 월차도 생리 휴가도 휴일도 없었는데 그게 너무나 당연한 듯 일상처럼 내게 주어졌다.

우리 부서에서 제일 높다는 상무는 회사에 많은 돈을 투자한 사람이어서 마치 자기가 사장인 듯 굴었다. 우리 부서는 그의 회사나 다름없었다. 그는 철저히 모든 것을 누리려고 했다. 자기 기분이 좋으면 우리들을 불러다가 성공하면 인센티브를 얼마나 주겠다는 둥 그렇게 이야기했다. 자기가 기분이 나쁘면 그냥 사우나에 가거나 퇴근을 한다. 전화로 직원들을 자른다. 그랬다. 그런 데를 나의 일터라고 생각하고 다니다가 얼마 안 되어 나도 먼저 잘린 여직원 3명처럼 잘렸다. 그리고 나머지 여직원들도 다들 그만두었다.

해고된 이야기를 하자면 구구절절 길기만 하다. 자기가 왕인 줄 아는 상무는 총무과(그 회사엔 인사과가 없었다)와 상의도 없이 나를 해고했다. 그 사유란 나의 결근 때문인데, 과장님에게 허락을 받은 결근이 문제가 되었다. 생리통이 심한 나는 생리 휴가도 안 주는 그 부서는 참 부담스러웠는데, 그날도 생리통으로 고민을 하다 과장님께 이야기를 했더니 쉬라고 했다. 결근이 (무단 결근도 아닌데) 해고의 사유가 될 줄을 몰랐다.(합법적인 것은 절대 아니다.)

다행히도(미안하지만) 내가 해고되기 일주일 전쯤 다른 여직원이 부당 해고를 당했는데, 그때도 나와 비슷한 경우였던 것으로 기억한다. 그런데 그 여직원은 쓰라고 내주는 사직서를 썼다고 한다. 퇴근길에 대리가 앞에 앉혀놓고 쓰라고 감시까지 한데다, 다른 직원들은 모두 무슨 영문인지 모르고 그 여직원을 기다리면서 밖에서 떠들고 있었기 때문에 그 여직원 정말 힘들고 외롭고 그랬을 것이다. 그냥 빨리 그 자리를 뜨고만 싶었을 것이다. 그 일이 있은 지 얼마 후, 내가 해고를 당할 때 나는 대리가 쓰라는 사직서를 쓰지 않았고, 다음날 상무를 만나겠다고 했다. 상무를 만난다고 해서 일이 해결되진 않았지만, 그 어수선한 틈을 타 나는 사직서를 쓰지 않고 회사를 나올 수 있었다.

서울 지방 노동 위원회라는 곳에 가서 부당 해고 구제 신청이라는 것을 했다. 그 후 놀라서 달려온 그 출판사 총무과장과 이야기를 했다. 결국 합의하고 3개월치 임금(그래 봤자 얼마 안 된다, 나는 수습 때 잘려가지고… 흑흑)과 사과문을 받아냈다. 그리고 같은 부서에 있다가 그만둔 여직원들과 만나기로 했다.

그런데 부당 해고 구제 신청은 어떻게 하냐고? 신청까지는 별로 안 어렵다. 부당 해고 구제 신청서라는 거 하나 작성하고 갱지에 어떻게 된 일인지 자세하게 써서 담당 공무원한테 주면 된다. 그럼 다 알아서 해준다. 회사에도 통지하고, 심판을 받게 해준다. 근데 그 심판이라는 거 좀 길다고 하는 것 같았다. 심판 받는 데만 2 - 3개월 걸리고 부당 해고였다고 판정이 되면 회사에 원직 복직시키고 밀린 월급을 주라고 한다는데, 회사는 잘 안 한다고 한다. 그럼 다시 노동 사무소라는 데 그걸 고발하면, 거기서 다시 원직 복직

시키라면서 벌금을 내라고 하는데, 좀 큰 회사들은 보통 벌금 내고 만단다. 아무래도 회사 이미지 때문에 그런 거 같았다. 그렇게 되면 이제 남은 것은 민사 소송밖에 없는데, 그럼 참 귀찮아지는 거다. 사실, 나도 그랬다. 부당 해고 구제 신청하는 거 그리 크게 어려운 일 아닌데, 어딘지 모르는 정부 기관에 가야 하는 일이 두려워서 미루고 미루다가 유효 기간인 석 달에 거의 맞춰서 신고를 했으니까. 게다가 거기 가서도 맘에 없는 이야기도 해야 되고, 특히 착한 척하면서 다시 복직이 되었으면 좋겠다고 주장하는 것이 쉽지 않은 일이다. 게다가 그 정부 기관의 건물들은 하나같이 썰렁하고 으스스한 지… 가서 사유서를 써봐야 알겠지만 사람을 참 초라하게 만든다. 내가 이런 짓을 해야 하는 건지… 그런 생각도 들고. 재판하고 어쩌고 그러기 싫어서 사과문을 받고 복직되었을 때 받게 될 밀린 임금조로 돈을 받았는데, 아직도 잘 모르겠다. 속이 시원하고 그 상무의 입장이 곤란해졌다는 소식을 듣고 아주 기뻐하고 있지만, 끝까지 소송하고 싸웠어야 하는 거 아니었나 하는 생각도 들고 말이다.

그래서 지금은

다른 회사에 다니고 있다. 작은 소프트웨어 회사이다. 얼마 전까지만 해도 일이 굉장히 많아서 정말 힘들었다. 그러나 내게 나만의 컴퓨터가 생겼고 지금처럼 바쁘지 않을 때면 이런 글도 좀 눈치를 봐가면서 쓸 수 있다. 나만의 컴퓨터가 생겼다는 것만으로도 참 기쁘다. 회사에서도 나만의 기억 공간이 있으니 훨씬 자유롭다. 물론 눈치는 본다. 그래도 꽤 쾌적한 분위기를 유지할 수 있다. 그 이유는 나의 직속 상사 때문인데, 그는 나보다 세 살 많은 언니다. 그 언니의 좋은 인간성에 많이 기대고도 있지만, 상사가 여자니깐 더 좋다. 회사 들어올 때 사실, 전에 다니던 회사에서 부당 해고를 당했니 어쩌니 이야기할 수 없었다. 당연하잖아. 그런데 그 언니한테는 이야기하고 사니깐 괜히 맘이 든든하다.

정말 이젠 결심했는데

난 항상 부지런한 사람이 좋은 사람이라고 생각해 왔다. 게으른 사람들은 싫어했다. 그렇다고 지금 내가 게으른 삶을 살겠다고 결심한 건 아니다. 부지런하다고 해서 모든 게 용서받을 수 있다고 생각하지는 않는다. 아니, 부지런하기만 하다고 해서 가치 있는 삶은 아니라는 거, 꽤 당연한 이야기지만, 알게 되었다. 자본주의 사회에서 그 흐름을 내 한 몸으로 바꾸진 못한다는 거 알고 있지만, 굳이 직접적으로 자본가의 배를 불려 주는 생활, 그 부지런한 삶을 영위하지 않을 거다. 물론 지금은 그러고 있지만. 그런데 점점 화가 나서 관둘까 생각중이다.

내가 하고 있는 노동, 가치를 생산하고 있지만, 이건 내가 바라는 가치는 아니다. 이 가치는 프로젝트가 끝나고 회사에서 돈을 받을 때 비로소 승인되는 가치이다. 나의 노력이, 내 땀이, 나의 동료들과 벌인 설전으로서의 그 결과물이 가치로 인정되지 않고, 벌어들인 돈에 의해 결정되는 이런 가치를 가지는 노동은 조만간에 그만둘 셈이다. 나처럼 여유 있어서 관둘 수 있는 사람은 정말 행복한 사람이란 거 안다. 내가 회사에서 품팔이하는 그 동안 재미없는 일을 하고 이상하게 가치를 인정받으면서 계속해야 될 내 노동에 대해서, 좀더 정당한 대우를 받기 위해 노력할 거다. 이것도 내가 원하던 일인 것 같다. 회사 다니는 거 일 년도 안 된 지금, '이젠 정말 지겨워'라고 이야기하고 있지만, 어쩌면 여기서 내가 할 수 있는 일, 내가 하고 싶던 일이 많을지도 모른다고 생각한다.

그래도 난 두 마리 토끼를 잡지는 않을 거다. 내가 평생 하고 싶은 일은 「달나라 딸세포」를 만드는 친구들과 하는 운동이다. 지금은 「달딸」을 만드는 것으로 생계를 유지할 수 있는 방법은 아직 없다. 그러니까, 회사 다니고

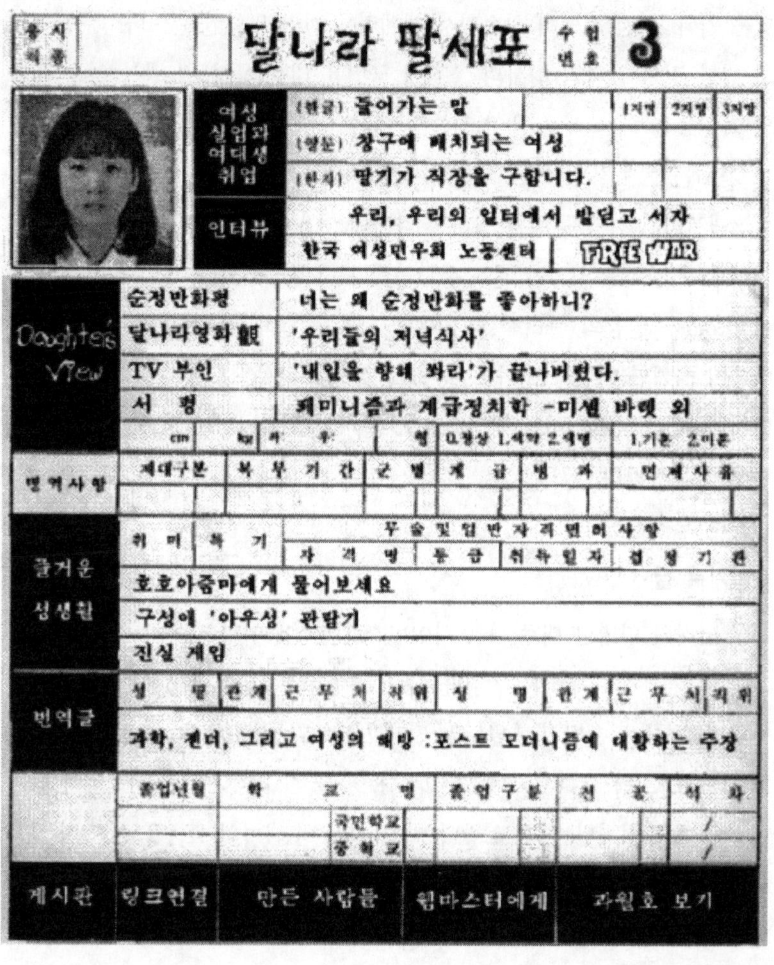

내가 평생 하고 싶은 일은 「달나라 딸세포」를 만드는 친구들과 하는 운동이다.

있는 거다. 이건 적당히 참으면서 생계비를 벌기 위함일 뿐이다. 내가 개입할 만한 것이 있다면 회사의 조직에 구멍을 내보는 정도? 회사 일은 내가 딸딸 활동을 하는 데 도움이 되는 한에서만 존재의 의미를 가지는 셈이다. 그 자체는 아무것도 아닌 쓰레기 같은 노동일 뿐이다.

그래서인지 나의 두번째 일터는 나에게 여유로움으로 다가온다. 나는 이일에 대해 집착도 없고 이걸로 성공하겠다는 생각도 없다. 내가 원하는 일을할 수 있을 만큼의 물리적 환경(PC와 월급)을 얻게 된 것만으로도 족하다. 마음이 내키면 언제라도 나올 수 있을 것 같으니까. 내 세번째 직장이 만화방이나 PC방 아르바이트라 하더라도 랜이 깔려 있기만 하다면 나는 만족할수 있을 것 같다, 정말로.

신딸기로 살기

친구 난다가 명명한 대로 나는 사이버스페이스에 여자 사이보그(이난다에 따르면, 테크놀로지가 제공하는 사이버 세계를 유영하는 새로운 인간)를 하나 만들어 두었다. 이름은 신딸기. 「달나라 딸세포 http://dalara.jinbo.net」에 글도 쓰고 HTML 코딩도 하고 그림도 그린다. 가끔 이 녀석과 컴 앞에 있는 내가 헛갈릴 때도 있지만, 그래도 좋다. 나는 지금 이 녀석의 이름을 걸고 이 글을 쓰고 있다. 내가 이 사이보그와는 좀 다른 성격이라 글을 쓰면서 약간 미안한 마음이 든다. 부디 신딸기에 누가 되지 않으면 좋겠다.

부모님이 불러주신 이름으로 사는 현실 공간에서의 삶과 내가 호명하기 시작한 신딸기라는 이름을 가진 사이버 스페이스에서의 삶이 항상 다르지도 그렇다고 일치하지도 않지만, 나는 현실 공간에서의 내 삶이, 그 혼란이 신딸기에게 양분이 되었으면 하고 바란다. 내 삶에 뿌리를 내린 혹은 기생하는 신딸기들이 무럭무럭 자랐으면 한다. 현실 공간에서 어쩔 수 없이 무기력하거나 소심하거나 혹은 게으르거나 하는 정도인 내 삶이, 언제나 엉거주춤하

고 확신도 없고 별로 희망도 없어 보이는 겨우 여자애일 뿐인 내게 주어진
인생이 딸기에게는 거름쯤은 되지 않겠냐고 기대한다. 나도 언젠가는 딸기
의 도움으로 내 인생을 여유롭게 다시 설계하리라 꿈꿔 본다. 달딸 친구들과
함께 달딸로 먹고살게 될 그날을 말이다.

■ 신딸기 ─ 74년생. 「달나라 딸세포」 편집 위원으로 활동중이다.

희망이 짓밟혀도 절대로
원점으로 되돌아오지는 않는다

최승민

1998년 12월부터 원서를 넣기 시작했다. 돈을 벌 것이라는 생각을 막연하게 가지고 있었지만, 어디에서 어떻게 무엇을 하면서 돈을 벌 것인가에 대한 방법은 전혀 없었다. 지난 1년 간의 학생회 활동 평가하랴, 다음 학생회를 잡은 반여성주의자들과 싸우랴, 나의 진로에 대해 생각할 틈이 없었거나 또는 틈을 만들지 않았다.

한 순간의 결정

어느 날 화장실 가는 길에 그간 쳐다보지도 않던 취업 게시판을 우연히 보게 되었고, 또 한 순간의 결정으로 필요한 서류를 만들어 입사 지원을 했다. 사실 바로 그때 나는 취직을 결정한 것이다. 이전부터 가졌던 '돈을 벌어야 한다'는 생각은 '밥을 먹어야 한다'는 명제의 연장선상에 놓여 있다. 취직하기로 결정했기 때문에 입사 지원을 한 순서가 아니라 입사 지원이라는 하나의 행위가 취직이라는 진로를 현실화 해버렸다는 것이다. 나는 사회에 나가서 무엇이든지 할 수 있다는 막연한 꿈만을 가지고 있었으며, 취직을 준비하지도 못한, 그리고 준비하는 방법도 모르고 있던 상황이었다.

본격적으로 대량 실업 시대의 취업 전쟁에 뛰어들었다. 학교의 취업 게시판에는 '남성'이라는 글자와 학점 '3.0 이상'이라는 짧은 문구가 주를 이룬다는 사실에 배신감을 느끼며 열심히 통신을 뒤져서 신뢰가 가지도 않는 회사 이름들을 뽑았다. 그리고 '최승민'이라는 상품을 시장에 내놓기 위한 사전 준비에 들어갔다. 품질 관리를 표시하는 딱지 '성적표'. 공정을 설명하는 '이력서'. 높은 값을 주고서라도 물건을 사갈 수 있도록 수요자들을 유혹하는 광고물 '자기 소개서'. 이들 딱지와 설명서와 광고물들은 대량 생산되어서 여러 회사에 보내졌다. 제약 회사, 무역 회사, 문화 기획사 등 '남녀 대졸 사무직'이라는 조건이 붙은 회사에 보내고 또 보냈다.

경제 위기로 그 어느 때보다 더욱 심각해진 여성 노동의 문제를 고민하고 신규 여성 실업 운동을 시작하면서 나는 '예비 실업자'로서 내 자신을 규정하였다. 이러한 자기 규정은 내 진로에 대한 진지한 고민에서 비롯되었다기보다 오히려 내가 하는 운동이 그것을 요구했기 때문일 것이다. 문건의 제목으로서, 구호로서 '실업자'라는 말은 너무나도 쉬운 말이다. 15개가 넘는 수량의 원서가 15개 회사의 쓰레기가 되었을 때 '실업자'라는 말은 자신에 대한 실망과 허탈감과 분노이다. 엄연히 사회 구조적 문제라는 사실을 알면서도 '내가 이것밖에 안 되나' 하는 실망감과 허탈감. 공고에는 '남녀'라고 해놓고서 나중에 와서 '남자만 뽑아요'라는 대답을 들었을 때의 분노와 배신감. 할 수 없이 취업 상담실을 찾았다. 말은 상담이지만, 진로에 대한 '상담'은 약 5분간 이루어지고 나머지 2분은 담당 선생님이 추천서를 써주시는 데에 쓰인다. 덕분에 나는 '열다섯 군데 서류 전형 실패'라는 기록을 깨고 면접을 볼 수 있게 되었다.

1999년 1월 27일 S사에서 핸드폰으로 연락이 왔다. 취업 상담실 선생님이 추천해 줬는데, 관심 있으면 다음날 원서 넣고 시험을 보라고. 1월 28일, 무슨 회사인지도 잘 모르면서 기대감에 부풀어 원서를 넣고 바로 시험을 보았다. 떨어졌다는 예감과는 달리 그날 저녁 합격했다는 통보가 왔다. 1월 29일, 면접을 보러 갔다. 1차와 2차 면접을 모두 하루에 봐야 했다. '무엇을 하고 싶은가' '자신의 꿈이 무엇인가' 부류의 가장 무서운 질문들을 말발로 대충 넘겼다. 그날 저녁 8시가 다 되어서 합격 통보를 받았다. 1월 30일, 신체 검사를 받았다. 2월 1일, 출근을 하면서 나의 직장 생활이 시작되었다. 단 며칠 동안에 나는 직장인이 되었다.

긴장된 마음으로 2월 1일 출근했을 때, 나는 약간 놀랐다. 신입 사원이 총 12명이었는데, 그 중 5명이 여자였다. 채용 담당자도 여자였다. 알고 보니, S사가 S그룹으로부터 독립한 후 이번이 독자적으로 실시한 채용 제2회이며 대졸 여성을 남성들과 같은 조건으로 채용한 것도 두번째라는 것이다. 즉, S사에는 대졸 여사원이 전년도에 입사한 2명과 우리 5명이다. 채용을 담당한 분도 대졸 여성으로 약 10년 전에 입사하여 몇몇 안 되는 S사의 살아 있는 역사이지만, 입사할 당시 '대졸'이라는 것이 인정되지 않아 현재 3년된 대졸 남성 사원들과 같은 직급이라는 것도 알게 되었다. 그 선배는 35세 정도 되었지만, 아직 미혼이다. 서른 넘은 여직원들이 몇 명 되지만 모두 미혼이다. 우연이 아닌 것 같다. 교육 6일 동안 우리는 줄곧 회사가 구조 조정을 해서 분위기가 삭막해졌다는 것, 그럼에도 신입 사원들에게 엄청난 기대를 걸고 있다는 것, 그리고 특히 대졸 여성들을 이렇게 많이 뽑았다는 사실에 모두 놀라고 있다는 말을 질리도록 들었다. 이제는 무한 경쟁 시대이니 '능력'이 생존 무기라는 것, 그래서 여성들도 능력이 된다면 남성들과 똑같이 경쟁해야 한다는 논리였다. 이와 같은 말을 학교에서 들었으면 철저한 신자유주의적 논리이자 평등주의를 가장한 위험한 가부장적 발언으로 비판의 대상이 되었겠지만, 그 자리에 있던 나를 비롯한 다른 신입 사원들은 고개를 열심히 끄덕이면서 이 시대 최고의 진리를 듣고 있다는 듯이 앉아 있었다. 군필이든 미필이든 남성이든 여성이든 아무튼 동일한 노동 조건과 임금을 받을 수 있다는 것만으로도 감지덕지였으니까.

길들여지기

6일간의 교육이 끝났다. 당시 나는 취직을 했다는 것이 실감이 안 나서 교육이 끝나면 학교로 다시 돌아갈 것 같은 느낌이 들었으나, 7일째 되는 날, 부서로 배치를 받고 본격적으로 업무를 시작하게 되었다. 동기 여자도 같은 부서에 함께 배치를 받았다. 기획팀에는 K대리, N대리(물론 모두 남자)와 서무 여직원 한 명, 그리고 그 위에 팀장이 공석인 채 실장(상무)이 있었다. N대리는 조만간 다른 부서로 이동할 예정이었기 때문에 우리들에게 업무 인수 인계를 해줘야 했다. 그날 저녁, 대리 2명과 옆 자리에 있는 다른 부서 사람들 몇 명과 함께 신입 사원들의 환영 회식을 하게 되었다. 사회 생활 시작의 신호탄, 그날 저녁 나는 엄청난 '환영'을 받았다.

우리는 1차에서 고기를 먹으면서 소주를 마셨고 기분 좋게 취한 상태에서 단란주점에 갔다. 다행히도 술을 파는 노래방 수준의 단란주점이라 눈에 거슬리는 것은 없었다. 노래를 부를 순서가 되자 나는 일어났다. 우리 부서의 N대리가 따라서 일어났다. N대리는 내 옆에 바싹 다가와서 노래를 부르고 있는 나를 계속 쳐다보았다. 당혹스럽고 겁이 나서 내가 노래를 제대로 부르고 있는지도 모른 채 화면에 찍히는 가사에만 열중했다. N대리는 내 팔을 잡아당기기도 하고 계속 몸을 내게 밀착시켰다. 진땀이 났다. 노래가 끝나자 빨리 내 자리에 앉았다. 어떻게 해야 하나 어떻게 해야 하나. 열심히 머리를 굴려서 나온 결론은 "일단 참자. 오늘 첫날이다. N대리는 내 사수(일을 인수 인계해 주는 사람)다"였다. 일부러 화장실도 여러 번 갔다왔지만 그의 행동은 계속되었다. 일어나면 그 인간도 일어났고, 앉으면 내 옆에 앉았고 다른 자리로 옮기면 그도 옮겼다. 나는 그가 손을 잡으면 뿌리쳤고 내 얼굴 바로 옆에서 술 냄새를 내뿜으면 고개를 돌렸다. 다른 사람들은 열심히 노래를 부르며 술을 마시고 즐겁게 놀고 있었다. "왜 그러냐"고 따지려 했지만 음악 소리에 내 자신의 목소리도 들리지 않았고 더군다나 대상은 술에 취해 내가 말을 하고 있는지 아닌지조차 판가름할 수 없는 상태였다. 말하는 것도 포기하고 머리 굴리는 것도 포기한 채 나는 단순히 그의 행동에 반사 작용을 할 뿐이었다. 그러다가 내 볼 옆에서 술 냄새를 뿜어 내고 있던 그가 내 볼에다가 키스를 해버렸다. 나는 그 순간 눈앞이 컴컴해지고 귀가 멍멍해졌다. 정신을 차리고 나니, 노래 부르기가 중단되었고 다른 사람들은 그제서야 N대리를 집에 보내려고 노력하고 있었다. 옆에서 성희롱이니 뭐니 하는 소리가 들려왔다. 그렇게 생생히 기억에 남을 환영식을 해줄지 누가 상상했으랴. 화장실에 가서 펑펑 울고 나왔을 때 사람들은 이미 거리로 나와 있었고 N대리를 부추겨서 큰길 쪽으로 가고 있었다.

다음날, 전날 밤에 아무 일도 없었다는 듯 서로 화기애애한 채 일상은 돌아갔다. 일행이었던 한 선배가 귀뜸, "N대리 아무것도 기억 못하니까 최승민 씨가 그냥 잊어버려." 술을 마시면 아무것도 기억 못하니 그냥 그러려니 하고 조용히 넘어가는 것이 관례라는 것이다. 어차피 문제 제기한다 하더라도 이제 갓 입사한 여사원이 직속 상관과 부딪쳐 봐야 신상에 좋을 리 없다는 것이 회사의 분위기였다. 하지만, 기억하든 못하든 내가 먼저 말을 해서 사과를 받아내리라는 마음다짐을 했다. 그 인간에게는 나를 그의 먹이감으로 만들기 위한 모든 조건이 주어졌던 것이다. 자기의 '조수'인 데다가 여자인 데다가, 어린 데다가, 대학을 갓 졸업한, 머리에 피도 마르지 않은 신입사원이었다. 아무리 술을 마셨지만, 그 인간의 뇌에는 내게 그런 행위를 해도 아무런 문제가 없을 것이라는 사고가 이미 자리잡았던 모양이다.

그런데 2주 후에 우리 부서에 새로운 팀장이 와서 회식을 하게 되었는데,

2주 전에 일어났던 일이 복제된 듯 다시 일어났다. N대리는 나의 거부 의사
와 상관없이 나에게 덤벼들려고 온갖 수작과 추태를 서슴지 않았다. 내가
가만히 있나 봐라. 한 번도 아니고 두 번씩이나 당하고 있어야 되나. 그러나
어떠한 방식으로라도 문제 제기하겠다는 의지는 처음 성추행을 당했을 때보
다 오히려 약해져 있었다. 이미 2주 동안 남성 중심적인 기업 문화를 현실로
받아들이면서 거기에 적응을 해나가고 있었기 때문이다. 입사한 지 이제 6
개월이 지나가는데 나는 아직도 N대리로부터 사과를 받아내지 못했고 그
일에 대해서 부서 동기 외에는 그 어느 누구와도 다시는 얘기하지 않았다.
  한껏 목소리를 깔고 "기획팀 최승민입니다" 하며 전화를 받으면 "허허
여자네! 어이 미스 최!"(우리 회사에서 여사원들을 더이상 '미스 X'로 못 부르도록
방침이 내려졌는데도 상관하지 않는 인간들이 있다) 하며 업무와 관련 없는 이야기
들을 스스럼없이 전화로 늘어놓는다. 공식적인 회의 자리에서 처음 소개받
는 몇 남성들은 "여자라서 좋은데!" 하며 호들갑스런 '환호'를 보낸다. 왜
안 꾸미고 다니냐, 남자 사원들 눈요깃거리로 미니스커트 입고 파란 아이새
도우 바르고 다니라는 '농담'을 한다. "그래 여자다. 그렇다고 덕 볼 일 있을
줄 알아? 내가 기쁨조 하려고 회사에 들어왔냐"고 시니컬하게 받아치고 싶
었지만 겉으로는 유연하게 웃으면서 넘겨버리는 일상에 내 자신을 맡겨 버
리게 되었다.
  처음 입사하고 받은 6일간의 공식적인 교육이 끝나고 나는 7일째 되는
날 또 하나의 '비공식적인' 교육을 받은 셈이다. 어쩌면 성추행의 경험이
없었더라면 그 이후에 이어진 여성 비하적인 문화를 쉽게 내면화하고 스스
로 포기하는 상태가 되지는 않았을 것이다. 더욱 적극적으로, 눈치를 덜 보
면서 당당하게 각종 행위들과 발언들을 받아쳤을 것이다. 나는 직장 여성으
로서 당할 수 있는 가장 비열한 경험을 했다고 생각한다. 그 이후에 이어진
일들은 그에 비하면 아무것도 아닌, 아주 사소한 것이 되어 버렸다. 그리고

결국에는 성추행마저도 또 하나의 일상이 되어 버렸다.

"사회가 발전하기 위해서, 기업이 발전하기 위해서 여성들의 능력이 절대적으로 필요하다. 점차 우리 사회도 여성들의 능력을 남성들의 것과 동일하게 인정하고 진정으로 공정한 경쟁 사회가 되어야 한다. 이 과제는 여성들 스스로 자신에게 부여해야 하며, 자기 자신을 어떻게 개발하느냐에 성공 여부가 달려 있다. 여성들은 이제 자신이 차별받고 있다는 생각에서 벗어나 적극적으로 자신을 개발하여 경쟁에 뛰어들어가 이겨야 한다…"

대학을 다니면서 이런 부류의 말에 대해 가부장적 신자유주의의 이데올로기라고 당당한 비판을 서슴지 않았으나 이제 나는 경험적으로도 이 말이 허상에 불과하다는 것을 너무나도 뼈저리게 느끼고 있다. 만약 나에게 사표를 내라는 압력이 들어온다면 그것은 진정 나의 '능력' 또는 '무능력' 때문이 아닐 것이다. 이 사회에서 여성의 '능력'은 진정한 '능력'으로 인정을 받지 못하고 남성들의 '능력' 개발에 장애 요소로 인식되기 때문이다. 만약 나의 '능력'이 인정받게 된다면 그것은 남성들에 비해 2배 3배 노력한 결과, 엄청난 희생을 한 결과일 것이다(이러한 경우는 정말 '만약'이다). 결국, 어떠한 조건이든 무엇이든지 해보겠다며 눈에 불꽃을 튀면서 입사한 여성들은 의식적으로, 무의식으로 여성 비하적 기업 문화를 받아들이고 자신이 그리던 꿈이 무참히 깨지면서 결국에는 '결혼'이라는 대안을 찾게 된다. 내 여자 동기들을 비롯한 여사원들은 이구 동성으로 "에이, 시집이나 가버릴까"라는 말을 반 농담 반 진담으로 하게 되고, 남자 사원들은 "힘들면 시집이나 가라. 집에 있으면 얼마나 편하냐"라는 몰지각한 말을 서슴없이 내던진다. 결혼이라는 것이 여성에게 안식처 또는 대안이 아니라는 것 — 오히려 그 반대일 수도 있는 — 은 너무나도 자명한 사실임에도 불구하고 결국에는 결혼이 '꿈'을 가장한 인생의 주된 목적이 되어 버리며 사회 생활은 시집 갈 준비 과정으로서 교양 쌓기 정도로 전락해 버리게 된다.

　처음에 입사를 하면서 남자가 괴롭혔다는 이유로 결혼을 한다며 퇴사한 여사원들과 나는 다르다고, 달라야 한다고 생각을 했었으나, 이제는 그렇게 해야만 했던 그 여성들이 이해가 되고 나 또한 그들과 별반 다를 것이 없다는 것을 안다. 약간의 차이점이 있다면 그것은 내가 페미니즘에 대한 의식이 조금은 있다는 것이다. 하지만 과연 그것이 회사라는 공간에서 어떠한 방식으로 발현되고 있는가? 대학에서 키워 왔던 사회에 대한 고민은 나 혼자만 마음 속에 안고 있어야 하는 나만의 '과거'일 뿐이다. 사실, 회사에 다니는 여성이라면 여성으로서 당하는 각종 성희롱과 불이익을 모르는 이가 없을 것이다. 그럼에도 이러한 경험들에 대해 말을 한다는 것은 연대의 기반을 마련하는 방향으로 이어지지 못한다. 대졸과 고졸 사이의 벽, 성과급 체계에 따른 서로간의 경쟁 의식 등은 여성들을 개별화하여 남성 사원들 주위를 맴돌기만 하게 하며, 끊임없이 '타자'로서만 존재하게 한다. '여성'이라는 정체성을 끊임없이 요구받으면서도 그것을 드러낸다는 것은 마치 남성만이 있어야 할 공간에서 '여성'이라는 존재를 불쾌한 병균처럼 드러내는 효과를 가져오게 된다.

'현재'에서 '미래'를 꿈꾼다

한 순간의 우연한 기회를 통해 내려진 결정이 삶의 방향을 좌지우지한다. 우연은 또 다른 우연을 만들어 내고 그 우연의 순간들이 삶의 방향을 결정해 버린다. 나는 아무런 준비없이 단순히 돈을 벌겠다는, 그리고 '노동 현장'을 경험하겠다는 다소 소박한 꿈을 가지고 사회에 뛰어들었다. 토익을 본 적도 없고, 성적에 신경을 쓰지 않았으며, 기본적으로 내가 어떠한 일을 하고 싶은지에 대한 고민조차 하지 않았다. 때로는 사회 생활에 대한 준비 미비와 내가 회사라는 공간 속에서 이루고 싶은 것이 없다는 허망한 사실이 나에게 너무나도 거추장스러운 짐이 되기도 한다. 화장실 갈 틈도 없을 정도로 바쁜 하루를 보내고 나면 '오늘이 지나면 내일이 온다'라는 지구의 이치가 나에게는 괴로움의 연속이 된다. 일요일 밤에 다음날을 맞이할 생각을 하면 다 때려치우고 대학원에 갈까 하는 생각이 굴뚝 같다. 차라리 내가 몰랐으면, 회사에 대해, 여성이라는 사실에 대해, 노동의 현실에 대해 있는 그대로 받아들이고 지배적인 사고 방식에 순응을 했다면, 하루하루 견디는 것이 조금은 편하지 않았을까?

대학에서 가졌던 꿈이나 희망과는 달리, 나는 '여성간의 연대'라는 것이 얼마나 힘든지를 배웠다. 분명, 다른 여성들도 나와 같은 경험을 하고 분노를 느꼈을 것이다. 그리고 서로 얘기하고 그 경험들을 공유할 수 없다는 허탈감도 느꼈을 것이다.

그러나 이런 문제가 흰머리가 생길 때까지 혼자 고민한다고 해서 어떠한 해답이 내려지지 않는다는 것을 안다. 주어진 '해답'이란 없기 때문이다. 만약 있다면 혼자서라도 그 해답을 어디에선가 찾아내면 된다. 누군가가 그 벽을 깨고, 다른 여성들도 서로간에 쌓아 놓은 벽을 깨서 함께 싸워 가야 현재 일을 하고 있는 여성들, 그리고 대학에서 희망을 갖고 사는 후배들의 꿈이 현실화될 것이다.

나에게는 하루하루가 짜증나는 회사 생활을 견디게 해주는 것 한 가지가 있다. 대학에서 가지고 있던 막연한 꿈과 희망과 자신감이 회사라는 조직 내에서 짓밟히고 있더라도 그 속에서 또 다른 작은 희망을 키울 수 있다는 확신이다. 이 모든 과정 속에서 더 나은 사회에 대한 나의 꿈은 구체화된다. 대학에서 이론을 배우고 변혁과 자유를 배웠다면 직장 생활 속에서는 가부장적, 자본주의적 이데올로기의 공고함과 이에 지배당하는 인간 관계를 배우고 있다. 내 자신에 대해 더 깊은 성찰을 하게 되며 다른 여성들을 그 어느 때보다 잘 이해하게 된다. 꿈이 더욱 구체화되면서 여성들간의 연대와 변화의 가능성에 대한 신념은 커지고, 커지면 커질수록 '현재'라는 시간과 공간, 그리고 그 속에서 요구되는 희생과 고통은 점점 더 축소된다. 이러한 신념을 갖는 것이 사회 생활을 시작하는 데 가장 중요한 준비물이다. 이것은 현실을 망각한 채 공상적 미래에 집착하는 것과는 다르다. 미래를 만들어낼 우연의 순간들은 철저히 현재에 그 기반을 두고 있기 때문이다. 오로지 '현재'라는 토양에서 '미래'가 자라날 수 있다. 희망이 짓밟히고 또다시 희망을 얻고 또다시 짓밟히더라도 절대로 원점으로 되돌아오지는 않는다.

■ 최승민 — '쵸이'라 흔히 불림. 1976년 5월 21일 서울에서 1남 2녀 중 막내로 태어났다. 아버지 직업 때문에 3년마다 짐을 싸고 이사 다녀야 했다는 것 외에는 평범한 아이로 자랐다. 나름대로 '엘리트 프로 여성'이 되겠다는 엄청난 꿈을 품고 연세대 경영학과에 입학, 그러나 곧 그 꿈은 허상에 불과하다는 것을 깨닫고, 미술 동아리에 가입하여 그림 그리는 데에 몰두하였다. 그러나 과에서도 동아리에서도 아웃사이더가 되어(또는 스스로 그렇게 되고자 하여) '사회 과학'을 공부하는 '이상한' 모임에 합류하게 되었다. 결국에는 5학년 때 총여학생회 부회장을 역임하고 여성 운동 전공, 경영학 부전공이라는 '명예'로운 졸업을 하였다. 돈을 벌어 독립을 하겠다는 의지와, '여성 노동의 현장'에 들어가겠다는 생각으로 취직을 결정하였고, 실망과 절망 끝에 일반 사무직으로 취직을 하게 되었다. 그리고 여기에 와 있다.

적금을 들지 못하는
여자의 결혼 이야기

김은주

이 글을 쓰는 심정을 한마디로 표현한다면, 창피하고 불안하다. 현재의 생활
은 불안하고, 예전의 삶을 기억하자니 그것도 유쾌하지 않다. 경제 문제에
관한 한 미래가 두렵다. 아니, '경제에 관한 한'이 아니라 경제 문제가 불안
하니까 미래를 계획하는 것도 어려울 수밖에 없다. 며칠 전에 이런 나의
상황을 타개하는 데 좀 도움이 될까 싶어 **IMF**에 관한 책을 읽었는데, 거기
에도 우울한 얘기뿐이었다. 앞으로 빈부 격차는 더욱 심해져서 세계 인구가
20대 80의 구도로 나눠진다는데, 내가 어디 속할지는 너무 자명한 사실이
고… 만일 내가 싱글이라면 이것저것 다 때려치고 그냥저냥 해보고 싶은
거 다 해보고 돌아다닐 텐데… 결혼으로 인해 딸린 식구, 돈 안 받고 해야
할 일만 많아졌으니 그것도 용이치 않다. 한마디로 내 한 몸 건사하기도
벅찬 사람이 지금은 책임져야 할 사람만 많아진 것이다. 가족의 소중함을
강조하는 사람들에게는 미안한 말이지만 나는 차라리 고아가 부러울 때가
있다. 결혼 전후 내 인생의 대차 대조표를 만들어 본다면 나는 적자 인생이

다. IMF에 관한 책을 읽고 조금이나마 위로가 되었다면 나만 겪는 문제가 아니라는 정도?

아마도 편집진의 의도는 나처럼 '똥차 피하려다 교통 사고 당한' 여자들의 결혼 이야기를 써서, '후세에 경각심을 높이려는 것'이 아닐까 싶다. 결혼이 여자에게 취업의 대안이 되지 못하는 사례가 내게 청탁된 글의 주제다. 솔직히 나는 '결혼은 여자의 취업!'이라는 생각으로 결혼했고, 내가 이렇게 살 줄은 꿈에도 몰랐기 때문에 현재 돈 못 버는 남편을 이해할 수 없을 뿐이다. 새삼스럽게 주변에 '사(士)'자 붙은 남자와 결혼한 친구들이 부럽고, 그들의 재주(?)에 감탄할 뿐이다.

나처럼 결혼을 취업의 대안으로 고려하는 여자들이 생각보다 많은 것 같다. 그것이 망상이건 희망이건 간에, 세상 사람들도 여자들 스스로도 결혼을 취업으로 안다. '전업 주부'라는 것이 직장인으로서 사회적, 경제적으로 인정되어 승진도 하고 해외 연수도 가고 노동 조합도 구성할 수 있는, 그리고 남자들도 자연스럽게 선택할 수 있는 그런 직종이라면 문제는 간단할 것이다. 그러나 아직 주부는 천직(賤職)이고, 세상 사람들은 주부 일이 천한 일이라서 그런지 여자들은 누구나 다 잘하는 줄 안다.

내 주변의 친구들은 이게 다 여자들의 경험이 전수되지 못한 때문이라며, 이 글을 붙잡고 낑낑대는 나를 격려해 주었다. '현재의 결혼 제도는 억압적이다' 하고 주장하는 여성들에게 세상 사람들은 그래도 여자들이 이혼하지 않고 사는 것, 또 여자들이 끊임없이 결혼하는 것은, 결혼하면 이러니저러니 해도 어쨌든 이익이 되기 때문이라고 말한다. 결혼으로 인한 이익 중에 대표적인 것이 '남자가 벌어다 주는 돈'이며, 인간은 누구나 자신에게 이익이 되는 것을 '합리적'으로 선택하기 마련이라는 것이다.

딸은 엄마가 산대로 산다

'딸은 엄마가 산대로 산다'는 말은 내겐 상당히 불길한 말이다. 그러나 결혼 생활 7년을 되돌아볼 때 엄마와 나의 삶은 상당히 닮아 있다. 이 글이 바로 그걸 확인하는 절차같아 괴롭고 불안하다. 자본가의 아들은 자본가가 되고 노동자의 아들은 대개 노동자가 된다는 사실은 내게도 별로 틀리지 않다. 엄마 팔자와 딸 팔자가 비슷하다는 것은 딸도 결국은 아버지와 비슷한 처지 의 남자와 결혼한다는 뜻인 것 같다.

나는 옛날에 소설 책 같은 데에 나오는, '먹는 입'(食口)을 줄이기 위해, 대학에 떨어져서, 부모님이 아파서, 남자가 불쌍해서 등등의 이유로 결혼하 는 여자들을 이해하지 못했다. 아니, '죽도록 사랑해서' 결혼을 해도 모자랄 판에 어떻게 그런 말도 안 되는 이유로 결혼한단 말인가? 그러나 나 역시 사랑과는 거리가 먼 이유로 결혼하게 될 줄은 몰랐다. 나 자신도 결혼 당시 의 심리 상태를 잘 해명하지 못하고 있는데, 굳이 이유를 정식화시켜 보자면 두 가지인 것 같다. 하나는 오랫동안 사귀던 남자 친구와 헤어진 직후여서 (나는 연애 중독자였다) 너무 외로웠고, 그 외로움을 관리할 수 있을 만큼 나 자신을 사랑하지 못했다.

또 하나는 엄마 때문이었다. 엄마에게 상처를 주지 않고 엄마로부터 탈출 하는 가장 합법적인 방법은 결혼밖에 없었다. 행인지 불행인지 마침 나를 좋아한다고 따라다닌 사람이 있어서 데이트 한 달만에 결혼했다. 당연히 '불 타는 사랑'은커녕, 상대에 대한 기본적인 정보도 없어서 결혼식 직전에야 우리가 동성 동본이라는 사실을 알 정도였다.

현재 환갑이 넘으신 엄마는 전직 교사셨고 그 세대의 여성치고는 상당한 인텔리였다. 나의 외가는 일제 시대에 운수업을 한 굉장한 부자였다. 엄마는 남들이 고무신도 못 신고 다닐 때, 가죽 구두를 신었고 6·25가 나자 재산이 너무 많아 제대로 처리하지 못하고 피난 다닐 정도였다고 한다. 그러나 그렇게 부유했는데도, 여자는 배우면 안 된다는 외할아버지의 신조 때문에 이모들은 모두 학교 다니길 포기했고 엄마만 외할머니의 지원 아래 몰래 학교를 다니고 있었다. 어느 날 그 사실이 발각되어, 외할아버지는 엄마의 책과 가방을 모두 불사르고 엄마를 '머슴들'이 보는 앞에서 마구 때렸다. 할아버지가 그렇게까지 한 가장 큰 이유는, 집안에 여자가 공부하면 아들들의 기를 빼앗아 앞길을 막게 되고, 고로 집안에 망조가 든다는 것이다. 엄마 위, 아래로 있는 삼촌 둘이 모두 공부를 못하고 말썽을 부렸는데, 그게 다 엄마가 몰래 공부한 탓이라는 것이다.

그 사건이 있은 후 엄마는 가출해, 서울로 올라와 고학을 하셨다. 당시 엄마의 소원은 많이 공부해서 안정된 직장을 얻은 후 외할머니를 모시는 것이었다. 네 분의 이모들은 모두 국졸(혹은 중퇴)이고 삼촌들은 대졸, 그리고 우리 엄마만 대학원까지 마치셨다. 엄마는 온갖 고생 끝에 꿈에 그리던 직장(교사)을 잡게 되었다. 그리고 당시 촉망받던 회사원과 결혼했다. 그러나 나를 필두로 아이들 셋이 연년생으로 태어나자 가정부를 둘이나 두었지만 교사와 주부 생활을 양립할 수 없었다. 엄마의 시어머니는 엄마가 직장 생활을 하기 때문에, 자기 아들 건강이 상한다고 닦달을 했고 아버지는 아버지대로 신경질을 냈다. 사실 식구들 중에서 가장 힘들고 피곤했을 텐데도, 결혼한 여자가 직장 생활을 하는 것이 무슨 죄인 양 전전긍긍하면서, 엄마는 아빠가 혹시 자존심 상해할까봐 월급 봉투를 '뜯지도 않고' 그대로 갖다주었다고 한다.

결국 그 생활은 오래가지 못했다. 엄마는 더이상 버티지 못하고 직장을 그만두었다. 엄마에게 직장은 집에서 독립하기 위해 온갖 고생을 참고 얻은 너무나 소중한 일터였지만, 남편과 아이들에게 남(가정부)이 해주는 밥을 먹인다는 죄의식을 떨쳐버리지 못한 것이다.

그러나 그로부터 10년 후, 내가 중학교 1학년 때 이번에는 아버지가 직장을 그만두셨다. 해직당하신 것이다. 80년 전두환 정권이 출범하면서 진행된 언론인, 공무원 대숙정 리스트에 아버지도 올라간 것이다. 아버지는 명문대 법대를 나오셨고 일어에 능통하신 국영 기업체의 간부였다. '수출 역군'으로 박정희로부터 훈장까지 받았는데 그 장면이 텔레비전으로 중계되기도 했다. 나는 아버지가 박정희로부터 메달을 받고 악수하는 장면을 텔레비전에서 보고 친구들에게 얼마나 자랑했는지 모른다. 당시 아버지는 상무로 승진이 예정되어 있었는데, 그 자리에 군 출신 인사가 '낙하산'으로 임용되었고 아빠는 특정 지역 출신이라는 이유로 해고 리스트에 올라간 것이다. 아버지는 20여 년이 지난 지금도 웬만한 사람들 앞에서 고향이 어디라고 말하지 않거나 '충북 진천'이라고 거짓말하신다. 아버지도 상처가 크셨던 것이다.

나중에 알게 된 사실이지만, 부모님은 엄마가 학교를 그만둔 뒤 자주 다투셨다. 어렸을 때는 그 이유를 몰랐지만 가장 큰 문제는 언제나 돈이었다. 두 사람 갈등의 핵심은 아버지가 생활비를 제대로 주시지 않는 것이었고 엄마는 극심한 고통을 당하셨다. 돈이 없어서가 아니라 아버지는 엄마의 돈 씀씀이를 믿지 못했고, 자신이 번 돈을 아까워(?) 하신 것 같다. 나중에 내가 여성들을 상담하는 직장에 다녔을 때에야, 나는 여성들의 호소를 통해 많은 남편들이 돈으로 아내를 통제한다는 사실을 알게 되었다.

아버지가 해직된 후 엄마는 거의 히스테리 환자가 되었다. 엄마는 자신의 꿈과 '든든함'(직장이 있을 때 갖는 감정)을 포기하고 온갖 굴욕을 참아 가며(엄마는 시집 식구와 갈등이 심했다) 아버지의 직장 생활을 내조해 왔건만, 아버지가 실직하자 그 모든 것이 무너져 내린 것이다. 게다가 우리집 식구들은 모두가 공주병, 왕자병 환자들이어서 자신들의 처지와 상관없이, 삶의 질에 대한 기대 수준은 대단히 높아 아무 음식이나 먹지 않는 사람들이었다. 아무튼 아버지가 실직한 후에도 5년 동안 우리집에는 가정부와 (5공 당시 과외 금지 조처가 있었음에도 불구하고) 가정 교사가 있었다.

아버지는 해직 후 이런저런 사업을 하셨지만 신통치 않았고, 우리는 아버지가 물려받은 재산으로 그럭저럭 살았던 것 같다. 엄마랑 아버지는 거의 매일 싸우셨고 큰딸인 나는 우울하고 불안한 사춘기를 보냈다. 엄마는 자신의 모든 처지가 불만족이었고 늘 나를 붙들고 자신의 라이프 스토리를 읊으셨다. 엄마의 결론은 언제나 '자존심이 상한다, 인생이 억울하다'였다. 내가 결혼을 결심한 것은, 엄마 얘기 듣는 일이 한계 상황에 도달했기 때문이었다. 내가 결혼하기 직전 엄마의 고통은 극에 달해서, 나는 거의 식사를 못할 지경이었다. 그때 나는 직장 생활을 할 때여서 식사 시간 외에는 엄마랑 대면할 일이 없었는데(아니 내가 엄마를 피했다는 것이 정확할 것이다), 엄마는 늘 나를 식탁에 앉혀 놓고 우시면서 내가 수천 번도 더 들었던 그 이야기들 — 니 아버지가 외할머니 묘소 옮길 때 겨우 차비만 줘서 내가 니 이모들 앞에 얼마나 창피했는 줄 아느냐, 이날 여태껏 내가 네 아버지 때문에 돈 꾸러 다니느라고 인생이 다 갔다, 그래도 이제까지 돈은 자기만 벌었댄다. ㅇ ㅇ ㅇ!(아버지 이름) 선비 좋아하시네! 그렇게 돈 가지고 잔인할 수가 없는 인간이다… — 을 하고, 또 하고, 또 하셨다. 나는 그런 집을 탈출하고 싶었다. 엄마의 애기가 지겨웠다.

나는 중고등학교 때 아버지 직업이 뭐냐고 물을 때가 가장 괴로웠다. 이후에도 무작정 결혼하기 위해 몇 번 선을 보았는데, 그때마다 듣는 얘기는 '(아버지가) 뭐 하는 집안이냐'였다. 정작 나라는 사람 자체, 나의 조건에 관심을 갖는 경우는 없었다. 결혼 전에 아버지 직장이 뭐냐는 질문에 스트레스를 받았다면, 결혼 후에는 남편이 뭐 하는 사람이냐고 물을 때 스트레스를 받는다. 남편 직장이 너무 자주 바뀌기 때문이기도 하고 그 직장마저도 남들처럼(?) 평생 다닐 수 있는 생계형 직업이 아니므로 나는 그냥 사업한다는 식으로 얼버무린다. 우리 사회에서 여성의 지위가 무엇으로 결정되는가를 뼈저리게 느낀다. 가끔 내 앞에서 남편의 직업에 대해 너무나 궁금하지만 그 호기심을 참느라고 애쓰는 사람들을 만나게 된다. 그럴 때마다 나 자신도 답답하고 울분이 솟기도 하고 비굴해지기도 하고 창피하기도 하고… 복잡한 감정이다. 이럴 때 나는 엄마를 이해하게 되고 자꾸 엄마 생각이 난다. 내가 남편의 직업을 어떻게 설명할 수 없을 때, 마치 밀수로 먹고사는 사람, 부정 부패로 먹고사는 사람처럼 취급받는다는 느낌이 든다.

돈, 내 결혼 생활의 키워드

이 글을 쓰면서 나는 처음으로 '왜 이제까지 취업해야 한다는 생각을 한 번도 해보지 않았을까?'라는 질문을 나 자신에게 던지게 되었다. 남편의 불안한 취업 상태를 한탄하기 전에, 나의 '취업 의식'에 대해서 말이다. 이 글을 쓰기 전까지는 한번도 고민해 보지 않은 문제였다. 대학에서 학과를 선택할 때부터 나는 이 세상에서 가장 취업이 안 된다는 학과를 선택했다. 대개 여자들이 취업이 잘되는 학과를 '속물들의 학과'로 생각했고 나는 뭔가 고상하고 추상적인 '학문'을 하는 과에 가야 한다고 생각해서 장학금까지 받고 들어갔다. 그러나 386세대답게 자신의 미래를 생각하기보다는 '조국과 민족의 장래를 걱정만 하다가' 6년만에 겨우 졸업했다. 막상 졸업을 하고 보니 우리 사회에서 내가 정상적으로 취업할 수 있는 곳은 어디에도 없었다.

내게 남은 것은 이 사회에 대한 감상 수준의 평론가적 태도와 현실에 대한 무지와 공포, 그리고 바로 내가 민중이라는 깨달음이었다. 나는 취업 문제와 관련해서 아무것도 준비된 것이 없었다. 아니, 애초부터 내 머리 속에는 취업 생각이 없었다. 그냥 막연히 누군가(남자!)가 내 생계를 책임져 줄 것을 전제하고, 나는 사회적으로 의미 있는 일을 하거나 글을 쓰며 산다는 식으로 생각한 것 같다. 문제는 나같이 자립심 없는 한심한 여자가 아버지를 잘 만나거나 남편을 잘 만나면 별 문제가 없는데, 딸이나 마누라를 못 살게

굴지 않으면서 평생 생계를 책임져 주는 그런 남자를 만난다는 것은… 사실 주택 복권 당첨보다도 어려운 일인 것이다. 게다가 지금 생각해 보면 무슨 배짱이었는지! 나처럼 외모도 집안도 보잘것없고 성격까지도 '희한한' 여자가 무슨 수로 결혼 시장에서 그런 남자를 '낚는'단 말인가? 어쨌든 졸업 직후인 92년, 나는 학점이 별로 문제되지 않는 사회 단체에 당시로서는 상당히 고임금(?)인 월 35만 원을 받고 취업에 성공했다. 5년간 그 단체에서 일한 후 지금은 친정 엄마에게 아이를 맡기고 프리랜서(?)로 이것저것 돈 되는 일이란 일은 다하고 있다. 과외, 원고 쓰기, 파트 타임 아르바이트로 한 달에 50만 원 정도 벌고 있다. 아이를 낳지 않았다면 훨씬 많은 돈을 모을 수 있었을 것이다. 아이를 엄마에게 맡긴 이유는, 아이가 있으면 불규칙한 일거리나마 들어오는 대로 쉽게 대응하기도 어려울 뿐 아니라 내가 엄마 생계를 어느 정도 책임져야 하기 때문이다. 엄마에게 아이를 맡기나 안 맡기나 어차피 엄마에게 돈을 드려야 하므로 차리리 맡기고 나는 돈 버는 데에만 전념하기로 한 것이다. 물론 특별한 기술도 지식도 없는 내가 버는 돈의 한계란 분명하다. 현재는 아이 키울 일이 가장 부담이다.

처음 결혼할 당시 남편의 직장은 '연봉 3만 원'의 노동 운동 단체였다. 최근까지 우리집은 내 월급으로 살았다. 아이가 태어나고 도저히 견딜 수 없게 되자 남편은 새벽에 우유 배달과 노동 운동 단체 일을 병행했다. 남편이 두 가지 일로 너무나 바빴기 때문에, 그리고 집안일은 당연히 여자의 몫이라는 전통적인 생각에서 우리 둘 다 자유롭지 못했으므로 나는 직장일, 육아, 가사 노동 이 세 가지를 모두 혼자 힘으로 해야 했다. 아이를 엄마에게 맡기기 전까지 나는 잠을 제대로 자본 적이 없었다. 사회 단체 일이라는 게 기본적으로 야근이 많고 또 상당한 헌신성이 요구되므로 나 같은 아기 엄마가 하기에는 어려운 일이었다.

나는 그 단체에서 애 낳고도 근무한 최초의 상근자였다. 경기도 부천(집)

에서 서울 장충동(사무실)까지 하루에 3시간 반을 전철을 타고 다녔다. 일이 너무 고되고 아이 키우는 것이 힘들어서 '내가 왜 이렇게 살아야 하는 거야?'를 스스로에게 물으며 밤마다 울었고. 집에 아이를 찾아오면 보통 9시. 나는 아이에게 우유만 먹이고 그냥 쓰러져 자거나 새벽에 일어나 밀린 집안 일을 했다. 새벽 3시쯤에 일어나서 빨래를 하지 않으면 당장 그날 입고 갈 옷이 없는 그런 상태였다. 집안은 언제나 '거대한 쓰레기통'(남편 표현)이었고, 내 딸은 바짝 말라서 아기로서의 귀여움이 없었다. 밥을 충분히 먹이고 돌봐야 하는데 저녁 늦게 와서 밥을 하기도 힘들고 반찬도 없으니까 그냥 우유만 먹인 것이다.(근데 아이는 우유를 싫어했다.) 기본적으로 내 체력이 그런 생활을 견뎌내지 못했다. 지금 그 기억을 되살려 이 글에 옮기는 것이 두려울 만큼 되새기고 싶지 않은 과거다.

나는 기혼 여성도 성실하다는 것을 보여 주기 위해 남들보다 몇 배로 열심히 일했다. 원래 극성스러운 성격으로 매사에 열심인 편이지만 '역시 애 엄마는 별 수 없어' 소리를 듣지 않기 위해 남들보다 일찍 나오고 늦게 퇴근했다. 아니 일부러 남들보다 열심히 했다기보다는 일 자체가 그렇게 많았다. 그런데 1년 사업 총평가회 때 동료의 말은 충격적이었다. 그 친구는 나를 칭찬한답시고 한 말이었는데 나에게는 큰 상처가 되었다. "은주 언니가 애 엄마치고는 사무실에 피해를 안 주었다"는 것이 아닌가! 아니, 피해라니? 내가 미혼들보다 일을 해도 몇 배는 했고, 단체 재정 마련을 위한 티켓 같은 것 팔 때도 남들이 100장을 팔면 나는 500장을 팔았는데 그래서 상도 탔는데 그런 내 업무 내용에 대한 평가가 '피해를 안 주어서 다행'이라는 말인가? 남자들만 있는 직장에서 여성이 아무리 열심히 일해도 그저 여성일 뿐인 것처럼, 미혼들만 있는 직장에서 기혼 여성은 아무리 열심히 일해도 이중 노동을 하는 기혼 여성의 상황과 이미지 때문에 '피해만 안 줘도 다행인 사람'으로 인식되는 것이다. 열심히 일해도 애엄마라는 나의 조건 때문에 그것이 보이지도 않고 인정되지도 않는 것이다.

인간 관계 갈등도 심해서 몇 번이고 직장을 그만두고 싶었으나 그만한 돈이라도 당장 구할 데가 없고, 무엇보다도 엄마처럼 살아서는 안 된다는 것이 나를 버티게 했다. 나는 엄마 불행의 씨앗은 가족들 때문에 직장을 놓친 것이라고 생각한다. 나도 만일 지금 이대로 그만둔다면 엄마처럼 살게 될 것 같았다. 나는 한 인간의 인생의 실패(?)를 너무도 가까운 거리에서 지켜보아 왔기 때문에 절대로! 절대로! 절대로! 엄마처럼 살지 않겠다고 다짐했다.

직장 생활이 많은 스트레스를 주지만 그래도 그것은 미래가 있는 스트레스다. 집안에 들어앉는다고 해서 스트레스가 없는 것이 아니다. 우리 엄마가 계속 교사 생활을 했다면 평생을 그렇게 고통스럽게 살지 않았을 것이다. 직장에서의 스트레스는 나중에 경력이 되지만 가정 주부의 스트레스는 보상받을 길 없는 고통이다. 그리고 직장 생활에서 스트레스 받는 것은 다른 사람들에게도 이해, 공감받을 수 있지만 가정 주부가 스트레스를 표현하는 것은 욕먹을 일이다. 가사 노동은 당연히 여자가 해야 할 일이기 때문이다. 당연히 자기가 해야 할 일을 하면서 분노하거나 신경질을 내면 나쁜 여자가 되는 것이다. 나도 엄마의 분노를 이해할 수 없었고 '사소한' 것도 참지 못하는 엄마가 밉고 한심했다. 물론 지금 나도 엄마의 전철을 밟고 있다. 엄마만큼의 참을성도 없어서 남편과 돈 문제로 늘 싸운다. 엄마는 아버지를 미워했지만 겉으로는 철저히 복종하셨다. 나는 그렇지도 못하니까 부부 싸움은 내 결혼의 일상사이다.

남편은 이십대에 세 번 징역을 살았고 대학도 제적과 복적을 세 번이나 반복한 끝에 결혼 후에야, 입학한 지 14년만에 겨우 졸업했다. 남편은 80년대 초 강제 징집과 소위 '녹화 사업'('빨갱이'를 푸르게 개조하는 사업)의 첫 대상자였다. 말은 하지 않지만 고문도 많이 당한 것 같다. 지금도 가끔 밤에 식은 땀을 흘리고 소리를 지르곤 한다. 당시 '모 기관'에서의 고문으로 치아가 거의 다 부러져서 큰 수술을 했는데 작년에 재발하여 치료비가 300만 원이 넘게 들었다. 물론 그만한 돈이 없어 여기저기에서 빌렸고 나는 지금도 그 돈을 갚느라고 아르바이트를 하고 있다. 이런 일이 있을 때면 나는 화가 난다기보다 너무 어이가 없다. 결혼하면 엄마의 신세 타령을 듣지 않고 남편 덕으로 잘살 수 있을 것이라는 나의 인생 계획은, 세상살이와 여자로 산다는 것에 대한 철저한 무지에서 나온 것이었다.

남편은 결혼 7년 동안 우유 배달, 세차원, 회사원, 택시 기사, 광고 회사 직원, 여론 조사 기관 연구원, 국회의원 보좌관, 학습지 교사, 노조 상근자 등 온갖 직업을 전전하다가 지금은 별정직 공무원에 특채되어 일하고 있다. 물론 평생 직장은 아니다. 계약 기간이 지나면 그야말로 '땡'인 것이다. 그 다음은? 남편 나이가 사십이 넘는데 뭘 먹고 사나? 생각만 해도 끔찍하기 때문에 난 요즘 나를 보호하는 차원에서 아예 미래를 미리 걱정하지 않기로 했다.

남편은 자기가 직장을 자주 옮기는 것은 그만큼 다양한 능력이 있기 때문 이라고 주장하는 매우 낙천적인 사람이다. 내가 남편의 취업 문제에 워낙 예민한 반응을 보이기 때문에 이 문제는 우리 둘 다에게 깊은 상처이다. 특히 작년에 남편이 해고된 것을 내가 두 달 후에야 알게 된 사건이 있은 후로 나는 이 문제에 대해 거의 '환자'가 되었다. 어느 날 내가 남편 직장에 전화를 걸었는데, 그곳 직원이 "두 달 전에 그만두셨습니다" 하는 것이었다. 나는 다시 전화를 걸어 남편 이름을 정확히 말하고 바꿔 달라고 했다. 그때 전화선을 타고 들려오는 얘기는 "댁이신가 본데, 진짜 그만두셨어요. 모르 셨어요?"였다.

나는 아빠의 경험을 통해 남자들이 실업 후에 어떻게 사회적으로 폐인이 되어 가는가를 잘 알고 있다. 남자들은 실업의 대안으로서 자신이 가사 노동을 한다든가, 아내의 취업을 돕는다든가 하지 않기 때문에, 흔히 여자들이 이혼을 인생의 실패로 생각하는 것처럼 남자들은 실업을 인생의 실패로 생각한다. 나는 남편이 아빠처럼 된다면 엄마처럼 참고 살지 않고 이혼할 것이다. 실직의 문제는 경제적인 생존의 문제이기도 하지만, 남자들의 좌절과 그로 인한 여자들의 스트레스는 너무 끔찍한 것이다. 남자들은 그들의 좌절과 분노, 상처를 언제나 가장 가까운 약자인 여자들을 괴롭힘으로써 해결하려고 한다. 여자들에게도 실직은 상처일 뿐만 아니라 생존의 위협이다. 그런데 많은 사람들은 여자의 실직을 가정에 충실할 수 있게 되어 잘된 일이라고 생각한다. 남성은 돈을 벌지 않는 것이 창피한 일이고 여성은 돈을 버는 것이 창피한 일인 것이다.

내 결혼 생활의 키워드는 언제나 가난해질 것에 대한 공포, 즉 돈 문제다. 결혼 생활 7년 동안 6번 이사를 했다. 남편의 직업이 바뀐 만큼의 횟수다. 나는 엄마의 그 불안감을 이제야 이해하고 있다. 나는 정기 적금을 들 수 없는 사람에 속한다. 정기 적금도 아무나 들 수 있는 게 아니라는 사실을 결혼 후에 알게 되었다. 남편이나 나나 안정된 직장을 갖고 있지 못하므로 수입과 지출을 예상할 수가 없고 미래를 계획할 수 없다. 스트레스는 소비를 부른다는 말처럼 그로 인한 좌절은 과소비(?)로 이어지기도 한다.

어쨌든 내가 그토록 엄마와 다르게 살고 싶었음에도 불구하고, 엄마의 가족이나 나의 가족은 너무 비슷하다. 지금 나의 결혼 생활이, 내가 탈출하고 싶었던 가족(엄마의 결혼 생활)보다 나을 것이 별로 없다. 한가지 나은 점이 있다면 나는 미리 내 주제를 파악하고 아이를 하나만 낳은 것이다. 지금도 내 주변의 어른들은 '하나 있는 아이가 아들도 아닌데 무슨 배짱, 무슨 뻔뻔함이냐, 나중에 조상을 어떻게 모시려고'라며 호통을 친다. 나는 아이를 많이 낳아서 그 아이들과 함께 인간적인 삶을 유지할 경제적 능력이 없다.

나는 아버지와 남편의 상태가 창피한 것이라고 생각하기 때문에 별로 말

영화 「Housekeeping」, 1987

하고 싶지 않아 한다. 그러나 실제 내 주변을 보면 '남자는 돈 벌고 여자는 논다'는 공식이 딱 들어맞는 경우는 절반 정도밖에 되지 않는 것 같다. 나를 포함해 많은 여성들이 돈을 벌고 있다. 여자들은 직장이 있건 없건 간에 집에서도 일한다. 남편이 사업할 경우 대신 돈을 꾸어오는 것은 기본이다.

결혼, 그 불완전 고용 시장에서

여자들이 일단 결혼을 하면, 결혼과 함께 동반되는 노동이 엄청나다. 사람들은 이걸 모른다. 남자들은 물론이고 결혼 안한 여자들, 결혼한 여자들도 결혼을 함으로써 자기가 얼마나 많은 일을 하는지 잘 모른다. 나는 결혼 초에 이 사실에 너무 충격을 받았다. 나는 결혼 전에도 엄마가 늘 편찮으셨기 때문에 집안일을 많이 '도왔다'. 그래서 집에서 여자들이 하는 일을 그렇게 힘들게 생각하지 않았다. 그러나 실제 내가 주부가 되어 하는 노동은 결혼 전에 엄마를 도왔던 것과는 차원이 달랐다. 내가 결혼해서 얻은 것이 그나마 있다면, 세상이 돌아가는 데 뒤에서 그걸 뒷받침하는 수많은 여자들이 얼마나 보이지 않는 노동을 많이 하는가에 대해서 알게 된 일이다. 그러니까 결혼해서 경제적으로 남편에게 의지하겠다는 생각은 잘못된 것이라기보다 일단 논리적으로 성립이 안 되는 말이라고 본다. 이러한 논리는 기본적으로 집에서 여자들이 하는 일에 대한 무시와 무지를 더욱 재촉한다. 요즘 같은 실업 천지에 확실히 '의지할' 만한 남자들 자체가 많지도 않지만, 전업 주부라고 해서 남편에게 의지하는 것이 아니다.

지금 가장 힘든 것은 타인(남편)의 상태로부터 내가 계속 영향을 받는 어떤 구속적인 관계에 놓여 있다는 사실이다. 그리고 내가 확실한 보상도 받지 못하면서, 너무나 쓸데없는 노동을 거절할 수 없는 처지에 있다는 것이 화가 난다. 하면 할수록 내 가치는 떨어지고, 안 하면 욕먹는 '이상한 일'을 나는 결혼했기 때문에 매일매일 하고 산다. 명절 때 며칠 전부터 시집에 가는 일, 남편의 친척들에게 안부 전화하는 일, 전혀 모르는 사람 대소사에 남편 대신 가는 일, 아침마다 목욕탕에 떨어진 남편의 머리카락을 줍는 일, 남편을 깨우는 일, 내 인생도 복잡해 죽겠는데 남편과 아이의 인생도 어느 정도는 걱정하는 일.

이런 식의 노동과 갈등에다가, 시집 식구들은 남편에 대해 일종의 콤플렉스가 있어서, 혹시 내가 남편을 소홀히 하지 않나 늘 나를 감시하고 주의를 준다. 남편의 경력이 일반인들과 좀 다르고(전과 3범!) 안정된 직장이 있는 것이 아니므로 내가 자기네 아들을 무시할까봐 미리부터 경계하는 것이다. 그래서 더욱더 내게 많은 요구를 한다. 아침에 무슨 반찬을 해주었느냐, 와이셔츠는 다려 입혀 보냈느냐, (남편이) 잠을 편히 자도록 아기는 네가 딴방에서 데리고 자라, (예전에 남편을 많이 도와주었던) 남편 친구들에게 자주 전화해서 고맙다고 해라, 요즘 매실 철이니 술 담가 놓으면 ○ ○ (남편 이름)가 좋아할 거다… 주로 이런 주문들이다. 물론 나는 대부분 무시하지만 이런 전화를 화가 안 나는 것처럼 연기하면서 받는 것 자체가 나에겐 노동이다. 이런 노동을 누가 알아줄 것이며, 누가 보상을 해주겠는가? 나는 누구한테 이런 얘기하는 게 창피하기도 하고 친정 엄마에게는 걱정하실까봐 더더욱 할 수 없다. 결혼 생활에서 여자인 내가 하는 일이 이런 건지도 모르고, 좋다고 제 발로 수렁에 빠져든 나의 무지를 탓하는 수밖에 없다.

이렇게 세상살이와 결혼 생활의 고단함을 미리 알아채고 독신으로 사는 여자들을 보면 그렇게 부러울 수가 없다. 어떨 때는 저 사람들은 얼마나 잘나서 그걸 경험하지도 않고 알았을까? 존경스럽기까지 하다. 뜨거운 물에서 김이 모락모락 나기만 해도 알아차리고 물을 피하는 지혜로운 사람도 있지만, 나처럼 멍청해서 펄펄 끓는 물에 한참 동안이나 손을 넣고도 뜨거운 줄 모르는 사람도 있다.

최근 어떤 '변호사 마누라'를 알게 되었는데, 나는 경제적으로 걱정 없는 확실한 그녀를 매우 부러워했다. 그러나, 그녀는 우리 엄마처럼 나를 붙잡고 자기의 결혼 생활 얘기를 맨날 하는데, 그 얘기를 들을수록 그녀가 부러운 마음은 사라지고 오히려 안쓰러운 마음이 든다. 이제는 상대적으로 그녀보다는 자유로운 나를 그녀가 부러워한다. 기본적으로 남편 덕에 먹고살려면, 여자는 남편이 밖에서 일하는 것과 거의 비슷하거나 아니면 그보다 1.5배쯤의 노동을 더해야 한다는 것을 나는 그녀의 하소연을 통해 알게 되었다. 결혼한 여자들이 모두 가사 노동을 하지만 그 질이 다 같은 것은 아니라는 것도 알게 되었다.

그녀는 가까운 영어 학원이 있음에도 불구하고 집에서 1시간 이상 걸리는 '용하다'는 학원에 아들을 차로 데리고 다니며, 야채는 어느 시장, 고기는 어느 시장… 이런 식으로 좋은 데를 골라 따로 장을 본다. 남편의 까다로운 입맛 때문에 전전긍긍하며 요리 학원에 다니면서 매일 연습한다. 남편을 대신할 온갖 사교 모임에 참석하고 남편 친구, 친척들의 생일 등 대소사를 관리하고 선물을 보내고 인사를 다닌다. 자기를 위한 시간이 거의 없을 뿐 아니라 언제나 그러한 노동이 주는 스트레스로 피로가 누적된 상태다. 또 '집에서 논다'는 소리를 듣지 않기 위해 그런 일을 빈틈없이 수행해야 한다는 압박감, 책임감 때문에 늘 긴장 상태에 있다. 그녀 주변의 동료 부인들도 비슷한 처지라고 한다. 어떤 여자들은 턱이 돌아갈 정도로 우울증과 스트레스에 시달린다고 한다. '누구의 마누라'로 살기 위해서 여자들이 그렇게 많은 일을 해야 하는지 나는 몰랐다.

평생 직장이 보장된 남편이 돈을 벌어다 주면서도 돈 문제로 아내를 괴롭히지 않고, 아내를 인격적으로 대하고 외도, 구타, 시집 갈등 같은 일이 없는 '행복한 결혼 생활'을 꿈꿀 수는 있겠지만 그것은 '꿈'일 뿐이다. 그건 정말 복권 당첨만큼이나 드문 일이다. 그걸 믿고 취업 대신 결혼한다면 우리는 이런 걸 두고 도박이라고 해야 하지 않을까? 여자들에게는 취업 전선만큼 결혼도 불완전 고용 시장이다.

■ 김은주 — 67년생 주부.

배부른 백수의 배 두드리는 소리

양이현정

문제는 언제나 이런 것이었다. 지금은 출처도 기억 못하는 버지니아 울프의 이 말은 오래 전 내가 여자로서 어떻게 살 것인가를 고민하고 있을 때 가슴에 콱 와서 박혔다.

우리 뒤에는 비도덕적이고 위선적이고 비굴한 가부장제도, 사적인 가정이 놓여 있고, 우리 앞에는 소유욕과 질투심, 호전성, 그리고 탐욕의 공적인 직업 세계가 있습니다. 사적인 가정은 후궁의 노예처럼 우리를 가두어 버리며, 직업 세계는 뽕나무 주위를, 재산이라는 신성한 나무 주위를 머리부터 발끝까지 욕심 많은 애벌레처럼 원을 그리며 빙빙 돌지 않을 수 없게 합니다. 두 가지 다 나쁜데 그 중에서 우리는 선택을 해야 합니다…

최근의 내 선택은 두 가지 다 아닌 제3의 길, 백수의 길이다. 몇 달 전 멀쩡한 직장을 때려치우고 남편과 함께 '공포의 쌍백수 집안'을 이루었다.

결혼할 때는, 혹시 굶어 죽을 지경이 되면 남편 등이라도 툭툭 쳐서 남자라서 얻은 특혜를 토해내게 해야겠다는 꿍꿍이속이 없었던 것이 아니다. 그런데 공중 그네 탈 때 쳐 놓는 그물 같은 마지막 안전 장치 역할을 해주길 기대했던 남편은 벌써 한참 전에 탐욕적인 직업 세계를 거부하고 농부가 되겠다고 선언했다. 그러니 무섭고 힘들다고 날기를 포기하고 그물로 뛰어내려 전업 주부가 될 수도 없게 됐다. 처음부터 각각 벌어서 알아서 쓰는 부부 별산제로 가계를 운영했으니 원칙적으로는 서로의 경제적 상황에 영향을 받을 일은 없다. 그래서 난 백수 농부의 처로서 사람들이 상상하는 것만큼 많이 걱정하지는 않는다.

앞에서 실업자라는 의미로 '백수'라는 말을 쓰고 있지만 내가 아무 일도 하지 않고 있는 것은 아니다. 동무들이랑 조직한 '페미니스트 돈벌이 집단 히스테리아'의 사업을 통해 먹고살 궁리를 하고 있다. 그리고 출판 기획이나 번역 따위의 일을 하고 있는데 이런 일이 워낙 돈벌이가 안 되는 것이라 남들 눈에도 그저 백수로 보이는 듯하다. 프리랜서로 돈도 많이 벌고 일도 많이 하고픈 것이 아니고 적게 벌고 적게 쓰면서 백수답게 살기로 했으니 나 스스로도 백수라고 부르기를 좋아한다.

백수로서 생존하기 위한 방식은 백수 되기를 선택한 이유이기도 하다. 그것은 돈 대신 시간을 가지는 것이고 돈 없이 살기 위해 남는 시간을 이용해야 하는 것이다. 다른 말로 하면 내 시간을 돈으로 바꾸어서 물건이나 서비스를 구입하는 복잡한 과정을 거치는 대신, 그것을 직접 만들어 내는 것이다. 또는 돈으로 만족시켜야 하는 욕망의 크기 자체를 줄이는 것이다. 가난한 날의 행복이나 노동의 소외에 대한 의식적 저항 따위의, 나른한 무정부주의자 백수에게는 어울리지 않는 감상적이고 거창한 의미를 붙이고 싶은 생각은 전혀 없지만, 아무튼 노동 시간과 즐거움의 양을 비교해 본다면 정규직 노동자로서 돈 버는 것에 비해 그다지 손해 보는 장사는 아닌 듯하다.

하늘은 모니터 안에만 있다

매일 파란 하늘 보는 일은
이제 그만두겠습니다

세상을 향한 작은 창문으로
뭉게구름 둥실 떠오르면

시스템을 종료합니다
잠시 기다려 주십시오

이제, 잠시 기다려 주십시오
곧 새장 생활을 종료하겠습니다
시스템을 벗어나겠다구요

시퍼런 하늘로 날아가겠습니다
우 하 하 하 하 하

백수가 될 상상을 할 때는 언제나 무라카미 하루키의 주인공을 떠올리곤
했다. 내가 백수 생활을 그렇게 많이 그리워한 것도, 수영장에서 멍하니 떠
있다가 스파게티 국수를 공들여 삶아먹고 거리에서 사람들 구경하고 가끔
돈 되는 일도 하는, 시간이 느릿느릿 흘러가는 하루키 소설 속의 그와 같은
세계에 속하고 싶어서였다. 얼마 전까지 나는 그와 반대로 정신없이 급하게
일을 하고는 집으로 돌아가는 버스 안에서 쿵쾅거리는 내 심장 소리에 놀라
서 내가 계속 숨을 가쁘게 내쉬고 있다는 것을 깨닫곤 했다. 그래서 두려움

을 달아나게 하는 효과가 있는 우하하하하하 웃음 소리를 내가면서 세상에 던지는 출사표 겸 사표를 쓰고 백수의 세계로 들어갔다.

먹기와 살기

저녁을 먹기 위해 천천히 나물을 다듬고 씻고 데치고 무친다. 그러면 시간도 덩달아 느릿느릿 흘러간다. 움직임이 느려지면 공기 중의 먼지가 가만히 내려앉듯 생각도 가라앉아 쌓인다.

시금치 뿌리의 달콤함을 포기하지 않고 하나하나 뿌리를 긁어가며 다듬고 씻는 동안 "다 먹고살자고 하는 짓인데!"라는 말의 진실에 대해 생각해 본다. 제대로 먹지도 않아 가면서 일할 필요는 없다는 뜻일 텐데, 이 버둥거림이 모두 먹고살기 위한 짓이라면 그 말이 맞다. 그런데 '먹고' 살기 위해 그 짓들을 하고 있다는 전제는 옳은가? 살기 위해 일하기는 하지만 일하는 목적이 단지 먹는 것만은 아니라면? 먹기 위해서만 사는 것이 아니라면 잘 입고 많이 쓰기 위해? 많이 써서 한때 숲이었던 사막에, 한때 울창한 산이었던 스키장에 '내가 산 흔적일랑 남겨'두기 위해?

다른 해석도 가능할 것 같다. 살기 위해서는 먹어야 하고 죽지 않기 위해서는 일해야 한다는 것. 그렇다면 먹을 수만 있다면 그런 짓은 안 한다?

상식적으로 생각하자면, 먹고 자는 것과 같은 기본적인 즐거움을 위해 하는 일인데 그 기본적인 욕구를 억누르거나 미루면서까지 일을 할 필요는 없다는 것인 듯하다. 그렇다면 돈 버는 일은 먹는 것을 비롯한 단순하고도 기본적인 욕구를 방해할 때가 많다는 뜻?

아무튼 나는 남들이 먹고살기 위한 짓을 하는 시간에, 단순히 먹기 위해 오랫동안 즐겁게 시금치, 미나리, 깻잎, 상추를 다듬고 씻고 데치고 무친다.

돈과 일, 즐거움

동생 생일날, 돈 대신 시간과 노동으로 해결한다는 백수의 원칙을 어떻게
실현해야 할까 고민하다 떡을 만들어 주기로 한다. 방앗간의 복잡한 장치가
있어야만 떡이라는 것이 만들어지는 줄 알았는데, 오래 전부터 냉동실에서
설움 당하던 찹쌀 가루가 내 조그만 솥에서 떡으로 변할 수 있다니 오, 놀라
워라! 독창성을 발휘해서 녹차 가루를 넣고 향기로운 떡을 만들어야겠다.

　쌀가루가 보이지 않을 때까지 쪄야 된다는데, 이렇게 오래 쪘는데도 아직
쌀가루는 모습을 바꿀 기미가 안 보이네… 케익이랑 작은 선물이라도 사
주려면 2만 원쯤은 들 텐데, 2만 원을 벌기 위해 두 시간 동안 컴퓨터 자판을
두드리는 것보다 떡 만드는 게 훨씬 재미있는 걸! 다 익었으면 꺼내서 보름
달 속의 토끼처럼 떡을 쿵!쿵! 친다. 그러고 나서 조그맣게 떼내서 동글납작
하게 빚고 예술혼을 담아 잣하고 대추로 흐드러진 꽃 한 송이 만들어 박는
다. 야호! 드디어 완성. 그럼 시식을. 그런데 이게 웬일! 향기롭기는커녕 쓰
기만 하네. 역시 녹차 가루가 너무 많이 들어갔나 보다. 열심히 치지 않고
토끼 흉내만 좀 내다 말았더니 찰기도 덜한 것 같고. 내가 요리의 천재라고
굳게 믿는 서방이 아무리 맛있다고 우겨도 이건 실패다, 흑흑.

　창의력과 실험 정신도 기술적 숙련과 연습을 바탕으로 해서 빛난다는 교
훈을 얻었다는 것으로 위안을 삼으려 해도 너무 좌절이 크다. 잠깐의 갈등
끝에, 포기하지 않고 다시 빵에 도전하기로 한다. 빵은 해본 적이 있으니
훨씬 쉽다. 기구와 재료만 있다면 크림을 바르고 과일도 얹고 고불고불 글씨
도 쓸 텐데 연장이 부족하니 이 훌륭한 목수 아쉽기만 하다. 어느새 한밤중
이다. 생일이 지나기 전에 갖다 줘야지. 부부 백수단, 동생 집으로 출동해서
뜨끈뜨끈한 빵을 차려 놓고 '생일 축하합니다' 노래를 부른다.

　다른 건 아무것도 못해, 아무것도 몰라, 하고 말하는 것이 한 몸 편안하게,
머리 평화롭게 지내는 방법이긴 하지만, 서툰 아마추어로 사는 것도 재미있

다. 간단한 가구나 옷을 만들어 보면서 그리고 사 먹을 줄만 알았던 음식을 만들어 보면서 나는 세상에 대한 이해력과 내 삶에 대한 통제력이 점점 커져 가고 있다는 뜻밖의 느낌을 갖게 된다. 추상적인 사회라는 것 외에 실제로 내 삶을 구성하는 물질적인 세계에 대해 얼마나 모르고 있었는지를 깨달으면서, 이국적인 풍물 앞에서가 아니면 웬만하면 움직이지 않던 호기심이 부활하는 것을 느낀다. 그래서 용산이나 동대문 시장 같은, 완제품이 아닌 재료와 도구를 파는 곳에 가서 구경하면 즐겁다. 복잡한 공장 체계와 현대적 과학 기술, 전문가의 안목 등이 만들어 내는 물건들 앞에서 주눅 들어 있던 데서 벗어나, 몇 가지 도구만 있으면 의외로 쉽게 만들 수 있다는 것, 그 재료에 내가 접근할 수 있다는 것을 발견하게 되면 새로운 의미의 지식을 하나씩 얻는 기분이 든다.

가난함, 욕망의

목욕탕에 갈 때마다 갈등한다. 여행을 마치고 돌아와 노곤한 몸을 누군가 벅벅 밀어준다면 얼마나 좋을까? 그 정도 돈이야 몸을 축 늘어뜨리고 휴식과 상쾌함을 얻는 대가로 지불할 수 있지. 처음 '파마'하던 스무 살 때는 머리를 감겨 주는 친절한 손길에 불편함을 느끼다가 점점 그 편안함을 즐기는 것으로 변해 갔듯이, 힘들게 내 몸 위에서 흔들리는 때밀이 아줌마의 늘어진 젖퉁 아래에서 내 젖퉁은 부드러운 거품에 싸여 정당하게도 만 원짜리의 기분 좋은 졸음을 즐길 수 있을 것 같기도 한데… 시간이 없어서 못 하는 것도 아니고 안 하면 괴롭거나 불편한 것도 아닌데 내가 하기 싫은 일을 남한테 돈 주고 시킨다는 건 아무래도 잘못된 것 아닐까?

계속 갈등하면서 몸을 벅벅 문질러 본다. 어느새 손의 움직임에 집중하게 되면서 나른한 시원함을 느끼고 싶다는 욕망은 사라지고 생각은 이쪽으로 밀리다 저쪽으로 밀리면서 여러 가지 새로운 모양을 만들어 낸다. 몸을 문지

르는 것 같은 반복적이고 단순한 일을 하면서 생각이 아무렇게나 흘러가게
하는 것은 머리도 개운하게 하는 목욕의 또 다른 즐거움이다.

아무튼 나는 노동하는 손이 아름답다는 낡은 이념에서 아직 헤어나지 못
했기 때문인지 때밀이 아줌마의 노동 아래에 편안히 누워 있을 자신이 없다.
그리고 무엇보다 그런 돈맛을 들이고 싶지 않다.

한 달에 한 번 헤어 디자이너의 손길이 내 머리에 닿지 않으면 안 된다고
느낀다면, 정신 사나운 할리우드 영화를 일주일에 한 편은 때려 줘야 문화
시민의 자긍심을 유지할 수 있다면, 차 없이는 못 돌아다닌다고 생각한다면,
그거 안 하곤 난 못 살아! 하고 자랑스럽게든, 괴로워하면서든 그렇게 말해
야 한다면 내 시간과 노동을 둘러싼 세상과의 협상에서 불리한 위치에 놓일
수밖에 없기 때문이다. 그 모든 인간된 즐거움을 누리기 위해 반드시 특별시
(부근)에 살아야 한다면, 24시간 중 12시간 동안 내 몸과 영혼을 마음대로
해도 좋다는 계약서에 서명을 하게 될지도 모르기 때문이다. 그리고 동전을
넣자마자 커피를 쏟아내는 자동 판매기 같은 쾌락보다는 내 시간과 노력과
관계에 더 많이 의존하는 다른 종류의 즐거움이 더 크기 때문이다.

그래도, 두려움

갑자기 금 목걸이가 어디 있는지 궁금해졌다. 대학 졸업 선물은 언제든 돈으
로 바꿀 수 있는 것으로 달라고 해서 생긴 순금 목걸이. 아무래도 나는 남들
처럼 꼬박꼬박 월급 받아 가면서 살지는 못할 것이란 예감을 일찍이 가졌던
것인지… 아무튼 언제 닥칠지 모를 비상 사태에 대비한 내 선견지명에 뿌듯
해 하면서 금 한 돈이 얼마나 하나 짐작해 본다. 결혼할 때 생긴 행운의
열쇠라고 하는 황금 열쇠도 생각해 내고 옷장을 뒤져 찾아서 목걸이 옆에
전시해 본다. 엄마가 준 보석 반지까지 꺼내 놓고 혼자 희희낙락한다. 이것
들을 모두 팔면 두세 달은 먹고살 수 있겠네. 돈 걱정은 이걸 내다 팔 때

시작해도 늦지 않겠다. 만세!

배부른 소리, 둥둥둥!

신문을 보다 구인 정보가 나오면 습관적으로 눈이 간다. '프로그래머 대졸
남, 텔레마케터 여/기혼 가능' 따위밖에 없지만 혹시 나도 고용될 가능성이
있다면 왠지 안심이 될 것 같아서 구직할 뜻도 없으면서 자세히 들여다본다.
그 옆에 나온 기사에는 달동네 사는 여성 가장이 파출부 자리도 드물어지고
일거리가 없어 살아가기 힘들다는 이야기가 있다.

여유와 재미를 찾아, 있던 일자리도 내던진다는 건 이런 고달픈 시대에
배부른 소리고 철없는 짓일지도 모른다는 생각이 어쩔 수 없이 스쳐간다.
다들 이렇게 부지런히 그런데도 힘들게 살고 있으니 말이다.

그렇지만 자기가 배부른 줄도 모르고 눈앞에 흩어진 과자 부스러기를 더
많이 먹으려고 몰려다니는 비둘기들처럼 허둥댈 필요는 없다. 되돌아보면,
저건 언제나 먹어볼 수 있을까, 나도 살기 힘들어 힘들어, 하면서 철든 짓을
하기는 더 어려웠다.

이 초원에 눈 내리는 겨울이 올지도 모른다는 걱정에 영양분을 잔뜩 비축
해 놓아서, 사냥감을 쫓아 사납게 내달리지도 못하는, 자기가 반달곰인 줄
아는 미련한 사자가 되어서는 안 된다. 재빠르게 사냥해서 배불리 먹고는,
나머지야 독수리가 먹든 하이에나가 먹든, 돌아서서 낮잠이나 한숨 자야 한
다. 백수의 왕은 썩은 고기를 숨겨 두지 않는다.

태평 성대는 아니지만, 아무튼 배가 부르니 일단은 배를 두드리며 기뻐한
다. 둥!둥!둥!

■ 양이현정 — 69년생. 여성학을 공부했고, 여성주의 문화 기획 집단 「히스테리아」 회원으로
활동중이다.

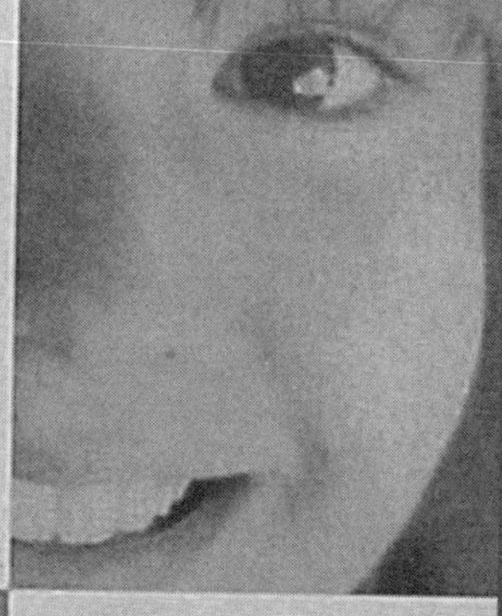

Running the Show
Like the Big Chicks
GIRL
BOS
Entrepreneurial Skills, St
Encouragement for Mod
by Stacy Kravetz
Foreword by Gillian Ande
Designed by Amy Inouye

한국 영화에서 여성의 일

권은선

매일 아침 지하철 4호선 서울역에서
1호선으로 환승하는 기다란 통로를
마치 쇼트트랙 경주처럼 통과하면서
짧은 찰나의 시간 동안 벽면의 영화
광고를 훔쳐보는 것. 직업 의식의 발로일까.
그것은 나의 오랜 습관이다. 올 한해 동안 그 스치듯 흘겨보았던 영화 포스터들을 기억 속으로 불러내면서, 나는 한 가지 질문에 맞닥뜨리게 된다.

여자들은 다 어디로 갔을까? 컴퓨터 디자인의 힘을 빌어 엄청난 아우라마저 뿜내며 자기 존재감을 과시하는 남성들의 표정 사이에서 여성들의 모습은 눈에 잘 띠지 않는다. 기껏해야 머리를 풀어헤치고 텔레비전 수상기 밖으로 기어나오던 여귀나 노란색 머리에 가슴을 반쯤 풀어헤치고 남성들의 시선을 노골적으로 기다리는 젊은 여성의 모습을 떠올릴 수 있을 뿐이다.

귀신과 성적인 여성. 항상 비슷한 역할의 그 여성들과 여성 관객들은 어떤 관계를 맺고 있을까? 영화를 통해서 여성에 대한 이슈를 사고해야 함은 여성 관객들이 영화와 상상적 관계를 맺고 있으며, 영화 속에 재현된 이미지는 그 상상적 관계를 통해 여성 관객의 의식, 무의식과 소통하며 나아가 여성의 현실과 관련 맺고 있기 때문이다. 그렇다면 90년대 후반 한국 영화는 여성 관객들의 상상력에 어떻게 침투하며, 무엇을 소통하고 혹은 지배하는가? 한국 영화에서 재현된 여성들을 통해서 여성의 일, 혹은 일하는 여성에 관해서 무엇을 사유할 수 있을까?

여자들은 다 어디로 갔을까?

90년대 후반 한국 영화를 통과하며 여성 혹은 여성과 관련된 이슈들을 사유하기란 쉽지 않다. 그 어려움은 바로 한국 영화 산업과 관련되어 있는 것이고, 90년대 후반 한국 영화 지형과의 상관성 속에서만 논해질 수 있는 것이다. 90년대 중반 이후 깡패 영화와 코미디, 그리고 그 두 장르를 이종 교배한 영화들과 최근의 한국형 블록버스터 영화들의 분할적 혹은 순차적인 충무로 점령이 수반한 것은 바로 여성들의 후경화 혹은 총체적인 비가시화다.

후기 산업 사회의 경쟁 논리에서 억압된 남성성을 폭력을 통해 일시적으로 재복구하려는 '그들만의 세계' 깡패 영화에서 여성들은 보조적인 역할에 한정될 수밖에 없다. 이들 영화에서 폭력을 통한 권력 획득이 남성성을 충족시키는 주요한 수단이라면 또 다른 소망ㅡ충족 각본은 성적인 욕망에 놓여 있다. 따라서 이 깡패 영화에서 여성들은 남성의 성적 대상으로서 존재하거나 '남성 버디'들의 교환 대상으로 존재할 뿐이다.

기본적으로 90년대 깡패 영화들은 사회 권력층과 연계되거나 이권 개입을 둘러싼 조직 폭력의 세계를 다루기 때문에 나이트 클럽이나 룸살롱이 영화의 주요 공간으로 등장한다. 나이트 클럽이나 룸살롱의 밀실에서 벌이는 일대 격투 장면은 이 장르 영화를 성격 짓는 하나의 컨벤션이 되었다. 따라서 그 깡패 영화들에서 재현되는 여성들은 매춘 여성과 여급, 밤무대가수 등이다. 「초록 물고기」나 「넘버3」 같은 영화들이 쉽게 떠올릴 수 있는 예이다. 요컨대 깡패 영화에서 우리가 만날 수 있는 여성들은 거친 세계에 강제 유입된, 비조직화된 노동 부문에서 일하는 여성들이다.

가학적인 남근적 상상력

이 여성들은 사실 한국 영화에서 전혀 낯설지 않다. 「별들의 고향」에서 「77 번 아가씨」, 「O양의 아파트」, 「색깔 있는 여자」 그리고 허무주의를 물씬 풍기는 「26 x 365 = 0」에 이르기까지, 70년대와 80년대 초반을 통해 양산된 '호스테스 장르'에서 우리는 이 여성들과 무수히 마주쳐 왔다. 흥미로운 점은 이 장르가 분명 호스테스라는 특정 직업을 명칭으로 사용하고 있으면서도 재현의 층위에서 이 여성들의 일은 노동으로 가시화되거나 가치 평가되지 않는다는 점이다. 영화는 단지 호스테스라는 직업을 가진 여성들의 척박하고 기구한 삶을 가학적인 남근적 상상력으로 얼버무려 놓을 뿐이다.

70, 80년대 호스테스 장르 영화들은 국가 주도의 급격한 근대화, 도시화 속에서 대도시로 흘러들어와 비조직화된 노동 부문에 유입된 여성들의 주위를 선회하며 그들의 삶의 애환을 호소했다. 반면에 90년대 깡패 영화에 등장하는 또 다른 이 여성들은, 남성 깡패들에 의해 주변화되고 그들이 그러한 상황에 놓여지게 된 사회적 맥락마저 지워져 버렸다는 측면에서 오히려 더 퇴행적이다. 이는 「비트」나 「본투 킬」류의 청춘 깡패물에서도 크게 다르지 않다. 대부분의 청춘 깡패물에 등장하는 여성들은 일탈을 꿈꾸는 비고용 여성이거나 소매치기, 혹은 사회로의 진입에 일차적으로 실패하고 사회의 언저리에서 배회하는 주변부 인간군일 뿐이다. 깡패 영화를 지배하는 이러한 상상력은 그 장르 내에서 그치지 않고 여타 장르로까지 범람하여 그 결과 코미디 영화의 주도권을 로맨틱 코미디에서 깡패 코미디로 이동시켰다.

로맨틱 코미디에서 깡패 코미디로

90년대 초반, 「결혼 이야기」 이후 우후죽순 생산되었던 로맨틱 코미디는 90년대에 이르러 새롭게 부상한 전문직 여성들을 영화 속에 빈번하게 등장시켰다. 기본적으로 트렌디 드라마로서의 성격을 가졌던 로맨틱 코미디는 새로운 소비 사회에 걸맞은 생활 양식과 탈가족화를 강조했고, 따라서 가족으로부터 독립할 수 있는 경제적 능력을 가진 동시에 소비 주체인 젊은 전문직 여성들이 영화적 공간 속에 등장하게 된 것이다. 비록 그 전문직 여성이라는 것이 거품으로 가득 채워진 소비 주체로서의 여성이라는 한계를 가진 것이었지만, 몇몇 로맨틱 코미디에서 재현된 일하는 여성들은 표피적이고 제한적이나마 직업 때문에 다양한 사적, 공적 문제에 부딪치는 여성들을 보여 주었다.

「코르셋」이나 「가슴 달린 남자」는 아마도 90년대에 생산된 한국 영화 중에서 일하고 있는 여성의 모습을, 그리고 그 일하는 공간을 가장 많이 재현해 낸 영화일 것이다. 단지 여자라는 이유만으로 직장 내에서 성별 분화된 일거리만을 할당받던 여직원이 남자 상사를 향해서 커피잔을 집어던지고, 사회적 성공을 쟁취하기 위해 남자가 되기로 결심한 주인공이 자신을 여직원으로 규정지었던 것들, 즉 반듯한 정장과 화장품, 하이힐을 한강에 벗어버리는 「가슴 달린 남자」의 장면이라든가 당당하게 사직서를 제출하고 자신의 회사를 창업하는 「코르셋」에 등장하는 여성들의 모습은 분명 여성 관객들에게 해방적인 순간을 제공한다.

문제는 이 장르가 그 특성상 결국에 가서는 모든 문젯거리들을 성공 신화로 귀착시키고 특히 남녀간의 이성애적 로맨스로 통합시켜 버리고 만다는 점이다. 요컨대 여성과 관련하여 90년대 로맨틱 코미디를 지배한 상상력은 '일과 사랑의 동시적 획득'이다. 즉 일이냐 혹은 사랑이냐를 양자택일의 문제로 설정했던 이전 영화들의 '일과 사랑 이데올로기'와는 확연한 차별성을 가진 것이다. 비록 로맨틱 코미디에서 드러나는 여성의 일에 대한 재현이라는 것이 일과 사랑, 양자의 비현실적인 성공 이데올로기로 봉합되고 그것에 갇혀 있는 것이기는 하지만, 그러나 그것은 과정중에 드러난 몇몇 해방적인 장면들, 즉 남성 위주의 조직과 위계 질서, 성별 분업 체계를 드러내고 균열시키며 전복시키는 순간들을 미처 모두 지워 버리지는 못한다. 여성 재현에 대한 지나친 패배주의에 빠지지 않기 위해서는 이러한 장면들을 적극적으로 독해해 낼 필요가 있다.

　여성의 일을 소재로 한 로맨틱 코미디가 90년대 중반에 등장할 수 있었던 것은, 페미니즘이 영화 산업 속에서 하나의 문화적 기표로 유통되면서 페미니즘을 표방한 영화들, 즉「그대 안의 블루」,「네온 속으로 노을지다」,「개 같은 날의 오후」 등이 일정한 양식의 자장을 형성하고 있었기 때문이다. 그러한 측면에서 로맨틱 코미디에서 깡패 코미디로의 중심 이동은 90년대 중반 이후 한국 영화에서의 페미니즘의 쇠퇴, 혹은 여성성에 대한 관심으로부터 남성성에 대한 관심으로의 이동을 단적으로 보여 주는 것이라 할 수 있다.

여성 주인공에 대한 무관심

이는 배타적으로 여성적인 장르라고 인식되던 멜로 드라마에서도 예외가 아니다. 90년대 말 새롭게 흥행 궤도 내에 진입했던 멜로 드라마들, 예컨대 「접속」,「8월의 크리스마스」,「편지」,「약속」 같은 영화들은 모두 남성들이 내러티브의 중심에 위치한 영화들이다. 이 영화들은 상처받거나 죽음을 앞에 두고 동요하는 남성 주체성을 선회하면서 감정 이입과 눈물을 호소한다.「러브」의 포스터에 고소영이 아닌 정우성의 얼굴이 등장하는 데에서 발견할 수 있듯이, 더이상 멜로 드라마 내에서 배타적인 여성 주인공에 대한 관심은 없다.

최근 한국 영화의 산업적 층위에서 논의의 핵으로 부상한 '한국형 블록버스터'들의 등장은 이러한 현상을 한층 더 심화시키고 있다. 한국형 블록버스터는 거대한 자본력과 배급력으로 전세계 영화계를 지배하며 하나의 유사 보편적인 영화 언어로 자리잡은 할리우드 블록버스터를 지역적으로, 즉 한국의 영화 산업 규모와 관객들의 정서에 맞추어 번역해낸 영화들이다.

한국형 블록버스터라는 것이 할리우드 영화의 국내 시장 점령을 대체하는 하나의 지역적인 저항의 형식이 될 수도 있다. 그러나 문제는 할리우드 블록버스터를 한국적으로 번역하는 과정에서 그것이 테크놀로지에 대한 맹신과 더불어, 국수주의적인 민족주의와 강한 남성성을 끌어들인다는 데 있다. 따라서 강한 남성들의 경연장이자 전시장이 되는 이 한국형 블록버스터 영화들에서 여성들은 보조적인 역할만 담당하거나 극단적인 경우 「유령」에서처럼 아예 부재한다.

등장하는 여성 인물들 또한 남성적 세계 속에서 남성 판타지의 필터를 거쳐 구성되기 때문에 왜곡되어 재현된다. 영화에서 남북 분단의 비극을 몸으로 체현하며 다중 인격의 신화적 인물인 히드라로 언명되는 「쉬리」의 여전사나 본인의 의지와는 무관하게 단지 사랑하는 남자를 따라서 치마를 입고 일본 제국주의의 화신 하야시 나츠오와 결투를 벌이는 「건축무한육면각체」의 신문 기자에게서, 여성 관객들은 과연 '강한 여성' 혹은 '일하는 여성'에 관한 어떤 표상을 가질 수 있으며 또한 무슨 사유를 할 수 있을까?

90년대 말은 실로 한국 영화 전 장르에 걸쳐서 남성성을 질문하고 실험하며 재구성한 시기이다. 즉 90년대 말의 한국 영화는 후기 산업 시대의 경쟁 논리와 구제 금융 시대의 구조 조정의 위기에서 위축된 남성성을 한편으로는 깡패 영화와 한국형 블록버스터의 강한 남성성을 통해서 그리고 또 다른 한편으로는 멜로 드라마의 희생적인 남성성을 통해서 복구시키는 기능을 담당해 왔다고 보아야 할 것이다.

영화 「미술관 옆 동물원」, 1998.

한국 영화에서 여성 직업의 재현

물론, 90년대 말의 한국 영화는 일상성에 주목하고 사회적 변화에 민감하게 반응하면서 새로운 직업을 가진 여성들을 영화 공간 안에 불러들였다. 「접속」의 통신 판매원과 「미술관 옆 동물원」의 비디오 카메라 우먼, 「8월의 크리스마스」의 주차 단속원 등은 분명 이전 한국 영화에서 만나지 못했던 여성들이다. 그러나 영화에서 이 여성들의 직업은 로맨스를 맺어 주는 단서가 되거나 하나의 새로운 생활 양식을 가리키는 기표로 작용할 뿐, 여전히 그들의 작업장은 좀처럼 사유를 요청하는 재현 영역으로 진입하지 못한다.

그런 측면에서 한국 영화 내에서 여전히 가장 많이 재현되고 있는 여성의 작업장은 매매춘 공간이다. 거장의 칭호를 받는 임권택 감독의 「창」이나 주목받는 신예인 김기덕 감독의 「파란 대문」에서처럼 끊임없이 반복되고 있는 것은 바로 매매춘 장면이다. 그러나 그 장면들에서 끊임없이 여성 육체를 대상화하며 대리적인 남성적 쾌락을 강요하는 카메라의 시선은 그 여성들의 매춘을 직업으로 바라보고 있지 않음을 역설적으로 입증할 뿐이다.

　한국 영화에서의 여성들의 이와 같은 후경화 혹은 총체적인 비가시화 상
태에서 여성에 관해 그리고 여성의 일과 직업에 관해 사유한다는 것은 그
경로가 원천적으로 봉쇄되어 있다는 느낌마저 불러일으킨다. 오히려 그 사
유의 과정은 한국 영화 속에서 재현된 여성들을 경유하는 것이 아니라 그
여성들과 부단히 거리를 취하고 비판하며 지워 내고 비워 내는 작업이며,
동시에 한국 영화에서 재현되지 않은 여성과 여성의 직업을 찾아내어 담론
의 영역으로 불러내는 일일 것이다.

■ 권은선 ─ 68년 출생. 영화 평론가. 서울여성영화제 프로그래머.

딸 기살리기 작전

김희숙

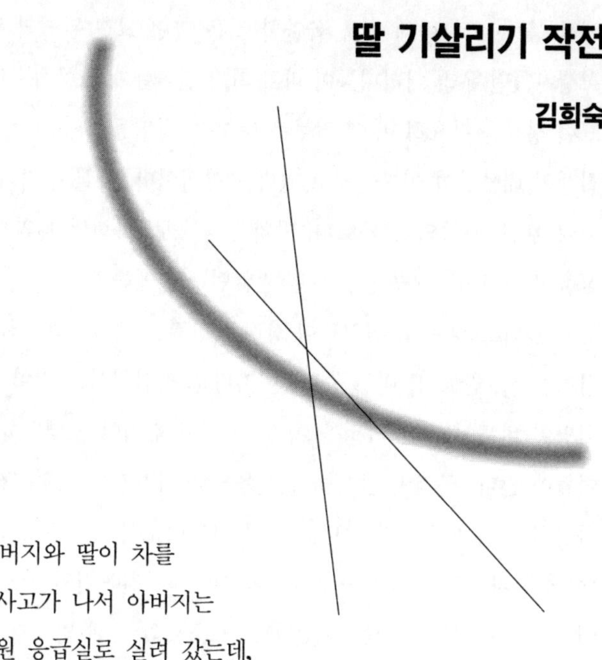

수수께끼 : 아버지와 딸이 차를
타고 가다가 사고가 나서 아버지는
죽고 딸은 병원 응급실로 실려 갔는데,
담당 의사가 이렇게 말했다.
"난 이 애를 치료할 수 없어요! 이 아인
내 딸입니다." 그렇다면 그 의사는 누구인가? 혹 대답을 못했거나 잠시 머뭇
거렸다면 그건 단순히 수수께끼를 푸는 순발력의 차원을 떠나서 직업에 대
한 고정 관념이나 편견에 사로잡혀 있기 때문은 아닐까? 답은 그 아이의 엄
마이다.
　—『딸 기살리기』 중에서

그 대답이야 어쨌든, 이런 수수께끼를 들으면 우리 사회에 깊숙이 뿌리 박혀
있는 직업에 대한 고정 관념과 편견을 읽는 것 같아 씁쓸하다. 전통적으로
직업은 남자들의 몫이라는 생각, 설령 여자들이 직업을 갖는다 해도 어디까
지나 남자들의 보조라는 생각, 나아가 여자일과 남자일이 제각기 다르다는

생각 등등… 그런데 더욱 씁쓸한 것은 그런 고정 관념과 편견의 직접적인
희생자였던 우리 어머니들이 바로 자기 딸들에게 노골적으로 또는 은연중에
그런 생각을 강요하고, 그 딸들은 다시 자기 딸들에게 그런 편견을 주입시켜
희생의 대물림이 이루어지고 있다는 사실이다. 사실 우리의 성장 과정을 돌
이켜 보면, 가족의 만류로, 주변의 눈총으로, 사회의 제약으로 얼마나 많은
꿈을 접어야 했던가? 뭘 모르던 철없던 시절에는 의사, 판검사, 장군, 대통령
등등 제법 그럴 듯한 직업들이 장래 희망란을 채웠지만, 머리가 커감에 비례
하여 교사, 간호사, 비서 등 꽤 여자다운 직업에서 급기야 현모양처로 장래
희망이 바뀌어 가는 과정을 어쩔 수 없이 겪어야만 했던 기억을 갖고 있는
이들이 많다. 하지만 남성들의 전유물로 여겨져온 직업에서 그들과 어깨를
나란히 하여 보조자가 아닌 대등한 파트너로서 일하고 있는 여성들을 보면
'적어도 자기처럼 살지는 말라'는 어머니의 전폭적인 지지가 있었거나 '적
어도 어머니처럼 살지는 않겠다'는 스스로의 굳센 의지가 있었음을 부인할
수 없다. 다시 말해 사회에 팽배해 있는 고정 관념과 편견에서 벗어나려면
어머니든 딸이든 여성 스스로 나서서 악순환의 고리를 끊는 노력이 있어야
한다.

그런데 그런 노력은 되도록 빨리 어린 시절부터 이루어져야 한다. 스스로
판단하기보다는 그저 보이고 들리는 대로 흡수하기 십상인 우리 딸들이 이
사회의 불평등한 이미지와 메시지에 너무 쉽게 노출되어 있기 때문이다. 그
러므로 이제 막 몸과 마음의 변화를 겪기 시작하는 딸들에게 자신의 미래를
탐색할 수 있는 기회를 자주 마련해 주어야 한다. 『딸 기살리기』와 『걸 보
스』는 그런 기회를 마련하는 해법을 보여 주고 있다.

딸들의 기를 살리려면

『딸 기살리기 : 딸들에게 주는 52가지 인생 지침 *Girls Seen and Heard:*

52 *Life Lessons for Our daughters*』(Sondra Forsyth, New York: Ms. Foundation for Women, 1998)는 미국 미즈 재단이 자라나는 어린 딸들에게 부모들이 일하는 모습을 보여 주고 다양한 직업들을 접하게 하며 일하는 여성들을 직접 만나보게 하여 자신의 미래를 구상하는 기회를 제공함과 동시에 직업 세계의 진실과 현실을 몸소 느껴 보게 하려는 취지하에 '딸날' 행사(이 책 283-294쪽에 유이숭희가 소개한 「딸들을 일터로 데려가는 날」을 참고할 것)를 진행해 오면서 얻어낸 성과들을 모은 것이다.

이 책은 '자신만만한 11세, 어찌할 바를 모르는 16세 confident at 11, confused at 16', 즉 사춘기 이전까지만 해도 자신감에 차 있던 여자아이들이 사춘기에 접어들면서 혼란에 빠진다는 1990년대 초 연구 보고들에서 출발하고 있다. 그런 변화를 일으키는 가장 큰 이유 중 하나는 이 사회가 사춘기에 들어선 여자아이들을 하나의 인격체로 봐주기보다는 외모와 소위 '여자다움'만으로 평가하고 인정하려 들기 때문이다. 그러다 보니 그전까지만 해도 남자아이들과 별다른 구별없이 자유롭게 행동하고 자신있게 자신을 내보이던 여자아이들이 자신의 미래를 설계하기 시작해야 할 중요한 시기에 외모와 남자아이들이 자기를 어떻게 봐줄지에만 온통 관심을 집중시켜 버린다. 이렇듯 아직 자신에 대한 정체성이 채 정립되기도 전에 사회가 쏟아붓고 주입하는 잘못된 편견과 고정 관념 때문에 우리 어린 딸들은 자신감을 잃고 기가 죽어가고 있고, 심지어 좌절하여 자신을 비하하고 자기를 더이상 믿지 않는 지경에 이르고 있다.

『딸 기살리기』에는 바로 그런 변화를 겪기 시작하는 딸들이 상실감과 주눅듬에서 벗어나 자신을 존중하고 신뢰할 수 있도록 어른들이 들려주는 52가지 인생 지침들이 담겨 있고, 아울러 그러기 위해 어른들 역시 어떻게 말하고 행동해야 하는지에 대한 지침들도 들어 있다.

1부에서는 딸들로 하여금 자신을 믿지 못하게 만드는 경우들을 예시하면서 그녀들이 자신을 믿을 수 있도록 이끌어야 한다고 말한다. 2부에서는 딸들이 그렇게 자신에 대한 확고한 믿음을 갖고서 자기에게 주어지는 가능성들을 탐색할 수 있도록 어른들의 관심을 촉구하고 있다. 기술들을 적극적으로 배우고 남자들의 전유물로 여겨지는 테크놀로지로 무장하는 등 자신을 성장시키기 위해 준비하고 노력하며, 자신의 인생에서 주어지는 모험들에 주저하거나 피하지 말고 과감히 부딪힐 수 있도록 해주어야 한다는 것이다. 그리고 3부에서는 우리 딸들이 당당히 여성으로서의, 아니, 한 인간으로서의 몫을 요구하여 자신을 존중하는 마음을 잃지 않도록 과감히 맞서 싸울 수 있게 가르쳐야 한다고 어른들에게 당부하고 있다. 제 입으로 당당하게 자기 의견을 말하게 하고, 여자아이들 나름대로 지니고 있는 특별한 재능들을 인정해 주고, 여성들도 얼마든지 훌륭한 부양자가 될 수 있다는 사실을 일깨워 주어야 한다.

이렇게 이 책은 딸들이 사춘기로 접어드는 시기에 어른들의 적극적인 관심과 참여가 얼마나 중요한지를 강조한다. 어른들이 딸들에게 자신들이 어떻게 보이는지보다는 재능과 인격과 능력에 더 가치를 두도록 도와준다면, 그녀들이 어린 시절에 지녔던 자신감과 믿음을 상실하지 않고 그것을 토대로 자신의 꿈을 펼치고 목표를 이루기 위해 노력할 것이라고 말이다.

그러나 이 책을 읽으며 아직 우리 현실은 그렇지 못한 것 같아 안타깝다. '청소년은 미래의 주역'이니 뭐니 운운하면서도 정작 그들의 미래를 설계할 수 있도록 도와주기는커녕 한창 많은 것을 보고 듣고 느껴야 할 시기에 오로지 공부로만 내몰고 있다. 물론 아직까지 우리 사회가 '공부=좋은 성적=좋은 대학=좋은 직장'이라는 등식에서 벗어나지 못하고 있는 탓도 있지만, 개개인의 개성과 능력과 재능 심지어 인격을 무시해 가며 공부만을 강요하고 있다. 더욱이 남자아이들과는 달리 여자아이들에게는 공부가 좋은 직장이 아니라 좋은 남편감을 만나게 해주는 지름길임을 은근히 주입시키기까지

한다.

최근 온나라를 몸살 앓게 했던 IMF로 우리는 많은 것을 잃기도 했지만, '건전한 파괴'를 통한 새로운 변화의 조짐도 얻어내고 있다. 평생 직장이 보장되지 않는 불투명한 미래는 모두가 한결같이 공부를 통해 정해진 코스를 밟으려는 획일화된 생각을 멈추게 하고, 남성들이 더이상 가족의 확고부동한 부양자가 못되는 불안정한 상황은 여성들에게 일자리(직업)의 필요성을 일깨우고 있다. 자신의 미래를 보장해 줄 수 있는 것은 반드시 공부만이 아니라는 생각과 여성도 일을 가져야 한다는 생각이 자리를 잡아가면서, 어른들 사이에서 딸들에게 공부만을 강요하기보다는 그녀들의 개성이나 재능 등을 살려주고 그것을 토대로 미래를 설계할 수 있게 해주려는 움직임이 서서히 생겨나고 있다.

그러나 이제 막 일기 시작한 그런 생각을 확산시키고 나아가 그런 생각을 가진 딸과 어른들을 지원해 줄 수 있는 프로그램을 개발하려는 시도들은 거의 없다시피한 형편이다. 다행히 앞서도 언급했듯이 우리보다 이미 7년 전부터 미국에서 실시해 오고 있는 '딸날'이라는 행사가 있어 관심을 끈다. 그런 행사가 우리 나라에서도 실시된다면 자신의 불확실한 미래 때문에 흔들리고 방황하는 딸들에게나 그런 딸들을 안타깝게 여기는 어른들에게 새로운 돌파구를 마련하는 계기가 될 것이다. 이 책을 읽는 것은 바로 그런 시도로 들어가기 위한 첫걸음이 아닐까 한다.

소녀 사업가를 위하여

그렇게 우리 딸들에게 자신의 미래를 적극적으로 설계할 수 있도록 도와주기로 마음먹었다면, 그녀들이 정말로 하고 싶어하는 일을 일찌감치 시작할 수 있는 기회를 마련해 주는 건 어떨까?

어린애(혹은 학생)더러 무슨 일이냐고 펄쩍 뛰는 어른들이 있겠지만, 사실 우리 딸들이 아이디어나 재능이 있음에도 불구하고 그것들을 살릴 수 있는 구체적인 방법을 모르거나 기회가 없어서 사장시켜 버리는 일이 많기 때문이다. 얼마 전 고등학교를 중퇴하고 컴퓨터 회사를 차려 성공한 한 남학생의 얘기가 그리고 최근에는 액세서리를 디자인하는 여자 초등학생 디자이너가 소개된 적이 있다. 하지만 그런 소식을 접하면 대개 그저 화제거리 정도로만 여겼지, 정작 자신의 딸에게 해당될 수도 있다는 데까지는 생각이 미치지 않았을 것이다. 그건 '사업'이란 개념을 너무 거창하게만 생각하는 우리네 고정 관념 때문은 아닐까? 사업을 하려면 우선 돈이 있어야 하고 거기다 번듯한 사무실에 직원도 몇 명 두는 것이 최소한의 '기본'이라고 말이다.

그러나 그런 생각을 여지없이 무너뜨리며 그런 외형적인 조건들을 갖추지 못한 소녀들도 얼마든지 사업가의 길로 들어설 수 있음을 일깨워 주는 책이 있다. 1999년 '딸날'에서 올해의 책으로 선정한 『걸 보스』가 바로 그것이다. 이 책은 제목 그대로 소녀들이 자신들의 아이디어나 재능을 비즈니스로 연결시켜 창업에까지 이를 수 있도록 실질적으로 도움을 주는 지침서이다.

소녀 사업가로 들어서는 출발점은 돈이 아니라 자신이 뭘 좋아하는지를 알아내는 것이다. 운동이든 요리든 심지어 TV 보기 같은 취미에서, 혹은 음악이나 그림 같은 예술적인 재능에서, 아니면 액세서리나 보석, 옷을 디자인하는 기능적인 재능 등에서, 자신이 정말로 좋아한다면 거기서부터 아이디어가 나올 수 있기 때문이다. 그러나 그도 저도 없다고 해서 실망할 필요는 없다. 운좋게도 신세대 소녀들에게는 컴퓨터라는 막강한 무기가 있어, 인터넷을 통해 정보를 얻어내거나 채팅으로 아이디어를 얻어낼 수 있으니까 말이다. 다만 그런 아이디어나 재능 등이 과연 사업(이 표현이 좀 거창하면 장사)에 적합한지 어떤지 몰라 시작도 못하는 경우가 있을 수 있다. 그런데 성공한 아이디어만이 아니라 실패한 아이디어에서도 나름대로 얻는 점이 있기 때문에 매사를 긍정적으로 생각하며 시행 착오를 두려워하지 말고 과

감히 도전하는 것이 소녀 사업가가 지녀야 할 자세이다.

그렇게 해서 아이템이 정해지고 본격적으로 사업을 시작하게 되면, 그 전에 점포, 상호명, 상품명, 명함, 카탈로그, 광고 전단 등등 초기 단계에서 준비할 사항들이 많이 생겨난다. 그렇다고 지레 겁먹고 주저할 필요는 없다. 소녀 사업가의 창업 요령이 '크게 생각하고 작게 시작하라 **Think Big, Small Start**'에 있음을 명심한다면 말이다. 다시 말해 소녀들이 사업을 시작하는 동기를 단순히 돈벌이를 하려는 것이 아니라 그것으로 다른 사람들에게 도움을 주고 필요로 하는 사람들과 같이 나누려는 데 둔다면, 그 동기를 이루는 수단에 불과한 준비 사항들은 좀 초라하고 보잘것없어도 그다지 문제가 되지 않는다. 예를 들어 굳이 넓고 번듯한 사무실이 아니더라도 자신의 방이, 컴퓨터가 놓여 있는 책상이, 차고가 얼마든지 훌륭한 작업 공간이 될 수 있고, 굳이 주문 제작하지 않더라도 컴퓨터 그래픽을 이용하여 얼마든지 명함이며 카탈로그 등을 만들 수도 있다.

이왕 사업을 시작했으면 적어도 진짜(?) 사업가들에게 소꿉장난처럼 비춰지지 않기 위해서는 나름대로 프로다운 면모도 갖추어야 한다. 반드시 돈벌이가 목적은 아니라고 해도 돈의 흐름, 즉 거래에 필수적인 수입과 지출을 계산하고 손익을 따지는 금전 감각도 익혀야 하고, 그래도 어디까지나 비즈니스인 만큼 협상하는 요령도 터득해야 하며, 판매 전략도 짜고 향후 사업 계획도 세워 목표를 향해 나아가는 조직력과 추진력도 갖추어야 한다. 그렇다고 엄두가 나지 않아 쩔쩔맬 필요는 없다. 손만 내밀면 주위에 도움을 주려는 사람들이 많이 있으니까 말이다. 가족과 친지, 친구며 이웃이 모두 냉정한 고객이며 동시에 훌륭한 조언자들이고, 컴퓨터 채팅방에서 오고간 대화들이 입에 쓴 비판이며 동시에 귀중한 정보원이다. 또 자신보다 앞서 그 길에 들어서 성공을 거둔 소녀 사업가(걸 보스)들과 여성 사업가(레이디 보스 혹은 디바 보스)들은 닮고 싶은 모델이며 동시에 목표를 향해 분발케 하는 원동력이 되어줄 것이다. 그러므로 자신의 강점이든 약점이든 솔직하게 드러내고 누구에게나 마음을 열어 놓는 것이 소녀 사업가에게는 무엇보다 바람직한 자세이다.

이 책에서 얘기하고 있는 소녀 사업가로서의 자세를 갖추고 창업 요령 등을 참고로 한다면 우리 딸들이 사업가가 되는 것도 반드시 남의 얘기만은 아닐 것이다. 그런데 비록 이 책이 소녀들의 창업을 돕기 위한 지침서로 쓰여지긴 했지만, 그 이면에는 비즈니스에 관심을 둔 소녀들뿐만 아니라 자신의 미래를 설계하려는 여자아이들에게 주는 메시지가 담겨 있다. 여러 가지 다양한 것들을 많이 경험해야 하고 또 그렇게 할 수 있는 인생의 출발선 상에서 우리 딸들 역시 소극적인 자세로 움츠러들지만 말고 사업이든 무엇이든 과감히 도전할 수 있는 일들을 계획해 보라는 것이다.

처음에는 좀 무모해 보이는 계획일지라도 구체적인 목표를 세워 놓고 그 목표를 이루기 위해 자신이 할 수 있는 일들을 차곡차곡 해나가다 보면 그 과정에서 자신의 잠재력과 전혀 몰랐던 새로운 자신의 모습을 발견할 수가 있을 것이고, 마침내 그 일을 이루어냈을 때의 성취감과 자신감은 그 어떤 일도 두려워하지 않는 용기를 줄 것이기 때문이다. 이렇게 비즈니스라는 모티브를 통해 딸들로 하여금 자신의 가치를 알게 해주고 나아가 자기를 믿고 존중하는 마음을 갖게 해준다는 점에서 『걸 보스』는 또 하나의 '딸 기살리기'라고 하겠다.

■ 김희숙 — 서강대에서 불문학을 전공했고, 현재는 프리랜서로 번역일을 하고 있다.

딸들을 일터로 데려가는 날
Take Our Daughters to Work® Day

유이승희

뉴욕시 교육 위원회는 1999년
4월 22일 3·5·6·7학년 학생
약 28만 명이 치를 예정이던
읽기 능력 평가 시험 날짜를 서둘러
바꿔야 했다. 이 시험은 한 학년을
올라가느냐 마느냐를 결정하는 중요한 것이었다.
이와 비슷한 일이 1994년에 뉴왁시에서도 벌어졌다(『뉴욕 타임즈』, 1999.3.5).
이런 소동은 앞으로도 미국 사회에서 얼마든지 재연될 가능성이 크다. 4월
넷째 주 목요일을 시험일로 잡는 곳에서라면 어김없이. 그날이 도대체 무슨
날이길래 공공 기관조차 몇십만이 참여하는 중대 행사를 연기하는 소동을
벌이는가?

그날은 바로 「딸들을 일터로 데려가는 날 Take Our Daughters to Work
® Day」(이하 「딸날」)이다.

왜 11세까지는 자신만만하던 여자애들이 16세에는 혼돈의 나날을 보내는가

"1996년 통계에 따르면, 미국 사회에서 여성 노동력은 전체의 46%에 이른다. 2005년까지 신규 노동자의 3분의 2가 여성일 것이고 여성은 전체 월급 노동자의 48%에 이르리라는 전망이다. 미국 기업에서 여성 임원은 2%에 불과하다. 전국 500대 기업 가운데 단지 61개만이 상위 5위 안에 드는 여성 월급자 수가 1명이거나 여성 직원의 비율이 25%가 넘으며, 두 조건 다 만족시키는 기업은 13개뿐이다."(도브르진스키, 『뉴욕 타임즈』, 1996.11.6)

"전에 없이 많은 여학생들이 성인이 되었을 때 의미 있는 직업과 경력을 갖기를 열망하고 있다. 1994년 십대를 대상으로 한 전국 여론 조사에서 10명 중 8명 이상의 여학생이 결혼하고서도 일하기를 원한 반면, 남학생들은 성인이 되었을 때 가정 생활에 대한 기대 면에서 대체로 더욱 전통적인 입장에 있다는 것이 밝혀졌다."(레빈, T. 『뉴욕 타임즈』, 1994.7.11)

"아홉 살 먹은 여자아이가 여러 과학 활동에서 흥미를 나타낸다고 해도 남자아이들만큼 활동에 참가하지는 않는다. 이러한 성차는 13세에서 17세까지 지속되며 여자아이들의 점차 부정적인 과학관, 과학 수업들, 과학 연구 이력들로 인해 그 간격은 좁혀지지 않는다."(월레스리 대학 여성 연구소, 『어떻게 학교가 여학생들을 무시하고 있나』, pp.24-32)

"교사들은 남학생의 실패는 동기 부족 탓으로, 여학생의 실패는 능력 부족의 탓으로 돌리는 경향이 있다. 실제 여학생들은 교사와 다른 어른들이 자신들의 능력을 신뢰하지 않는다고 말한다."(그린버그-레이크 분석, 「무시당하는 소녀들, 무시당하는 미국」)

90년대 초 미국에서 이루어진 여자아이들에 대한 연구들은 11세까지는 그
토록 자신감이 넘치던 여자애들이 사춘기가 시작되면서 겪게 되는 급격한
변화를 상세하게 기술하고 있다. 사춘기가 시작되면 여자아이들이 급격하게
자신감을 잃어가고 자아 존중감이 낮아지며 자신의 판단과 감정에 대해 불
안감을 갖는다는 것이다. 미래 설계를 시작해야 할 시기에 외모와 남자애들
이 자신들을 보는 방식에 온통 관심이 집중되어 많은 여학생들이 학교에서
남학생들과 경쟁한다든가 그들 앞에 나서는 것을 방해하고 있다.

「딸날」은 어떻게 만들어졌나

「미즈 재단 Ms. Foundation of Women」은 소녀들이 자신있는 삶을 계획하
는 것을 돕기 위해 「딸날」을 생각해 냈다. 그때가 1993년. 처음 「딸날」은
뉴욕시에서 이루어진 행사의 하나였다. 해를 거듭하면서 올해로 7년째를 맞
는 「딸날」은 쏟아지는 성인들의 관심으로 이제 전국적인 날, '여학생들의
국경일'로 자리잡았다.

9세부터 15세의 수만 명의 여학생들이 부모, 친지, 이웃들의 협력으로 자
신의 미래 설계에 도움이 되는 체험들을 한다. 딸날 프로그램은 어른들의
격려가 소녀의 일생을 변화시킬 수 있다는 것을 보여 주는 연구 결과들에
기반하고 있다. 딸날은 소녀들이 그들에게 열려 있는 다양하고 광범위한 삶
과 직업 세계를 볼 수 있는 기회를 제공한다. 사업 세계에서의 다양한 기회
와 비전통적인 직업을 접할 기회를 주고, 소녀들에게 자신감을 높여 주고,
일하는 부모들이 직면하고 있는 압력들을 이해하는 것을 돕는 등 긍정적인
성과를 제공하고 있다.

이 날은 소녀들의 외모보다는 그들의 능력에 초점을 맞추는 날이다. 일터
에서 일하는 여자들을 지켜보는 날은 소녀들의 열망을 고양시키는 데 도움
을 주고 있다. 「딸날」은 단순한 직업의 날이 아니다. 소녀들이 미래의 여러

가지 가능성들을 구상하는 날이다. 소녀들의 능력에 적극적인 관심을 두며, 소녀들이 자신의 마음을 펼쳐 보이고, 자신의 판단을 신뢰하도록 격려하는 날이다.

개인이 딸날에 동참하려면 가장 먼저 해야 할 일은 주변의 소녀 — 딸, 손녀, 조카딸, 이웃, 또는 친구 — 에게 자신의 일터에 가고 싶은지 여부를 물어보는 일이다. 그리고 일터에 대한 호기심이 있는지를 확인한 다음, 직장 동료들에게 딸날에 대한 의견을 묻고, 여성들이 일하는 다양한 직업을 가르치는 등 새로운 행사를 기획한다. 그런 다음 소녀에게 안내서를 주어 행사 참가를 준비하도록 돕는다. 직장에 소녀를 데려갈 수 없다면 그 일을 할 성인을 한 명 찾는다. 전업 주부이거나 가내 사업자라면, 소녀들을 도와서 행사장에 나갈 수 있다.

직장 동료나 종업원, 상사에게 소녀를 일터로 데려갈 계획이 있다는 것을 알게 하고, 참가가 어려운 소녀들 — 예컨대 특정 지역, 쉼터, 노숙자 수용 시설 — 을 후원할 수 있는지를 알아본다.

이렇게 하여 매해 수백만의 사람들이 1명에서 1천 명… 아니 그 이상으로 이루어진 소녀 모임을 위해 상상할 수 있는 모든 환경에서 다양한 행사들을 꾸린다. 미즈 재단은 무료 문의 전화를 개설하고 문의자들에게 홈페이지 (www.ms.foundation.org)와 우편으로 조직 관련 자료를 제공하고 있다. 전국 각지의 참가 성인들은 미즈 재단이 제공하는 자료, 상품, 전문 기술들을 사용하여 상상력이 풍부하고 매력적인 프로그램들을 기획한다. 웹사이트에는 전국에 흩어져 있는 지역 자원 봉사자 명단을 제공하여 행사 참가자들을 돕고 있다.

1998년 4월 미즈 재단은 그 동안 행사의 성과를 일생의 성공적인 습관으로 돌리고자 여학생들을 위한 첫 대중서를 펴냈다.『딸 기살리기 : 딸들을 위한 52가지 인생 교훈 *Girls Seen and Heard: 52 Life Lessons for Our Daughters*』. 이 책은 여학생과 성인들을 위한 쌍방형 지침서로 조언자 찾기부터 스포츠에 참가하는 방법에 이르기까지 폭넓은 주제들을 다루고 있다. (이 책, 275-282쪽에 실린 김희숙의 서평「딸 기살리기 작전」을 참고할 것.)

1999 딸들을 일터로 데려가는 날

1999「딸날」의 주제는 "미래는 바로 나 The Future is Me." 딸날은 매해 주제를 정하여 집중 프로그램을 운영하며, 여학생들을 위한 올해의 책을 선정하기도 한다.「1999 딸날」이 선정한 올해의 책은『걸 보스 *Girl Boss : Running The Show Like The Big Chicks*』(이 책에 실린 김희숙이 쓴 서평「딸 기살리기 작전」을 참고할 것)이다. 이 책은 신세대 소녀들을 위한 창업 기술, 창업담, 그리고 격려를 담은 종합 지침서이다.

올해「딸날」공식 홍보 사절은 WNBA LA 스팍스 소속 농구 선수인 자밀라 와이드먼과 작가인 존 에드가 와이드먼 부녀. 1997년 스탠포드 대학을 졸업한 자밀라는 장차 법률 학교에 진학할 계획이며, 현재 10세에서 18세에 이르는 저소득층 소녀들을 위한「자밀라 농구 교실」을 열고 있다. 메사추세츠 대학 교수인 존 와이드먼은 여러 문학상을 수상한 경력이 있으며, 펜실베니아 대학 시절 농구 선수로 활약하기도 했다.

자밀라는 "나는 부모님이 열심히 일하시고 큰일들을 해내시는 모습을 보며 자랐습니다. 아버지처럼 농구를 하고 어머니처럼 법률가가 되기로 계획하면서도 내가 무엇을 선택하든간에 부모님의 지지를 받으리라는 것을 알고 있었습니다.「딸날」은 젊은 여성들을 만날 수 있는 좋은 기회이고 그들이 꾸고 있는 꿈을 지지한다는 것을 알게 해주고 그리고 그 꿈을 실현하도록 돕는 일을 하는 것이죠" 하고 말했다.

이 날 전국 각지에서, 또 가상 공간에서 여러 행사가 동시다발로 펼쳐졌다. 「오르소－맥닐 제약」, 「아메리칸 엑스프레스」, 「뉴욕 생명 보험」 「미국 야구 협회」 「미국 여자 농구 협회」, 「힐튼 호텔」, 「리복」 등을 비롯한 기업 및 기관들과 잡지 등 대중 매체의 후원과 협찬을 받아 수백만의 여학생들이 다양한 직업 세계를 배우기 위해 부모, 친구, 결연을 맺은 일일 교사와 함께 일터로 향했다.

올해 전국 각지에서 펼쳐진 「딸날」 행사를 몇 가지 간단하게 살펴보자.

• 뉴욕 브룩클린에 있는 폴리테크닉 대학은 여성 기술인회 폴리테크닉 지부의 후원으로 「여성과 기술 포럼」을 개최하였다. TV 뉴스 진행자인 캐럴 젠킨스가 사회를 보고, NASA 천체 물리학자 캐롤 조 크러넬, 사이버걸의 앨리자 셔먼 등이 참석했다.

• 남부 캘리포니아에서 가장 오래된 독립 여학교인 로스앤젤레스의 말보로 학교는 전교생 500명을 항공 우주 공학 개발 기관을 포함한, 남캘리포니아 소재 89개 작업장에 보냈다.

• 캘리포니아 대학 샌프란시스코 캠퍼스의 교직원 및 학생들은 몇몇 UCSF 캠퍼스에서 수백 명의 여학생들을 위한 행사에 참가한다. 행사 중에는 「섹스, 거짓말 그리고 비디오테이프, 청소년의 성과 영화」 같은 14-16세 소녀들을 위한 특별 프로그램과 오클랜드 남성 프로젝트가 추진하는 「다가오는 밀레니엄 시대에 남성이 되는 소년들」이라는 소년들을 위한 별도의 프로그램을 마련하였다.

• 보스톤의 패트리어트 트레일 걸 스카웃 협회는 보스톤 시청에서 종일

행사들을 포함하여 시 전역에서 여러 행사를 기획하였다.

- 걸 존 www.girlzone.com은 「이야기 도시 Talk City」가 힘을 보태 게시판, 콘테스트, 여론 조사, 종일 채팅방을 포함한, 온라인 행사를 주최하였다. 걸 존도 나사 제트 추진 실험실에서 딸날을 보낸 「딸날」 동문들에 관한 기사를 싣기도 했다.

- iVillage.com은 「딸날」 특집 홈페이지 www.ivillage.com/daughter를 개설했다. 4월 22일 아이빌리지의 소녀들이 여성 네트워크에서 진행되는 일을 보고 자신들의 웹페이지를 만들도록 하였다.

딸날에 일터에서는 무슨 일이 벌어지는가

많은 사람들이 일상적으로 일터를 방문한다. 사람을 만나거나 인터뷰나 회의를 하는 등 여러 방문 사유가 있다. 딸날은 이와 크게 다르지 않다. 다만 방문객이 나이가 어리고, 어쩌면 호기심이 많고 생기 발랄한 사람들이라는 게 다르다면 다른 점일 것이다. 이들 방문객들을 위해 기본 지침은 어떤 것일까?

우선 회사에 딸날 조직 위원회를 꾸린다. 이웃 학교나 주택가의 일군의 소녀들을 후원하기 위해 지역 당국과 교섭을 하려면 딸날의 일정을 정하고 소녀들을 위한 활동을 모으는 일을 하는 위원회를 꾸려야 한다. 그 위원회에 소녀들을 포함하는 것은 물론이다.

현재 하고 있는 일들을 손을 좀 본다. 어느 회사나 새로 사원이 입사하면 그들에게 주어지는 일과가 있다. 그것을 조금 고쳐 딸날에 활용하면 된다.

자기만의 지식과 경험을 이용한다. 20여년 간 소규모 사업을 해왔을 수도 있고, 컴퓨터 회사에서 평생 수리하는 일을 담당해 왔을 수도 있다. 저마다 딸날에 소녀들이 무슨 일에 관심이 있을까 궁금할 것이다. 그런데 열 살짜리 소녀에게는 여러분이 하는 일이 무엇이든지 지루해 하는 일은 없을 것이다. 가장 일상적인 일 — 팩스 보내기, 출장 일정 예약, 상사와의 대화 등 — 도 소녀들에게는 새롭고 눈길을 끄는 일이 될 수 있다. 소녀들은 여러분이 하는 일 자체에 흥미를 느낄 것이고 일이 어떻게 돌아가는지, 어떻게 한 조직의 여러 부분들이 함께 굴러가는지에 흥미를 가질 것이다. 소녀들은 사람들에 호기심을 갖기도 할 것이다. 그들이 어떻게 관계를 맺고, 의견이 다를 때는 무슨 일이 벌어지는지 등. 여러분 개인에 관해서도 알고 싶어할 것이다. 무슨 일을 하는지, 이 일을 하기 위해 어떤 교육이나 훈련을 받았는지, 소녀 시절 꿈은 무엇이었는지, 누가 역할 모델인지, 현재의 목표는 무엇인지, 일과 자녀 양육, 또 그외의 다른 관심사들을 어떻게 병행해 나가는지 등등.

자기 일은 자신이 가장 잘 안다. 여러분은 그 누구보다도 자신이 하는 일을 잘 알고 있다. 그렇지만 과도하게 일정을 짜고 싶은 유혹을 버려야 한다. 소녀들의 호기심이 딸날을 추진할 수 있게 하면 된다.

딸날에 대한 평가

지난해 6월 미국의 대표적 여론 조사 기관인 로퍼 스타취 월드와이드에서 실시한 조사 결과는, 올해로 일곱 살을 먹는 「딸날」이 미국에서 대중적으로 널리 알려져 있으며 전 국민의 주목을 받는 '딸들을 위한 프로그램'으로 자리잡았음을 보여 준다. 이 조사는 1998년 6월 18일부터 21일까지 4일 동안, 18세 이상 성인 1,020명(남 508명, 여 512명, 전국 표본 조사, 오차는 ±3%)을 대상으로 전화 면접하는 방식으로 이루어졌다.

이 조사에 따르면, 미국 전역에서 5천 3백만 명 이상의 성인 남녀가 자신이 다니는 회사나 배우자가 다니는 회사가 이 행사에 참여한 것으로 밝혀졌다. 75%의 미국 성인 남녀가 「딸날」에 대해 들어본 적이 있으며(1억4천8백만 명), 10명 중 3명(남자 26%, 여자 29%)이 개인적으로 여학생들을 자신의 직장에 데려감으로써 이 행사에 참가하고 있다고 응답했다(1천5백만 명). 또한 10명 중 8명 이상이 소녀들에게 긍정적인 영향을 주고 있다고 응답했다. 69%의 응답자가 여학생들의 능력을 인정하는 것이 그들의 자존심을 키워 주는 데 첫째 또는 둘째로 중요한 행동이라고 믿는 반면에, 60%는 거친 시련을 직면할 수 있게 하는 것이 첫째 둘째로 중요한 행동이라고 느낀다고 응답했다. 9%만이 그들에게 매력적이라고 말해 주는 것이라고 응답했다.

「딸날」은 자원 봉사 활동이 일상적인 미국 사회에서 1998년 전국 자원 봉사자 주간에 자원 봉사자상을 받기도 했을 만큼 자리를 잡아가고 있다.

딸날의 일상화 : 「아버지와 딸」

이제 「딸날」은 4월 넷째주 목요일 하루 행사에 머물지 않는다. 매년 4월이면 수천 명의 아버지들이 딸들을 데리고 일터로 간다. 그리고 4월마다 많은 아버지들이 전화, 편지, 전자우편으로 "내가 무슨 일을 또 할 수 있을까요?" 하고 문의한다.

딸날은 어머니와 딸만 참가하는 날, 모녀가 일터에 같이 있는 날이라고 생각할 수도 있지만 모든 성인들이 딸들에게 하루를 투자하는 날이다. 수천 명의 소녀들이 매년 자원 부모와 함께 일터로 간다. 모든 어머니, 아버지, 아주머니, 아저씨, 할머니, 할아버지, 사촌, 이웃이 자원 부모가 될 수 있다.

딸날은 남자들이 '공공의 아버지'가 되는 흔치 않은 기회다. 그리고 참가 남성들은 그런 기회를 갖게 된 데에 대해 대단히 고마워하며, 어떻게 하면 자기 딸들이 건강하고 튼튼하게 자라는 것을 도울 수 있을까에 대해 좀더 배우고 싶어하며, 자기 딸들의 모습이 드러나고 그들의 목소리가 들릴 수 있는 세상에서 살고 싶어한다는 것을 이 날을 기획한 미즈 재단에 알려오고 있다.

일년 365일을 「딸날」로 만들려는 아버지들을 위해 「아버지와 딸 Dads and Daughters」(DADs, www.dadsanddaughters.org)이라는 새로운 단체가 미즈 재단의 지원으로 조직되고 있다. 「아딸」은 아버지들이 딸들의 미래에 투자하는 방법들을 찾는 데 도움을 주고 있다.

「아딸」은 딸들을 둔 아버지들이 서로 더 좋은 아버지가 되도록, 소녀들이 직면하게 될 특별한 갈등들을 정확하게 깨닫도록 돕는 일을 지원한다.

아버지를 위한 딸날 다섯 가지 팁(Tip)

① 딸날이 만들어지게 된 이유를 딸에게 말하라.

② 딸날을 조직하는 것을 돕는 자원 봉사자가 되라.

③ 딸날이 왜 만들어졌으며 모든 사람들이 소녀들을 건강하고 강하게 자라도록 돕기 위해 무엇을 해야 하는가에 대한 정보를 보급하라.

④ 큰소리로 이야기하라! 딸날에 당신 일터에서 또는 딸의 학교에서 소녀들에게 기꺼이 말하라.

⑤ 딸에 대한 관심을 갖고 있는 다른 아버지들과 연결하라.

딸날을 지역화하려면

우리 일상에는 많은 기념일들이 있다. 생일이나 제삿날과 같이 탄생과 죽음을 기억하는 날, 국가, 사회적인 경조사를 기념하는 날, 석가 탄신일나 크리스마스 등 오랜 역사를 건너온 종교의 의례가 일반인들의 축제일로 자리잡은 날 등이 있다. 또 어린이날, 어버이날, 스승의 날, 성인의 날 등과 같이 사회에서 주어진 '직분' 내지 '역할'을 상기하자는 날들도 있다. 한편 90년대 들어 청소년들 사이에서 우후죽순처럼 등장한 '자기들만의 날'들도 있다. 발렌타인 데이, 화이트 데이, 블루 데이, 블랙 데이, 로즈 데이 등. 온통 로맨스를 꿈꾸는 아이들을 부추겨 어른들의 잇속을 챙기는 잔치일 뿐이다. 이런 식으로라면 머지않아 한 달도 거르지 않고 로맨스 데이가 생겨날지도 모르겠다. 특정한 날을 정해 그 일을 기억하고 챙기는 것은 개인적으로나 사회적으로나 인간의 행위에 미치는 영향이 적지 않다. 딸날은 이 땅의 소녀들에게 어떤 의미인가를 생각해 보자.

남녀 분리적 학교 환경과 획일적인 입시 위주의 교육 풍토 속에서 한국 소녀들은 무엇을 꿈꾸고 있는가? 미래 구성원인 딸들의 앞날을 걱정하는 부모들과 이웃들은 어디에 있는가? 그들은 딸들의 능력보다 딸들의 외모에 온통 관심이 가 있지는 않은가? 로맨스에 목을 매달고 있지는 않은가?

소녀들은 세상에서 일하고 그 세상을 변화시킬 다음 세대 여성이다. 그들은 장차 어떤 모습일까? 소녀들이 중역 회의실, 시청, 노동조합, 콘서트홀 등 모든 분야에서 아무런 제약 없이 일하고 있는 날을 상상해 보라. 소녀들이 자신의 생각을 펼쳐 보이고 어른들이 그들의 의견이나 생각을 경청하는 날을 상상해 보라. 교실에서 남학생들이 소녀와 여성에 관해 서로 진지하게 논하는 날을 상상해 보라. 십대 소녀들이 여덟 아홉 살 때처럼 스스로를 확신하는 날, 소녀들이 너무 건방지지도, 너무 키가 크지도, 너무 뚱뚱하지도 않다는 것을 깨닫는 날을 상상해 보라. 소녀들이 자신은 틀림없이 옳다고 생각하는 날을 상상해 보라.

그날을 상상에서 현실로 옮기는 일은 딸들의 미래를 걱정하는 어른들의 몫이다. 꿈 많은 여자 어린이가 그 꿈을 제대로 펼칠 성인으로 자랄 수 있도록 '어린이날'과 '성인의 날' 사이에 '딸날'은 필수적이다.

■ 이 글은 딸날 홈페이지인 http://www.takeourdaughterstowork.org의 내용을 주로 참고하였다. http://www.dadsanddaughters.org, Creator of Take Our Daughters to Work Day[R] Day and Sondra Forsyth, 1998, *Girls Seen and Heard*, Tacher/ Putnam ; Lynette Holloway, "Schools

Shift Date of Exam, Making Room For Girl's Day," *The New York Times*, March 5, 1999도
참고하였다.
유이승희 — 도서출판 또 하나의 문화에서 책을 만들고 있다.

또 하나의 문화 총 차례

제4호 지배 문화, 남성 문화

제5호 누르는 교육, 자라는 아이들

[또 하나의 문화] 제15호

여성의 일 찾기, 세상 바꾸기

- **초판 발행일**

  1999년 12월 17일

- **편집인**

  또 하나의 문화 동인들 www.tomoon.org

- **발행인**

  유승희

- **발행처**

  도서출판 또 하나의 문화 www.tomoon.com

- **주소**

  서울 서대문구 창천동 53-57 우일빌딩 4층

- **전화**

  (02) 324-7486

- **팩스**

  (02) 323-2934

- **전자우편**

  tomoon@thrunet.com

- **출판등록번호**

  1987년 12월 29일 제9-129호

- **ISBN**

  89-85635-39-5 03330